普通高等教育规划教材

化学教学设计与案例研讨

HUAXUE JIAOXUE
SHEJI YU ANLI YANTAO

The Second Edition
第二版

姜建文　编著

化学工业出版社
·北京·

《化学教学设计与案例研讨》是一本解构基于核心素养的化学教学设计模型,提供化学教学设计方法的教师教育类书籍。本书力求体现化学教学设计的基本内涵,关注素养为本的化学教学,反映发展学生学科核心素养教学设计的新成果。本书内容按教学设计过程逻辑线索编排,围绕教学设计各要素,结合中学化学教学内容,采用具体案例来展开论述。牢牢把握理论与实践的关系,以帮助读者提高化学教学设计能力,适应课程与教学改革中促进教师专业发展的需要。

本书可作为将要从事中学教学工作的大学化学教育专业本科生、教育类硕士(化学)研究生学习相关课程的教材,也可作为从事化学教育人员的阅读书籍,还可作为中学化学教师继续教育的培训教材。

图书在版编目(CIP)数据

化学教学设计与案例研讨/姜建文编著.—2版.—北京:化学工业出版社,2019.12(2025.1重印)

ISBN 978-7-122-35632-1

Ⅰ.①化⋯ Ⅱ.①姜⋯ Ⅲ.①中学化学课-教学设计 Ⅳ.①G633.82

中国版本图书馆CIP数据核字(2019)第266011号

责任编辑:旷英姿　　　　　　　　　　装帧设计:王晓宇
责任校对:边　涛

出版发行:化学工业出版社(北京市东城区青年湖南街13号　邮政编码100011)
印　　刷:三河市航远印刷有限公司
装　　订:三河市宇新装订厂
787mm×1092mm　1/16　印张15　字数349千字　2025年1月北京第2版第7次印刷

购书咨询:010-64518888　　　　　　　售后服务:010-64518899
网　　址:http://www.cip.com.cn
凡购买本书,如有缺损质量问题,本社销售中心负责调换。

定　价:48.00元　　　　　　　　　　　　　　　　　　　　　版权所有　违者必究

前言

2014年3月30日教育部颁布的《关于全面深化课程改革 落实立德树人根本任务的意见》（以下简称《意见》）明确指出，将"发展学生核心素养体系"的研制与构建作为推进课程改革、深化发展的关键环节。2018年1月，依据上述《意见》精神修订的《普通高中化学课程标准（2017年版）》[以下简称《课标（2017年版）》]正式出版，标志着新一轮的高中化学课程改革正式开始。《课标（2017年版）》提出了学科核心素养和学业质量标准两大概念。化学学科核心素养是化学学科育人价值的集中体现，是学生通过化学学科学习而逐步形成的价值观念、必备品格和关键能力；学业质量标准则是以化学学科核心素养及其表现水平为主要维度，结合化学课程内容，对学生化学学业成就表现的总体衡量。

"化学教学设计"是化学教师教育课程体系中重要的模块课程，它是研究将教学设计的理论成果与中学化学教学实践相结合的一门课程，是一门具有鲜明的理论性、实践性和师范性相结合的教师教育特征的专业基础课程。通过该课程的学习，学生将获得中学化学教师最基本的专业素养，成为具有先进的教育理论与观念，具备初步的化学教学设计能力，能胜任中学化学教学工作的合格毕业生。

《课标（2017年版）》更新了高中化学课程的"基本理念"，要求"以发展化学学科核心素养为主旨；设置满足学生多元发展需求的高中化学课程；选择体现基础性和时代性的化学课程内容；重视开展'素养为本'的教学；倡导基于化学学科核心素养的评价"。为适应基础教育改革的需要，探索"素养为本"的化学教学规律成为当前一项紧迫的任务。作为化学教师教育课程体系中重要模块课程的化学教学设计，必须从理论上重构，但到目前为止，系统地从教学设计的角度探讨的成果较少，符合做教材的更少。因此，我们愿做出一些尝试，目的在于抛砖引玉。

本书可分为四部分。

第一部分是教学设计概述，介绍教学设计的概念、特点，要回答的基本问题，与传统备课的区别，与教师专业发展的关系以及其理论基础和过程模式。

第二部分试图阐述教学设计要回答的第一个问题：我们要到哪里去。即教什么与学什么，也就是教学目标。我们通过化学教学背景分析和化学教学目标与评价目标设计这两章来回答这个问题。

第三部分试图阐述教学设计要回答的第二个问题：我们怎样到那里去。即怎样教与怎样学，也就是教学策略。我们通过化学教学内容与情境设计，化学教学方法、模式与策略设计，化学课程与信息技术整合设计等三个章节来回答这个问题。

第四部分试图阐述教学设计要回答的第三个问题：我们是否到了那里。即教的怎样与学的怎样，也就是教学评价。我们通过化学教学评价设计、化学教学设计总成、说课与听评课等三个章节来回答这个问题。我们认为单元整体教学设计、说课与听评课，都是在运用教学设计的知识，含有实施以及评价教学设计的过程。

本书除沿用上一版的写作风格外，在设计上还具有以下特点。

案例丰富：用大量真实且具体的教学案件阐述教学设计各要素的理论知识，而非空洞的理论讲解，以达到理解和消化理论的目的。

素材新颖：基于核心素养来收集的材料，为我们撰写教学设计各要素打下了扎实的基础，同时，大量素材来源于我们本身的研究成果，这为提高本书的质量做出了切实的保障。

拓展性资源：为了方便读者获得更多的教学设计与实施的素材，以便运用该教材进行教学，为大家提供一些配套资源，如课件等，以供交流参考。

从新课标颁布及随后的新教材出版，本书作者就萌生了修订原教材的想法，现在终于得以再版，得益于诸多同仁和潘振蓓、王丽珊、吴俊杰等研究生的帮助。在此感谢他们为此付出的辛勤劳动！

最后感谢学校研究生院以及化学化工学院相关领导的无私帮助，感谢化学工业出版社编辑团队不辞辛劳的巨大付出！

由于作者的水平和能力有限，书中尚有不妥及遗漏之处，恳请广大读者和同仁不吝赐教。

编著者
2019 年 9 月

第一版前言 Preface

　　人才培养是高等学校的根本任务，人才培养的质量是高等学校的生命线，人才培养模式是高等学校实现根本任务和确保质量的关键，而教学模式是人才培养模式的重要构成部分。教育部《关于进一步加强高等学校本科教学工作的若干意见》（教高〔2005〕1号）明确指出："要继续推进课程体系、教学内容、教学方法和手段的改革，建构新的课程结构"；"要切实改变课堂讲授所占学时过多的状况，为学生提供更多的自主学习的时间和空间"；"高等学校广大教师要积极探索教学规律，研究和改革教学内容和教学方法，不断提高教学水平"。为了适应基础教育改革的需要，我校从多方面采取措施加强或实施本科教学模式的改革，构建"5+2"模块的化学教学论课程体系就是这些改革的成果之一。

　　"5+2"模块的化学教学论课程体系，即将化学教学论分成：中学化学教育学、化学教学设计与案例研讨、中学化学教学研究、中学化学实验教学设计与技能训练、中学化学教学技能训练5个必修模块和中学化学开放实验及中学化学解题研究与竞赛指导2个选修模块。在第四到第六学期，每个学生根据个人情况，在本科生导师指导下，自主选择学习模块的时间和顺序。就近三届毕业生的教学实践来看，教学效果明显。普遍反映毕业生能很快适应新课程的教学，教学基本功扎实、教学研究能力增强，深受用人单位欢迎。

　　"化学教学设计与案例研讨"是这一课程体系中重要模块课程，它是研究将教学设计的理论成果与中学化学教学实践相结合的一门课程，是一门具有鲜明的理论性、实践性和师范性相结合的教师教育特征的专业基础课程。通过该课程的学习，学生将获得中学化学教师最基本的专业素质，成为具有先进的教育理论与观念，具备初步的化学教学设计能力，能基本胜任中学化学教学工作的合格毕业生。

　　本书力求体现化学教学设计的基本内涵，关注新课程热点问题，反映教学设计新成果。

　　本书内容设计按教学设计过程逻辑线索编排，围绕教学设计各要素结合中学化学教学内容展开论述，把握总体，突出重点，把握理论与实践的关系，采用具体案例阐述教学设计基本理论的方式，以学生已有的知识为铺垫，以一线教学实际问题为切入点，符合学生认知规律，便于学生接受。

　　本书内容设计避免与学生学习的其他专业基础课程知识的重复(如教育心理学、化学教育学、中学化学实验教学设计与技能训练、中学化学教学研究等)，而是以它们为基础，同时紧密围绕教学设计理论展开探讨。

　　本书共分十章，其特点如下。

　　（1）每一章节以思维导图进行导引。

　　（2）根据教材内容合理安排"案例研讨""知识超链接"等板块。

　　（3）本书每一章设计有一些评价练习，如"思考与交流"等。引导学生从"知识与技能"、"过程与方法"、"情感态度与价值观"等方面得到发展,同时体现多元评价手段,特别注意通过评价练习的设计体现实践性、示范性、师范性。

（4）每章结束时提供有"阅读指南",以期通过它进一步拓宽读者的视野。

本书可作为将要从事中学教学工作的大学化学专业本科生、课程与教学论（化学）硕士研究生、专业学位（学科教学·化学）研究生以及教育硕士（化学）学习相关课程时的教材,也可作为中学化学教师继续教育培训教材。

本书第七章由衷明华和刘晓玲编著,第八章由李永红和张世勇编著,其余各章均由姜建文编著,并由姜建文统稿、定稿。

笔者2003年硕士毕业后从事化学课程与教学论教学与研究,恰逢基础教育改革如火如荼,相关研究十分活跃,只要有机会就去聆听专家的教诲,加之自己结合教学时常思考,常有将这些想法整理出来的冲动,本书便是这些思考的产物。 在编写过程中由于作者水平有限,加之时间仓促,书中一定还存在不当之处,热忱希望各位读者批评、指正。

本书在编写过程中,参考了大量的资料,也得到了江西师范大学化学化工学院以及韩山师范学院、赣南师范学院的大力支持,研究生段齐文、许宏生、管华等同学,帮助做了大量文字校对工作,在此一并致谢。

姜建文
写于瑶湖见闻书斋
2011.9

本书导图

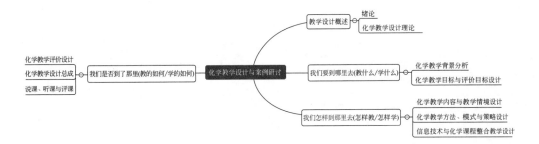

目录 Contents

第一章 绪论 … 1
  一、教学设计的概念 … 1
  二、教学设计的特点 … 4
  三、教学设计的基本问题 … 5
  四、教学设计与传统备课 … 5
  五、"素养为本"的教学设计与教师专业发展 … 9

第二章 化学教学设计理论 … 14
  一、教学设计的理论基础 … 14
  二、高中化学课程的基本理念与教学设计 … 24
  三、教学设计过程模式与基本要素 … 28

第三章 化学教学背景分析 … 33
  一、课标和教科书分析 … 33
  二、教学对象(学习者特征或学情)分析 … 43

第四章 化学教学和评价目标设计 … 51
  一、教学目标概述 … 52
  二、素养化教学和评价目标理论认识 … 59
  三、化学教学与评价目标素养化设计 … 60
  四、教学重点和难点确定 … 73

第五章 化学教学内容与教学情境设计 … 76
  一、化学教学内容组织 … 77

二、化学教学情境创设理论思考 …… 80
三、化学教学情境创设实践探索 …… 88
四、化学教学情境创设反思求索 …… 92

第六章　化学教学方法、模式与策略设计　99

一、化学教学方法 …… 100
二、化学教学模式 …… 105
三、化学教学策略 …… 112

第七章　信息技术与化学课程整合教学设计　132

一、信息技术与课程整合概述 …… 132
二、信息技术与化学课程整合模式 …… 138
三、信息时代教学支持技术 …… 147

第八章　化学教学评价设计　151

一、教学评价概述 …… 151
二、化学新课程与教学评价 …… 153
三、化学试题编制 …… 160

第九章　化学教学设计总成　177

一、化学教学板书设计 …… 177
二、化学教学设计反思 …… 180
三、化学教学设计总成与教案编制 …… 184
四、单元整体教学设计 …… 190

第十章　说课、听课与评课　201

一、说课 …… 201
二、听课 …… 217
三、评课 …… 226

Chapter 1

第一章
绪论

> 没有教师的创造性劳动，就不可能有新的教育世界，而教师只有进行创造性的劳动，才会体验到职业的内在尊严与欢乐，才能在发挥学生精神力量的同时，焕发自身的生命活力。
>
> ——叶澜

思维导图

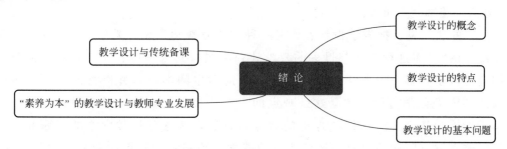

1900 年，美国哲学家、教育家杜威指出：应发展一门连接学习理论与教育实践的"桥梁科学"。这个"桥梁科学"就是我们今天谈论的教学设计。教学设计本是教学开发的重要组成部分，随着教学开发运动的深入发展，教学设计的研究又得到了更进一步的推进。"自 20 世纪 60 年代以来，已逐渐发展成为教育技术领域的一门独立学科"。❶ 它作为一门联系理论和实践的"桥梁学科"，现已渗透和运用到各学科教学之中。对于广大中学化学教师而言，虽然每天都在进行"教学设计"，但其实这种设计多出于"直觉设计"或"经验设计"，而不是真正意义上的"教学设计"。

因此，有必要在了解教学设计的概念、理论、各种基本要素以及它与传统备课的差别等基础上，作出相关研究，构建一个具有可操作性的"化学教学设计运作流程图"，实现对教学设计的基本理论和基本方法的掌握。

一、教学设计的概念

教学设计（instructional design，简称 ID），也称教学系统设计（instructional system

---

❶ 何克抗. 教学设计理论与方法研究评论（上）[J]. 电化教育研究，1998（02）：3-9.

design），是面向教学系统，解决教学问题的一种特殊的设计活动。它既具有设计的一般性质，又必须遵循教学的基本规律。

关于教学设计的概念，第一代教学设计理论代表人物 R. M. 加涅曾在《教学设计原理》中界定为："教学设计是一个系统化规划教学系统的过程。教学系统本身是对资源和程序做出有利于学习的安排。任何组织机构，如果其目的旨在开发人的才能均可以被包括在教学系统中。"国内外其他学者对"教学设计"概念的界定也做了深入广泛的探讨，归纳起来大致有如下五个说法：

一是"计划"说。把教学设计界定为是用系统的方法分析教学问题，研究解决问题的途径，评价教学结果的计划过程或系统规划。这种论点的代表当推美国学者肯普，他给教学设计下的定义是："教学设计是运用系统方法分析研究教学过程中相互联系的各部分的问题和需求。在连续模式中确立解决它们的方法步骤，然后评价教学成果的系统计划过程。"❶ 我国学者王磊也认为，教学设计是运用系统方法与技术分析、研究教学问题和需求，确立解决它们的途径和方法，并对教学结果做出评价的系统的计划过程。❷

二是"方案"说。认为"教学设计是运用系统方法分析教学问题和确定教学目标，建立解决方案、评价试行结果和对方案进行修改的过程。"❸ 这种观点在我国有较大的影响面，代表人物有乌美娜、刘知新、郑长龙和毕华林等。

三是"方法"说。把教学设计看作是一种"研究教学系统、教学过程和制定教学计划的系统方法"。而这种方法与过去的教学计划不同，其区别就在于"现在说的教学设计有明确的教学目标，着眼于激发、促进、辅助学生的学习，并以帮助每个学生的学习为目的。"❹ 我国学者何克抗是这一观点的一个代表，他认为，教学设计是以传播理论和学习理论为基础，应用系统理论的观点和方法，调查分析教学中的问题和需求确定目标，建立解决问题的步骤，选择相应的教学活动和教学资源，分析、评价其结果，使教学效果达到优化的一种系统研究方法。❺

四是"技术"说。鲍嵘在《教学设计理性及其限制》一文中认为，教学设计是一种"旨在促进教学活动程序化、精确化和合理化的现代教学技术。"❻

五是"操作程序"说。认为"教学设计就是运用系统方法和步骤，并对教学结果作出评价的一种计划过程与操作程序。"❼

可见，关于教学设计概念的界定观点并不一致。造成这种分歧的主要原因就是研究者对研究对象关注的视角和取向的不同。通过对国内外教学设计概念界定的比较分析可以发现，人们是从以下三个方面来界定教学设计的：一是从教学设计的形态描述来界定，如"计划"与"方案"说；二是从教学设计的功能来界定，如"方法"与"操

---

❶ 张旭，许林. 现代教育技术 [M]. 北京：科学出版社，1995：30.
❷ 王磊. 初中化学新课程的教学设计与实践 [M]. 北京：高等教育出版社，2003：19.
❸ 乌美娜. 教学设计 [M]. 北京：高等教育出版社，1994：12.
❹ 国家教委电化教育司编译. 教学媒体与教学设计 [M]. 北京：高等教育出版社，1990：181.
❺ 何克抗. 现代教育技术 [M]. 北京：北京师范大学出版社，1998：47.
❻ 鲍嵘. 教学设计理性及其限制 [J]. 教育评论，1998（3）：32-34.
❼ 李克东，谢幼如. 多媒体组合优化教学设计的原理与方法 [J]. 电化教育研究，1990（4）.

作程序"说；三是从揭示教学设计本质来界定，如"技术"说。确切地说，从某一方面、某一视角出发，研究教学设计的理论，所构建的都不是严格意义上的教学设计概念。任何事物都是通过概念来揭示它的本质，规定它的内涵，反映它的规律的。教学设计作为一门学科的概念，关系到研究对象、理论基础和学科体系的建设，有必要在对教学设计概念梳理的基础上，进行科学界定。所谓科学界定，就是要遵循定义的科学性、严格性、逻辑性、高度概括性、理论抽象性和陈述的简明性原则，给教学设计一个准确、恰当的定义。在没有界定之前，我们还需了解什么是教学和设计。美国教育学家史密斯（P. L. Smith）和拉根（T. J. Ragan）认为，教学就是信息的传递及促进学生到达预定、专门学习目标的活动。包括学习、训练和讲授等活动。所谓设计就是指在进行某件事之前所作的有系统的计划过程或为了解决某个问题而实施的计划。韦斯特（Charles. K. West）等人则从认知科学的角度探讨教学设计，他们认为，教学就是以系统的方式传授知识，是关于技术程序纲要或指南的实施。设计是计划或布局安排的意思，是指用某种媒介形成某件事情的结构方式。❶从上述关于教学和设计的界定中，可以总结出两点：一是教学是一个有目标的活动；二是"设计就是为实现某一目标所进行的决策活动"。❷掌握了这两点，就可以给教学设计下定义了，即教学设计是研究教学目标、制定决策计划的教学技术学科。或为达到教学目标对教什么、怎样教以及达到什么结果所进行的策划。

这一定义下的教学设计具有以下几个特征：

第一，教学设计是把教学原理转换成教学材料和教学活动的策划。教学设计要遵循教学过程的基本规律，来选择教学目标，以解决教什么的问题。

第二，教学设计是实现教学目标的计划性和决策性的活动。教学设计以计划和布局安排的形式，对怎样才能达到教学目标进行创造性的决策，以解决怎样教和为什么这样教的问题。

第三，教学设计是以系统方法为指导的。教学设计把教学过程各要素看成一个系统，分析教学问题和需求，确立解决的程序纲要，对各种课程资源进行有机整合，使教学效果最优化，以解决教得怎么样的问题。

第四，教学设计是提高学习者获得知识、技能的兴趣和效率的技术过程。教学设计是教育技术的组成部分，它的功能在于运用系统方法设计教学过程，使之成为一种具有可操作性的程序。

由以上分析也可看出以下几点。

教学设计的理论基础是学习理论、教学理论、系统理论和传播理论。

教学设计的依据是对学习需求（包括教学系统内部和外部的需求）的分析。

教学设计的任务是提出解决问题的最佳设计方案。

教学设计的基本要素是教学对象、教学目标、教学策略和教学评价。

教学设计的目的是使教学效果最优化。

---

❶ 李志厚. 国外教学设计研究现状与发展趋势［J］. 外国教育研究，1998（1）：6-10.
❷ 钟志贤. 论设计与课堂教学设计［J］. 电化教育研究，1991（4）.

二、教学设计的特点❶

第一，理论性。教学设计必须依据现代学习理论、教学理论、系统理论和传播理论等，对教学过程的诸要素进行优化设计，以保证设计的科学性和合理性。

第二，系统性。教学设计必须运用系统方法，从教学系统的整体功能出发，综合考虑教师、学生、教材、媒体和评价等各个方面在教学中的地位和作用，使之相互联系、相互促进、相互制约，产生整体效应，以保证教学设计中"目标、策略、媒体和评价"等诸要素的协调一致。

第三，差异性。教学设计必须以学习者为出发点，将学习者的特征分析作为教学设计的依据，它强调充分挖掘学习者的内部潜能，调动学习者的主动性和积极性，促使学习者内部学习过程的发生和有效进行。它注重学习者的个别差异，需要对学生进行调查、分析，其具体任务主要包括以下几点。❷

① 弄清学生的学习准备状况，包括完成学习任务所需要的身心发展成熟情况、知识技能基础情况、学习能力和学习动力的构成与水平等情况。

② 经过努力，学生可以达到怎样的状态和学习水平，即弄清学生的最近发展区情况。

③ 了解学生在感知、记忆、思维等方面的认知特点和认知风格。

④ 了解学生的情感发展水平、情感特点和情感需求。

⑤ 了解学生的性格、行为习惯等个性特点。

第四，应用性。教学设计作为一门联系理论和实践的"桥梁学科"，一方面可以把已有的教学理论和研究成果运用于实际教学中，指导教学工作的进行；另一方面，也可以把教师优秀的教学经验升华为教育科学，进一步充实和完善教学理论。在学科教学实践中，通过教学设计，完全可以反映教师的教育教学理念和教育教学理论水平。

第五，层次性。教学设计的对象是教学系统，教学系统是有层次的，它可以大到一门课程，小到一个课时甚至一个单元片段（微课）。因此教学设计也具有层次性，教学设计的基本层次是课程教学设计、学段（学期、学年）教学设计、单元（主题）教学设计、课时教学设计等四个层次。其中课时教学设计是本书研究的主要层次。

课时教学设计❸

课时教学设计是在课程教学设计、学段（学期、学年）教学设计和单元（主题）教学设计基础上，根据具体的教学条件，以课时为单位进行的教学设计。在各层次教学设计中，它是大量和经常性进行的一种，其内容比较具体和深入。课时教学设计主要包括下列工作。

---

❶ 江家发. 化学教学设计论 [M]. 济南：山东教育出版社，2004：3-4（有改动）.
❷ 人民教育出版社化学室. 化学教学设计及案例 [M]. 北京：人民教育出版社，2002：84.
❸ 刘知新. 化学教学论 [M]. 第3版. 北京：高等教育出版社，2004：6.

(1) 确定本课时的教学目标。
(2) 构思本课时的教学过程、教学策略和方法。
(3) 选择和设计教学媒体。
(4) 在上述工作的基础上，编制课时教学方案（简称教案）。

基于上述对教学设计特点的分析，本书对化学课时教学设计的概念做如下界定：化学课时教学设计就是为了实现一定的化学课堂教育、教学目标，依据现代化学教育思想、化学新课程理念、化学学科及学生特点，依托化学教学资源，建立解决化学教学问题的策略，评价反思试行结果和对设计方案进行反馈修正的系统过程。

三、教学设计的基本问题

系统设计教学是一种目标导向的系列活动。不管在哪个年级、哪个课程层次、哪个具体教学环境中开展设计，按照美国学者马杰（R. Mager，1984）的看法，无非是要回答三个类别的问题。❶

(1) 我们要到哪里去？
(2) 我们怎样到那里去？
(3) 我们是否到了那里？

因此，化学课时教学设计也就是主要解决三个问题：教什么和学什么？如何教和如何学？教得怎么样和学得怎么样？第一个问题是解决学习目标的问题，对应的教学设计有确立目标（教学目标与学习结果分类、教学任务分析以及学习者特征分析等）；第二个问题是解决教学过程中的教学策略问题，对应的教学设计有奔向目标的过程（学与教的过程设计、分类教学等）；第三个问题是解决教学评价的问题，即形成性评价和总结性评价，对应的教学设计有评价目标的过程（评估学习绩效、运用评估理念和方法等）。这样，教学设计的基本内容应包括教学背景分析、学习目标设计、教学策略设计和教学评价设计四大部分。

四、教学设计与传统备课

传统备课不是真正意义上的"教学设计"，不能将传统备课与系统化教学设计混为一谈。备课，即通常说的备教材、备学生、备教法。具体地说，"备教材"是指教师钻研教学大纲、教科书以及阅读有关参考资料等。教师一般根据教学大纲确定教学目标，根据教材分析教学内容，根据教学内容确定教学顺序。"备学生"是指教师从教学任务出发，确定中等水平的学生状态并将其作为教学起点。"备教法"是指教师选定的在教学中所用的教法。传统教学中教师捍卫着以教师为中心、以课本为中心、以课堂为中心的观念，抱守传统经验而不敢放手，注重怎样讲好教学内容和对学生进行封闭式的知识传授和技能训练，一定程度上忽视了学习过程中学习者的自主建构，其存在的主要问题可以概括为五个强调、五个忽视。

---

❶ 盛群力，等.教学设计［M］.北京：高等教育出版社，2005：6-7（有删节）.

（一）强调教师作用，忽视学生主体地位

以往的教学强调"以教师为中心"，一定程度上忽视了学生作为学习主体的地位，"灌输式教学"占了主流，机械训练成了学生的"家常便饭"。学生能力发展片面，其"解题能力"逐步提高，但当遇到实际问题需解决时，常常会束手无策。这是只备教师的"教"，忽视备学生的"学"的教学活动。首先，忽视探究过程的展现和探究能力的培养。以往备课中，我们十分重视结果的获得，不重视知识获取的过程，对学生主动获取知识的能力的培养缺乏深度思考。其次，忽视学生操作实践能力的培养。传统备课强调学生的接受式学习，重视传授方法的设计，很少思考学生自主操作、积极实践的设计。古今中外，接受式学习在教育中发挥了积极的作用。然而，随着新课程的实施，在继承传统有效的接受式学习的同时，应更多地倡导学生操作实践能力的培养。因为操作实践对于一些需要通过实践生成的知识点来讲是很重要的，它对于激发学生的学习兴趣和情感，培养学习综合能力也是十分有益的。最后，忽视合作能力的培养。现代学校教育是在群体状态下进行的，合作是必不可少的重要保障。在以往的备课教案中很少考虑学生合作学习活动的设计，这对于学生合作能力的培养是不利的。

（二）强调教学的预设性，忽视教学的生成性

传统备课的设计理念在知识观上认为知识是客观的、确定的。备课相当于课前的教学准备，它的内容是完全预设与静态的，教师以线性的单向传递来完成教学任务，这就导致学生被动地接受知识，严重地束缚了学生的个性发展，挫伤了学生的学习积极性。而现代教学设计在知识观上认为知识不是纯客观的，学习者是在已有的学习经验与知识的基础上去同化和顺应新知识，并在动态中实现新知识的自主建构。这种设计理念把学生看成是有生命意识、社会意识，有潜力和独立人格的人，因而极大地调动了学生学习的积极性。现代教学设计的这种新知识观，要求教师不应过分关注教学流程的程式化、细节化，不能用教材教案的认知过程代替学生的认知过程，使教学完全沿着预设的轨道展开，而是要求教师在课堂教学中创设一定的情境，使学习者在动态教学中完成对知识的自主建构。这就要求教师在备课时，针对可能出现的情况预设对策，在教学中随机应变，使学生在认知冲突中发展能力，从而使学生充分自主、真情投入，教师悉心聆听、倾情引导，师生在宽松和谐、互动合作、妙趣横生的空间里展开心灵的对话，使教学在对话中生成，在生成中引导，学生在引导中感悟，在感悟中创造。当然，动态生成并不否定预设的重要性，因为教学首先是一个有计划、有目标、有组织的活动，教师必须在课前对自己的教学任务有一个条理清晰的安排，充分考虑课堂上可能会出现的问题，努力给整个预设留有更大的弹性空间。可以这么说，预设是不是巧妙，有没有创意，直接影响课堂生成的效果。因此，教学应该是"预设"和"生成"的有机整合。

（三）强调知识传授，忽视学科核心素养发展

受应试教育影响，传统教学的备课过分地强调认知性目标，知识与技能成为课堂教学关注的中心，教师以传授知识为本，忽视正确价值观念、必备品格和关键能力。这样的教学在

造就了部分"精英"与"名校"的同时，也严重地忽视了学生的个性发展，导致了片面发展的不良后果。2014年3月30日教育部颁布的《关于全面深化课程改革 落实立德树人根本任务的意见》明确提出，将"发展学生核心素养体系"的研制与构建作为推进课程改革、深化发展的关键环节。2018年1月，依据上述《意见》精神修订的《普通高中化学课程标准（2017年版）》正式出版，标志着新一轮的高中化学课程改革正式开始。2017年版新课标更新了高中化学课程的"基本理念"，要求"以发展化学学科核心素养为主旨，重视开展'素养为本'的教学"。教学的核心目标要求实现从"获取知识"的终态目标转变为"素养发展"的认识过程目标。[1]

（四）强调解题技巧，忽视资源开发

由于受传统知识观的影响，长期以来我们对学生解题技巧的训练比较重视。导致很多教师的备课笔记简直无异于"习题集"，而教材分析、学情分析、教学理论依据、教学策略设计、教学评价设计以及教学反思等都被忽略。而新知识观认为，知识总是与认知者及其所处的特定情境相联系。知识的复杂性要求设计者在教学设计过程中，必须整合各种教学资源，向学生呈现知识产生的情境脉络，从而帮助学生实现对知识的自主建构。

新课程所倡导的教学资源是指一切有助于课程目标实现的因素，教材、教室、学校不是知识的唯一源泉，大自然、人类社会、丰富多彩的世界都是很好的教科书。"教科书是学生的世界"变为"世界是学生的教科书"，从根本上改变了传统的有限教学资源观，改变了以往教师垄断教学资源收集、加工、使用、管理和评价的教学资源建设观，有效地将教学资源由课堂延伸到课外，由学校延伸到社区，由非数字化延伸到数字化，从独占走向共享，从分散走向整合，促成教学由学生的被动利用到主动参与。

（五）强调学科本位，忽视课程整合

传统备课考虑较多的是学科本身的基础知识和基本技能，关注更多的是如何向学生传授这些知识和技能，如何使学生掌握这些知识和技能，教师备的是本学科的知识链、训练点，对于本学科之外的丰富多彩的课程资源就很少顾及或根本就不考虑。这样备课既不利于提高本学科的教学质量，也不利于学生的全面发展。基于核心素养的教学应该"重视以学科大概念为核心，使课程内容结构化，以主题为引领，使课程内容情境化，促进学科核心素养的落实。"注重淡化学科界限，强调课程的整合，把学科课程作为一种资源来开发，这正是传统备课所忽视的地方。

因此，我们要在强调学科学习的重要性的同时强调学科的整合性、兼容性和丰富性，要引导学生用宝贵的时间去感悟丰富多彩的现实生活。

可见，教学设计（其产品通常也叫教学设计）和传统备课（其产品即为通常所说的教案）的差异不仅表现在指导思想和设计对象的不同，而且基本要素和操作流程也有显著差别。

---

[1] 胡久华，王磊. 促进学生认识素养发展的化学教学[J]. 教育科学研究，2010（3）：46-48.

郑长龙[1]认为：化学课堂教学的价值取向大体上经历了三个发展阶段：知识取向、能力取向和素养取向。"知识取向"的化学课堂教学的基本理念是"知识为本"，重视"双基"（化学基础知识与化学基本技能）的教与学；"能力取向"的化学课堂教学的基本理念是"能力为本"，在注重"双基"教学的同时，强调通过科学过程和科学方法培养学生的科学探究能力；"素养取向"的化学课堂教学的基本理念是"素养为本"，强调运用所学的"双基"以及科学过程和科学方法解决真实问题。

因此，"素养为本"的化学教学设计与传统的备课不可同日而语。

知识超链接

教案与教学设计的比较，见表1-1。

表1-1　教案与教学设计的比较[1]

设计要素		教案	教学设计
设计理念	课程观[2]	(1)"知识取向"的课程价值观 (2)封闭的课程内容观 (3)灌输的课程实施观 (4)甄别的课程评价观	(1)"成人取向"的课程价值观 (2)开放的课程内容观 (3)对话的课程实施观 (4)促进发展回归教育本质的课程评价观
	知识观	知识是客观的，可以传递给学生	知识不是纯客观的，是学生与外在环境交互过程中建构起来的
	学生观	学生只是接受知识的容器	学生是有生命意识、社会意识，有潜力和独立人格的人
	教学观	教学是课程传递和执行，教学生学的过程	是课程创生和开发、师生交往、积极互动、共同发展的过程
	学习观[3]	以教师为中心来设计学习活动，学生被动接受式学习	以学生为中心来设计学习活动，帮助学生形成终身学习的学习观、自主学习的学习观、学会学习的学习观
教学目标		以教师为阐述主体，使学生掌握双基和培养能力	以学生为阐述主体，在学科核心素养上得到全面发展
教学分析		教材教法和教学重点难点分析	对任务、目标、内容、学情等方面做分析
策略制定和作业设计		(1)传授的策略和帮助学生记忆的策略 (2)以传统媒体为主 (3)以技能训练、知识(显性)记忆和强化作业设计为主	(1)学法指导、情境设计、问题引导、媒体使用、反馈调控等策略 (2)多媒体的教学设计 (3)根据不同需要如知识、技能、方法、态度、能力的培养来设计作业
教学过程		传授知识，鼓励模仿记忆的以教为中心的五环节教学过程设计	创设情境，鼓励在学习中体验、探究、发现、思考，在问题解决过程中获得自身提高和发展的教学过程设计
效果评价		掌握知识技能，解决问题	知、情、意都得到发展，为终身可持续发展奠定基础

[1] 鲁献蓉.从传统教案走向现代教学设计——对新课程理念下的课堂教学设计的思考[J].课程·教材·教法，2004（7）：17-23（有改动）.

[2] 崔颖.试论现代教育理念下的课程观[J].中国电力教育，2009（2）：85-86.

[3] 贾霞萍.新课程改革与学习观的更新[J].教育理论与实践，2006（6）：1-2.

---

[1] 郑长龙.2017年版普通高中化学课程标准的重大变化及解析[J].化学教育（中文），2018，39（09）：41-47.

五、"素养为本"的教学设计与教师专业发展

(一) 实施新课程促进教师专业发展

《普通高中化学课程标准(2017年版)》正式出版,标志着新一轮的高中化学课程改革正式开始。为培养学生核心素养,教师需获得相应的专业发展,树立"教育要发展学生适应终身发展和社会发展需要的必备品格和关键能力"专业思想,在专业知识上要有量、质、结构的发展,关注教学设计能力、教学组织管理能力以及教学交往能力的发展,并形成相应的专业心理品质。❶ 教师核心素养和能力作为教师素质的内核,可以统帅、引领其他教师素养和能力的发展。教师核心素养和能力是指教师在接受和参与教师教育、从事教育教学以及投身教研等活动中形成和发展的,能够适应社会发展、教师职业要求和自身专业发展所必需的专业修养、品性和能力。其中,政治素养、道德素养、文化素养、教育精神四位一体,构成教师核心素养结构体系。而教育教学能力、教研和创新能力、学习和反思能力、沟通和合作能力四位一体,构成教师核心能力结构体系。❷

新课程倡导一种课程共建的文化,需要教师重新认识和确立自己的角色,重视教师的课程参与,改变教师的课堂专业生活方式,通过教师参与课程建设提升教师的课程意识,逐步掌握课程开发的技术。

化学新课程的实施,要求教师研究中学化学课程教学的目标、内容及其组织、教学过程、教学方法、教学评价等方面的理论与实践。概括起来,其研究的主要问题大致包含以下几个方面:①为什么教与为什么学;②教什么与学什么;③怎样教和怎样学;④教得如何与学得如何,即测验与反馈。这些问题也是作为一名化学教师不得不经常面对的,并且应该经常不断思考和采取行动解决的。对待这些问题的态度和实践中这些问题解决得如何,直接影响教师的教学工作成效。依赖已有的经验,满足于"轻车熟路"是教师自己在封闭自己,职业上的兴趣也会逐渐消失,使自己成为"教书匠"。

基于发展化学学科核心素养的学业质量标准,给教师的教学提出了新要求。❸ 首先,对"为什么而教、教什么"提出了新的要求。我们认为,"为什么而教、教什么"的实质是"学的目的是什么、应该让学生学什么"或者"应该让学生哪些方面得到发展"。化学教学必须从"知识为本、能力为本"转向"素养为本",必须强调运用"双基"以及科学过程和科学方法解决真实问题,尤其要重视纠正目前普遍存在的过分重视知识获得、严重依赖解题训练的倾向。化学教学中不仅要关注化学外在的应用价值,更要关注它的内在价值、精神价值、文化价值和育人价值。对"为什么而教、教什么"的思考,也对化学教育价值的认识,还是人的培养方向的问题。具体到化学教学当中,一是要从多个角度研究化学课程内容的教育、

---

❶ 姜月. 基于培养学生核心素养的教师专业发展[J]. 教育导刊, 2016 (11): 59-61.
❷ 王光明. 核心素养和能力促教师专业发展[N]. 中国教育报, 2019-04-25 (007).
❸ 陈进前. 关于学业质量标准的研究——基于2017年版普通高中化学课程标准[J]. 化学教学, 2018 (12): 8-12.

教学功能，二是要重视化学教学内容的选择和组合，我们认为教学内容的选择和组合不能依赖教材，这就对教师的专业水平提出了新的要求。另外，对"怎么教"提出了新要求。这是教学理念的问题，也是教学实施层面的问题，还是学生学习层面的问题。大家知道"教了不等于学了，学了不等于学会了"。教师思考"怎么教"，实质上应该是思考"学生真的在学习吗""学生到底在哪方面得到了发展"。思考如何进行有效的以"素养为本"的化学教学。

（二）教学设计能体现教师在课程实施中的重要作用

如前所述，教学设计在教育理论与实践之间，在文件课程转化为学校及课堂实施的课程之间所具有的"桥梁"或"中介"作用，我们可以这样说，通过教学设计，教师能动地参与到课程开发与实施中来。教师在课程实施中的重要作用，通过实施新课程对教师的专业发展的促进作用能够较好地体现出来。

1. 促进教师教学知识的更新

教师当然要有学科知识，但并不是有了学科知识就能教好学科，学科教学质量的高低也不一定和学科知识的多少成正比。除了学科知识外，教师还应具备其他方面的知识。了解教师的知识结构，才能全面理解教师知识的特征，不断丰富和更新知识，为保证教学质量创造有利条件。

1986年，课程研究学者舒尔曼在《教育研究者》上发表的一份研究报告中首次提出了PCK这一术语。1987年，舒尔曼在《哈佛教育评论》上发表的一篇论文中再次阐述了PCK这一概念。舒尔曼认为，构成教师教学知识的七类基础知识包括以下内容。

一是学科内容知识（content knowledge）。是指教师对所教学科内容本身的知识。对于化学教师来讲，就是化学学科知识。研究表明，目前中学化学教师要胜任新课程，最为短缺的首先还不是教学理论或方法方面的知识和技能，而是学科本身的东西。尤其是对化学学科本身特点的深刻理解和化学科学的基本能力和素养的掌握。比如，新课程要求教师组织、帮助、指导和带领学生探究，而很多的教师本身就很少做这样的探究，所以缺乏对探究的体验和兴趣，这怎么能在教学中发挥教师的主导作用，激发、组织有效的探究呢？又怎么能创造性地实施新课程呢？

二是一般教学法知识（general pedagogical knowledge）。是指在教学过程中所运用的课堂教学管理与组织的一般原则与策略。教师要有效地组织教学，必须了解一般的教学规范，了解一般的教学组织原则。这是任何一门学科教师都需要掌握的，是有效地进行教学活动不可缺少的。

三是课程知识（curriculum knowledge）。是指教师对有关的课程方案，课程标准等材料的掌握，以及对教师在课程改革中的作用的认识和理解。

四是学科教学法知识（pedagogical knowledge）。这是学科知识的一种特殊形式。学科教学法知识不是学科知识本身，而是指学科知识中具体内容的特点和这些内容如何进行教学的知识。不同领域的知识、不同层次的知识常常有特殊的呈现方式和教学方法，教师对特定内容和方法也有自己的认识和理解。这方面的知识表现为教师的专业素养和对具体内容的设计和实施上。

五是对学习者及其特征的知识（knowledge of learners and their characteristics）。是指教师对学生的认识和理解，对某一阶段学生特征的认识，以及对学生知识经验的水平和他们在教学中的表现的理解。

六是教育情境知识（knowledge of educational contexts）。包括教师对班级和学校的情境，对校区和社会的情境等方面的了解。比如，化学教师对当地自然环境、生产生活状况以及资源分布情况等的了解，都可以作为课程资源加以开发利用，将其作为教学设计的有用素材。

七是教育的结果、目的和价值方面的知识（knowledge of educational results, purposes and values）。涉及教师对评价方面的观念、知识和技能等的掌握。

上述七个方面的知识，构成教师比较完整的知识结构。教师具有这些方面的全部或大部分知识，就能够比较自如地、充满信心地设计教学方案，处理教学过程中出现的各种问题。也只有具备这些方面的知识，并且在自己的教学实践中不断积累和更新，才能保证不断改善教学策略，提高教学质量。

2. 促进教师观念的转变

教育观念的更新包括多方面的内容。国外的研究一般称为教师的观念。对于教师来说主要的观念涉及以下几个方面。

一是关于学习者和学习的观念。研究发现，教师有各种关于学生学习的常识性的理论，这些理论影响他们如何设计和组织教学，如何解释关于学生的信息。教师对学生的学习具有不同的观念，就会为学生提供不同类型的活动，以及运用不同类型的班级活动模式。一些研究表明，学习者的不同特征影响着教师对学生的判断和对待学生的行为。

二是关于教学的观念。教师具有各种关于教学的性质和目的的观念。有的教师认为教学是知识传递的过程，有的教师认为教学是指导学生学习的过程。有些教师可能认为教学更应重视培养学生的社会关系和班级内的交往，有的可能认为他们更多的是学术上的任务。

三是关于学科的观念。对于学校课程中的每一个学科，都涉及一个对这个学科认识方面的观念问题，即这个学科是研究什么的？懂得这个学科意味着什么？在这个学科领域内能够有效地完成什么任务？教师关于学科的认识很大程度上处于一种相当折中的观点，在对一些个案研究时发现，教师关于学科的观点，在一种情形下与另一种情形下是不同的。

四是关于如何学习教学的观念。有一种奇怪的现象，有经验的教师，即使是那些被其他同事认为是很好的教师，对于如何学习教学的问题的思考也很简单，他们会很简单地说明参与的过程。他们通常认为学习教学可以从自己的教学经验学习，或者可以通过观察其他教师的教学方法来学习。而教学经验通常是教师学习的最有价值的内容，实习教师很注重经验学习的重要性。

五是关于自我和教师作用的观念。与大多数专业工作相比，教学工作有更多人格因素的参与。教师管理班级并使工作顺利开展，均有赖于自己的人格和建立人际关系的能力。

在教师自身素养和教学理念方面，李晓东[1]认为从基于三维目标的教育教学转变到基于学科核心素养的教育教学，需要教师在理念和方法上实现新的探索，教师需要更新教学观，了解学科核心素养的概念，强化学科核心素养的意识。教师的教不再局限于给予学生完整的知识体系，而是时刻体现为对学生发展核心素养的培育与关切。徐思俊[2]认为学科素养的确定，规定了意义、方法、生成等指向，使好课有了灵魂，使教师心中装着核心素养，自觉地将自己的教学行为指向这些核心要素。

知识超链接

新课程下的教师角色与课堂作用[3]

新课程要求教师应该扮演的七种角色：教师是课堂的组织者、促进者与引导者；教师是学生智商、情商、道德商的培育者；教师是学生个体表现、体验成功机会的创造者；教师是课堂学习情境、问题情境的创设者；教师是自由、民主、平等和谐气氛的营造者；教师是学生学习潜能、独特个性的开发者；教师是学生良好习惯、优良品德的塑造者。

课堂应当成为五种地方：课堂是学生自主学习、合作和探究学习的地方；课堂是师生情感交流、信息交流的地方；课堂是师生共同质疑、释疑的地方；课堂是学生个性表现、体验成功的地方；课堂是师生共同感悟人生道理的地方。

思考与交流

（1）谈谈"我心目中的中学化学教师"。

（2）谈谈"我心目中的中学化学教学"。

（3）谈谈你对"素养为本"的教学设计的理解。

（4）通过"素养为本"的教学设计与传统备课的比较，你得到了什么启示？

（5）通过"素养为本"的教学设计与教师专业发展的关系学习，谈谈你对学习本课程必要性的认识。

（6）调查中学化学教师教学设计的现状，感知一线化学教师教学设计的文本材料。

（7）简论如何处理化学课堂教学预设与生成的关系。

阅读指南

[1] 杨九俊. 新课程备课新思维 [M]. 北京：教育科学出版社，2006.

[2] 林宪生. 教学设计的概念、对象和理论基础 [J]. 电化教育研究，2000（04）：3-6.

[3] PEGGY A E, TIMOTHY J N, 盛群力. 行为主义、认知主义和建构主义（上）——从教学设计的视角比较其关键特征 [J]. 电化教育研究，2004（03）：34-37.

---

[1] 李晓东. 理解学科核心素养的三个关键 [J]. 今日教育，2016（03）：15-17.

[2] 徐思俊. 核心素养与学科教学 [J]. 基础教育课程，2015（23）：69.

[3] 林华民. 新课程下我们怎样当老师 [M]. 北京：华语教学出版社，2007.

[4] 钟志贤.促进学习者高阶思维发展的教学设计假设［J］.电化教育研究,2004（12）:21-28.

[5] 江家发,杨浩文.新课程理念下的化学教学设计［J］.中国教育学刊,2005（08）:37-40.

[6] 汪海.教学设计:促进教师专业发展的实践力量［J］.教育科学研究,2012（06）:71-74.

[7] 亓英丽,卢巍.关于化学课堂教学设计的新思考［J］.化学教学,2012（09）:19-22.

[8] 吴星.高中化学核心素养的建构视角［J］.化学教学,2017（02）:3-7.

[9] 吴俊明.从化学素养说起——对"化学学科核心素养"与"学科核心素养"的思考［J］.化学教学,2017（07）:3-8

[10] 郑长龙.2017年版普通高中化学课程标准的重大变化及解析［J］.化学教育（中文）,2018,39（09）:41-47.

第二章
化学教学设计理论

人类的学习是复杂多样的，是有层次性的，总是由简单的低级学习向复杂的高级学习发展，构成了一个依次递进的层次与水平。而简单的低级学习是复杂高级学习的基础。

——加涅

思维导图

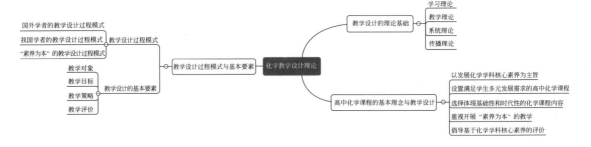

一、教学设计的理论基础

每一门独立的学科都有支撑它生长的理论基础，教学设计也不例外。我国教学设计研究者对教学设计的理论基础进行了大量的研究，提出了许多观点，概括起来有如下一些论点。

（1）"单基础"论　认为"教学设计的理论基础是认知学习理论。"并强调"主要是指加涅（Robert. M. Gagne）的认知学习理论"。❶

（2）"双基础"论　主张"教学设计是以传播理论和学习理论为基础"。❷

（3）"三基础"论　认为"教学设计是以学习理论、教学理论和传播理论为基础"。❸

（4）"四基础"论　认为"教学设计理论基础包括四个组成部分，即系统理论、学

---

❶ 李克东，谢幼如. 多媒体组合优化教学设计的原理与方法［J］. 电化教育研究，1990（4）.
❷ 张旭，许林. 现代教育技术［M］. 北京：科学出版社，1995：30.
❸ 乌美娜. 教学设计［M］. 北京：高等教育出版社，1994：12.

习理论、教学理论和传播理论"。并强调"学习理论应当是四种理论中最重要的理论基础"。❶

（5）"五基础"论　提出"教学设计要以学习理论、教学理论、设计理论、系统理论和传播理论为理论基础"。❷

（6）"六基础"论　主张"学习理论、传播理论、视听理论、系统理论、认识论和教育哲学共同构成了教学设计的理论基础"。❸

为了更清楚地了解以上观点，将教学设计的理论基础列于表 2-1 中。

表 2-1　教学设计的理论基础

	学习理论	传播理论	教学理论	系统理论	设计理论	视听理论	认识论	教育哲学
单基础	√							
双基础	√	√						
三基础	√	√	√					
四基础	√	√	√	√				
五基础	√	√	√	√	√			
六基础	√	√		√		√	√	√

从表 2-1 中可以清楚地看出，人们对哪些理论作为教学设计的理论基础是有争议的。从"单基础"到"六基础"不仅数量上相差悬殊，而且选项上也存在很大差别。尽管人们都有自己的理由，但必须承认，理论基础太少难以构成稳定的理论框架，过多则又缺乏层次，容易淡化本学科特点，形成交叉学科或边缘学科。那么，怎样选择与确定教学设计的理论基础呢？我们认为，是否能成为教学设计的理论基础，关键是由教学设计的研究对象来决定。造成上述情况的主要原因是人们对教学设计概念的理解和研究对象确立的视差。但应该肯定的是人们把学习理论、教学理论、系统理论和传播理论作为教学设计的理论基础的认识是相对集中的。学习理论使教学设计符合学习规律，教学理论指导了教学设计的具体操作，系统理论为教学设计提供了整体优化的理论指导，传播理论为教学设计提供了教学媒体技术。下面重点对这四种理论在教学设计中的作用做简要的介绍，这将有助于我们更好地理解和应用教学设计的原理和技术。

（一）学习理论

1. 行为主义学习理论与教学设计

行为主义学习理论主要研究学习者外显的行为，他们把个体的学习行为归结为个体适应外部环境的反应系统，即"刺激-反应系统"。学习的起因被认为是对外部刺激的反应，但不关注刺激所引起的内部心理过程，认为学习与内部心理过程无关。因此，行为主义认为只要控制刺激就能预测行为和控制行为，从而也就能预测和控制学习效果。根据这种观点，人类

---

❶　何克抗. 从信息时代的教育与培训看教学设计理论的新发展 [J]. 中国电化教育，1998：10-12.
❷　张筱兰. 论教学设计 [J]. 电化教育研究，1998（1）：24-26.
❸　冯学斌，万勇. 教学设计的理论基础 [J]. 电化教育研究，1998（1）：27-30.

学习过程被解释为被动地接受外界刺激的过程，而教师的任务只是提供外部刺激，即向学生灌输知识。学生的任务则是接受外部刺激，即理解和吸收教师传授的知识。由此我们可以看出，行为主义学习理论是以教师为中心的教学设计的心理学基础，对我国各级各类学校的课堂教学设计有着根深蒂固的影响。

至今仍有许多学校和教师强调学生的任务就是要消化、理解老师讲授的内容，把学生当作灌输的对象、外部刺激的接收器、前人知识与经验的存储器，忽略了学生是有主观能动性、创造性思维的活生生的人。这种理论长期潜移默化的影响，使我国大多数学生养成了一种不爱问也不想问问题、不知该问什么问题的麻木习惯，形成了一种盲目崇拜书本和教师的迷信思想。这种思想代代相传，不断强化，使学生的思维被束缚、被禁锢，而敢想、敢于挑战权威的新思想、新观念被贬斥、被扼杀，大胆想象的翅膀被折断。作为学习过程主体的学生的主动性无从发挥，好奇心和想象力严重缺乏，创新思维、创新能力也得不到培养。

以行为主义学习理论为基础的教学设计在初期，曾构建了一套教学设计的程序和环节，开辟了一条教学与技术相结合的道路。其倡导的行为目标、可操作式测量方法、程序教学、系列测评和评价等直接成为教学设计的工具和方法，特别是斯金纳程序教学的思想和方法对教学设计产生了较大的影响，人们由此认识到教学设计中的教学及其组织形式也可以采用或效仿程序教学中的学习方式和教学组织形式（如直线式和分支式）。并且对确定如何设计教学步骤、如何使用学习者的反馈、如何解决学习错误等有了比较清晰的认识。但由于忽视学习者内部心理过程，无视学习者的内在需要和主动性，只注重教师的教的设计，将教学目标、教学内容强加给学生，关注如何使教学信息变成强刺激灌输给学生，然后用"精心"设计的大量练习或复习题来进行机械训练，使学生在反复尝试与错误学习中强化记忆，助长了死记硬背的不良学习方式和习惯。

2. 认知派学习理论与教学设计

认知派学习理论主要受认知心理学发展的影响，与行为主义学习理论相比，更加重视学习者内部的因素，认为学习中存在着不同水平的认知过程；学习的成效取决于学习者已有的认知结构；学习是知识在头脑中不断组织和表征的过程，是一种积极的构建过程。认知理论十分重视认知结构和认知过程，通过对学习者认知结构和认知过程所做的假说来解释和说明学习过程。认为认知结构和认知过程就是在教学刺激（输入）与学习者之间相互作用（同化、顺应等）的结果和过程。强调学习者在学习过程中是学习活动的主体，并起着重要作用。主张学习就是获得一个把旧的认知结构改变成新的认知结构的不断上升的过程（图2-1）。

（1）同化　获得了新知识和新技能，并相信它是正确的。在头脑中的原有认知结构得到提高、充实，且自己有了满足感。

（2）顺应　相对应的是学习新的知识，建立新的认知结构，纠正了过去认为"正确"的知识，有恍然大悟之感。

（3）创见　由输入的内容，顿悟出另外的道理。这是知识迁移的明显表现，也是进一步学习或应用知识的动力。这样的人有时可产生瞬间的自我天才感。

（4）拒斥　知道了这一"知识"的内容，但在主观上怀疑它的正确性，甚至认为它根本

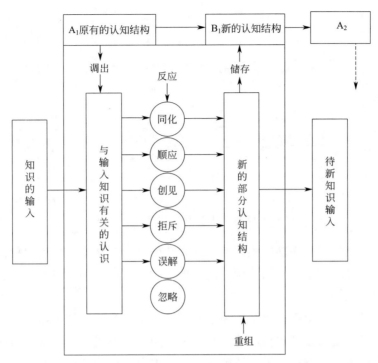

图 2-1　不同学生在同一学习环境中认知结构变化的示意图

就是不正确的。在民主教师面前，他会提出反对意见，善意的、挑战的都可能有，结果是拒斥转化为顺应。在独断教师面前，他会拒斥下去。

（5）误解　由于观察实验下的粗心大意，或推理路线产生的差错，而把知识理解错了，即感性认识或理性认识的错误。把错误的内容理解成为"同化"或"顺应"的内容存储在认知结构中。

（6）忽略　由于观察上的疏漏，视而未见；或听讲中"溜号"，听而未闻，在知识上出现了空白区。这种空白区，有的学生没有意识到它的存在；有的人则是意识到了，但他对难的问题就想跳过去，应付了事。"不懂就不懂吧，算了！"

教师的教学任务就是加强同化、顺应和创见的过程，并使其结构化。但是，不能忽略的另一任务，就是减少拒斥、误解和最大限度地消灭忽略。

在认知理论中，加涅的信息加工理论，对教学设计的影响比较大。它将人类的学习和记忆过程看作是由一系列假设的信息转换过程来实现的，有效地解释说明了学习的过程（图2-2）。

认知学习理论提出的与教学设计有关的认知概念和信息加工技术，为教学设计提供了强有力的理论依据。此外，还有奥苏贝尔的先行组织者技术等，也被广泛地应用到教学设计中。依据这些理论或模型来设计适合学习者的教学活动过程，从而提高学习者的学习效果。

3. 建构主义学习理论与教学设计

建构主义学习理论是认知理论的进一步发展。建构主义者更加关注学习者如何以原有的经验、心理结构和信念为基础来建构知识，更加强调学习的主观性、社会性和情境性。其基

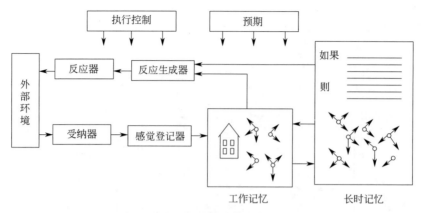

图 2-2 学习与记忆的信息加工模型

本观点为：①学习是学习者主动建构内部心理表征的过程。②学习中的建构是双向的。学习中的建构一方面是对新信息意义的建构，同时也是对原有经验的改造和重组。建构主义者对后一种建构更加重视。

由于建构主义学习理论强调以学生为中心，认为学生是认知的主体，是知识意义的主动建构者；教师只对学生的意义建构起帮助和促进作用，并不要求教师直接向学生传授和灌输知识。可见在建构主义学习环境下，教师和学生的地位、作用和传统教学相比已发生很大的变化。在这种情况下，如果仍然沿用传统的教学设计理论与方法来指导教学设计，显然是不合适的。近年来，人们经过大量的研究与探索，力图建立一套能与建构主义学习理论以及建构主义学习环境相适应的全新的教学设计理论与方法体系。尽管这种理论体系的建立是一项艰巨的任务，并非短期内能够完成的。但是其基本思想及主要原则已日渐明朗，并已经开始实际应用于指导基于多媒体和互联网的建构主义学习环境的教学设计。将已发表的多种建构主义学习环境中使用的教学设计原则概括如下。

（1）强调以学生为中心　体现以学生为中心，可以从三个方面入手。第一，要在学习过程中充分发挥学生的主动性，要能体现出学生的首创精神；第二，要让学生有多种机会在不同的情境下，去应用他们所学的知识（将知识外化）；第三，要让学生能根据自身行动的反馈信息来形成对客观事物的认识和解决实际问题的方案（实现自我反馈）。以上三点，即发挥首创精神、将知识外化和实现自我反馈是体现以学生为中心的三个要素。

（2）强调"情境"对意义建构的重要作用　建构主义者认为，学习总是与一定的社会文化背景即"情境"相联系的。在实际情境下进行学习，可以使学习者能利用自己原有认知结构中的有关经验去同化和顺应当前学习到的新知识，从而赋予新知识以某种意义；如果原有经验不能同化新知识，则要引起"顺应"过程，即对原有知识进行改造与重组。总之，通过"同化"与"顺应"才能达到对新知识的意义建构。在传统的课堂讲授中，由于不能提供实际情境所具有的生动性、丰富性，同化与顺应过程较难发生，因而使学习者对知识的意义建构发生困难。

（3）强调"协作学习"对意义建构的关键作用　建构主义者认为，学习者与周围环境的交互作用，对于学习内容的理解（对知识的意义建构）起着关键性的作用，这是建构主义的核心概念之一。学生们在教师的组织和引导下一起讨论和交流，共同建立起学习群体并成为其中的一员。在这样的群体中，共同批判地考察各种理论、观点、信仰和假说；进行协商和辩论，先内部协商，然后再相互协商。通过这样的协作学习，学习者群体（教师和每位学生）的思维与智慧就可以被整个群体所共享，即整个学习群体共同完成对所学知识的意义建构，而不是其中的某一位或某几位学生完成意义建构。

（4）强调对学习环境（非教学环境）的设计　建构主义者认为，学习环境是学习者可以利用各种工具和信息资源（文字材料、书籍、音像资料、多媒体课件以及互联网上的信息等）来达到自己的学习目标。在这一过程中，学生不仅能得到教师的帮助与支持，而且学生之间也可以相互协作和支持。按照这种观念，学习应当被促进和支持而不应当受到严格的控制与支配；学习环境则是一个支持和促进学习的场所；在建构主义学习理论指导下的教学设计应是针对学习环境而非教学环境的设计。这是因为，教学意味着更多的控制与支配，而学习则意味着更多的主动与自由。

（5）强调利用各种信息资源来支持"学"从而支持"教"　为了有利于学习者的主动探索和完成意义建构，在学习过程中要为学习者提供各种信息资源。但是，这里利用的媒体和资料并非用于辅助教师的讲解和演示，而是用于支持学生的自主学习和协作式探索。

因此，对传统教学设计中有关"教学媒体的选择与设计"这一部分将有全新的处理方式。例如传统的教学设计中，对媒体的呈现要根据学生的认识心理和年龄做精心的设计，现在由于把媒体的选择、使用和控制的权力交给了学生，这种设计就完全没有必要了。反之，对于信息资源的如何获取、从哪里获取，如何有效加以利用等问题，则成为主动探索过程中迫切需要教师提供帮助的内容。

（6）强调学习过程的最终目的是完成意义建构，而非完成教学目标　由于强调学生是认知主体、是意义建构的主动者，所以把学生对知识的意义建构作为整个学习过程的最终目的。在这样的学习环境中，教学设计通常不是从分析教学目标开始，而是从如何创设有利于学生意义建构的情境开始，整个教学设计过程紧紧围绕"意义建构"这个中心展开。不论是学生的独立探索、协作学习还是教师辅导，学习过程中的一切活动都要从属于这一中心，都要有利于完成和深化对所学知识的意义建构。但是，这并不意味着在建构主义学习环境下完全没有必要进行教学目标分析。正确的做法是：在进行教学目标分析的基础上选出当前所学知识中的基本概念、基本原理、基本方法和基本过程作为当前所学知识的主题，然后再围绕着这个主题进行意义建构。这样建构的意义才是真正有意义的，才是符合教学要求的。

建构主义者强调学习的主动性和建构性，强调非结构性的背景知识在学习中的作用，区分了初级学习和高级学习，并提出了一些新的教学模式，使我们认识到了传统教学中存在的缺陷。但是我们也应当注意，过分强调学习中主观性的一面容易导致唯心论，过分强调非结构性的背景知识会导致全面否定传统的系统学习方法，过分强调教学的情境性会导致否定通过学习间接经验来迅速积累知识这一有效途径。教师在实际教学工作中，只有将建构主义学习理论与教师、学生、学校的实际情况和不同的教学内容有效地结合起来，进行符合实际的教学设计，才能取得好的教学效果。

（二）教学理论

1. 建构主义的教学理论与教学设计

基于对皮亚杰的认知结构理论加以发展所形成的建构主义教学理论是突出学习者地位的教学理论，其特点在于强调教学过程应突出学习者的主体地位，强调教学要以促进学习者自我意义建构和发展为原则，注重学习者的积极参与，注重过程，注重学习主体的内心体验，倡导和谐、平等的教学氛围，注重情感在学习中的重要性，以及与学科教学内容有关的特殊经验。尽管这些原理短时间内还难以转换成教学设计的具体步骤，但对教学及教学设计的影响和启发却是显而易见的。这些观念正是新课程所提倡的。

如前所述，建构主义学习理论提倡的学习方法是教师指导下的、以学生为中心的学习；建构主义学习环境包含情境、协作、会话和意义建构等四大要素。这样，我们就可以将与建构主义学习理论以及建构主义学习环境相适应的教学模式概括为："以学生为中心，在整个教学过程中由教师起组织者、指导者、帮助者和促进者的作用，利用情境、协作、会话等学习环境要素充分发挥学生的主动性、积极性和首创精神，最终达到使学生有效地实现对当前所学知识的意义建构的目的。"在这种模式中，学生是知识意义的主动建构者；教师是教学过程的组织者、指导者、意义建构的帮助者、促进者；教材所提供的知识不再是教师传授的内容，而是学生主动建构意义的对象；媒体也不再是帮助教师传授知识的手段、方法，而是用来创设情境、进行协作学习和会话交流，即作为学生主动学习、协作式探索的认知工具。显然，在这种模式下，教师、学生、教材和媒体等四要素与传统教学相比，各自有完全不同的作用，且彼此之间有完全不同的关系。但是这些作用与关系也是非常清楚、非常明确的，因而成为教学活动的另外一种稳定结构形式，即建构主义学习环境下的教学模式。

在上述建构主义的教学模式下，目前已开发出的、比较成熟的教学策略有：支架式教学（scaffolding instruction）、抛锚式教学（anchored instruction）和随机进入教学（random access instruction）（具体见第六章）。

2. 多元智力理论与教学设计

多元智力理论是美国哈佛大学的发展心理学家加德纳于1983年在《智能的结构》一书中提出的。

多元智力理论认为：人的智力是由语言智力、数理逻辑智力、视觉空间智力、音乐节奏智力、身体运动智力、人际交往智力、自我反省智力、自然智力和存在智力等九种智力构成的。它打破了传统的智力观，即将智力看成是以语言能力和逻辑——数理能力为核心的整合的能力。

多元智力理论会直接使教师形成积极乐观的"学生观"。该理论认为：每个人都同时拥有这九种智力，只是这九种智力在每个人身上以不同的方式、不同的程度组合存在。有人九项全能；有人某几项或某一项突出，但其他缺乏；大多数人居中，几项优秀，几项稍差，几项更次之。这样使得每个人的智力各具特色。因此，在学校是没有"差生"的，每个学生都是独特的，也是出色的。这种学生观一旦形成，教师就会以积极、热切的期望来看待每一个学生，就会仔细观察，从不同角度来评价学生，就会努力去寻找发现学生身上的闪光点，让学生感受到教师的关爱，促进学生的潜能发展。

（三）系统理论

运用系统理论的思想，教学可以看作是一个由若干要素有机结合起来的，具有一定教学功能的系统。这些要素包括教师、学生、课程或教学内容、教学媒体、教学方法、教学环境等。教学系统有不同的层次，一个学校的全部课程计划、一门具体的课程、一个教学单元、一节具体的课，都可以看成是不同层次的教学系统。一个教学系统由教和学两个子系统构成。每个子系统中又分别包含诸多要素（图2-3）。

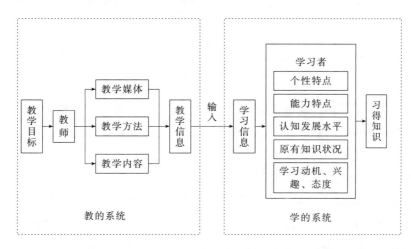

图 2-3　教学系统

在教这一子系统中，教师、学科内容、教学媒体、教学方法等要素，以不同的方式进行联系，就可以形成不同的教学过程结构。而不同的教学过程结构将具有不同的教学功能，产生不同的教学效果。此外，教学设计的重要内容之一，就是要在分析教学系统各要素的基础上，根据课程标准规定的目标和具体的教学目标（预期的效果），优化设计教学过程，合理利用各种学习资源，选择和确定教学策略、教学媒体、教学方法，创设教学情境，科学地安排教学活动，从而达到最优化的教学效果。也就是从多种可能的方案中，选择最好的系统方案，使系统具有最优的整体功能。

如图 2-3 所示，学生的学习过程实际上就是学习者（学的系统）对学习环境施加的作用（输入）作出反应（输出）的过程。因此，学习过程是一个开放的系统，也是一个动态的过程。对于持积极态度参与教学活动的学生，通常是主动的和有准备的。其含义是，在教师创设的情境中，当教师精心设计的教学信息（如化学知识或技能）输入时，他们会主动地接近，会调出原来的知识结构和经验来"迎接"和接收新输入的内容。他们获得新知识（同化）并很快地与原有的知识结构初步地融为一体，进一步提高，在融合中，还能修正原认知结构中不正确的部分，自我排除了过去不正确的理解顺应，充实了原有的认知结构。

教学设计是一个不断研究和解决教学问题的过程。新课程更加强调以学生发展为本，以促进每一个学生的发展、提高学生的基本素质为宗旨，运用系统理论提供的思想和方法，注重对学习者的身体和心理特点、发展需要、已有知识基础和经验、课程学习中存在的问题等做细致的分析和研究，并以此为基础进行教学设计。

（四）传播理论

教育传播过程是一个由教育者借助教学媒体向受教育者传递与交换教育信息的过程。通过信息的控制，这些要素之间相互作用，形成一个连续的动态过程。这一过程可分为六个阶段：确定教育传播信息、选择教育传播媒体、通道传送、接收与解释、评价与反馈、调整再传送。如图 2-4 所示。

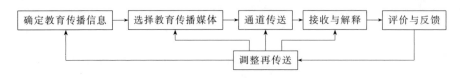

图 2-4　教育传播过程

传播学者研究传播过程，都毫无例外地把传播过程分解成若干个要素，然后用一定的方式去研究这些要素之间的相互联系与相互作用，这样就构成了多种多样的研究传播过程的模式。这里介绍几种有代表性的模式。

1. 拉斯韦尔传播模式

1948 年，美国政治学家哈罗德·拉斯韦尔（Haold Lasswell）在一篇论文中提出了一个用文字形式阐述的线性传播过程模式。他认为描述传播行为的一个简便的方法，是回答下列五个问题：Who?（谁？）Say what?（说了什么？）In which channel?（从什么途径？）To whom?（对谁？）With what effect?（取得什么效果？）这就是著名的"五 W 模式"。

从拉斯韦尔传播模式的五个传播要素，可得到传播研究的五大内容。

（1）控制分析　研究"谁"，也就是传播者，进而探讨传播行为的原动力。

（2）内容分析　研究"说什么"（或称信息内容）以及"怎样说"的问题。

（3）媒体分析　研究传播通道，除了研究媒体的性能外，还要探讨媒体与传播对象的关系。

（4）受众（对象）分析　研究那个庞大而又复杂的受传者群体，了解其一般的和个别的兴趣与需要。

（5）效果分析　研究受传者对接收信息所产生的意见、态度与行为的改变等。

拉斯韦尔传播模式在大众传播中获得了广泛的应用。但这一模式过于简单，具有以下明显的缺陷：首先，它忽略了"反馈"的要素，它是一种单向的而不是双向的模式，由于他的模式的影响，过去的传播研究忽略了反馈过程的研究；其次，这个模式没有重视"为什么"即动机的研究，在动机方面，有两种值得重视的动机：一是受众为何使用传播媒体，二是传播者和传播组织为什么去传播。

2. 香农-韦弗传播模式

香农（Shannon）和韦弗（Weaver）在研究电报通信问题时，在所著的《通信的数学理论》一书中提出了一个传播模式，这一模式原来是单向直线式的，但是，不久他们就在这一模式中加入了反馈系统，并引申其含义，用来解释一般的人类传播过程，如图 2-5 所示。

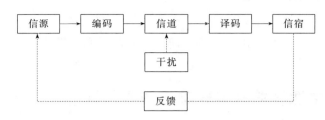

图 2-5 香农-韦弗传播模式

这是一个把传播过程分成七个组成要素、带有反馈的双向传播模式。模式中信源（传播者）和编码器往往是同一个人，信宿（受传者）和译码器也是同一个人。从信息源中选出准备传播出去的信息，然后这一信息经编码器转换为语言、文字、图画、动作和表情等各种符号与信号，信号通过空气、纸张、身体、面部表情等传播媒体（通道）传递给受传者，受传者经译码器转换成符号并解释为信息的意义，最后该信息被受传者所接受和利用。受传者收到信息后，必然在生理、心理上产生反应，并通过各种形式给传播者"反馈"信息。另外，在传播过程中还存在有干扰信号，干扰信号可以影响到信源、编码、信道、译码、信宿等部分，这里为了简化，只集中表示对信道的干扰。一个优秀的传播者，将经常注意受传者的反应，修正传播内容，使之更适合受传者的需要、兴趣和经验等，以加强传播的效果。

3. 海曼-弗朗克传播模式

德国的鲍尔·海曼（P. Haimann）与赫尔马·弗朗克（H. Frank）提出了一个课堂教学系统的六维空间结构模式，如图 2-6 所示。

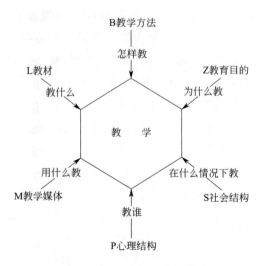

图 2-6 海曼-弗朗克传播模式

整个六维坐标系表示出了影响课堂教学的六大因素，它们是：

B——教学系统怎样施教？L——用什么教材施教？M——用什么教学媒体施教？P——对谁施教？S——在什么情况下（环境）施教？Z——为什么（目的）施教？这六大要素相互关联、相互制约构成教学传播过程。

海曼-弗朗克传播模式明确指出了教学过程的六大要素，是一种由六大要素构成的模式。教学过程要同时重视这六大要素和处理好它们之间的相互关系，才能取得好的教学效果。这一模式清晰地表明了教学系统中有六个重要变量，适当控制这六大要素才能优化教学过程。但这一模式过于简单，未能表示出各要素之间的相互联系和因果关系。

二、高中化学课程的基本理念与教学设计

普通高中化学课程是与义务教育化学或科学课程相衔接的基础教育课程，是落实立德树人根本任务、发展素质教育、弘扬科学精神、提升学生核心素养的重要载体；化学学科核心素养是学生必备的科学素养，是学生终身学习和发展的重要基础；化学课程对于科学文化的传承和高素质人才的培养具有不可替代的作用。

其基本理念如下所述。

1. 以发展化学学科核心素养为主旨

立足于学生适应现代生活和未来发展的需要，充分发挥化学课程的整体育人功能，构建全面发展学生化学学科核心素养的高中化学课程目标体系。

《普通高中课程标准（2017 年版）》建立了核心素养与课程教学的内在联系，充分挖掘各学科课程教学对全面贯彻党的教育方针、落实立德树人的根本任务、发展素质教育的独特育人价值的作用，各学科基于学科本质凝练了本学科的核心素养，明确了学生学习该学科课程后应达成的正确价值观念、必备品格和关键能力，对知识与技能、过程与方法、情感态度与价值观三维目标进行了整合。

厘清学科核心素养，有助于清晰地界定和描述本学科对学生未来发展的价值和意义，体现本学科对学生成长的独特贡献，从而使学科教育真正回到服务学生发展的方向和轨道上来。从这个意义上说，在教学实践中必须聚焦学生学科核心素养的发展。

化学学科核心素养的发展性和可习得性说明化学学科核心素养具有实践指向性，完全能够在化学课程实施中让学生形成和发展化学学科核心素养。

2. 设置满足学生多元发展需求的高中化学课程

通过有层次、多样化、可选择的化学课程，拓展学生的学习空间，在保证学生具有共同基础的前提下，引导不同的学生学习不同的化学，以适应学生未来发展的多样化需求。因为在高中生这个大群体中，学生个体的兴趣、爱好、个性、特长、发展方向等是多种多样的。本次修订后的课程结构包括：必修课程、选择性必修课程和选修课程。

必修课程是全体学生必须修习的课程，是普通高中学生发展的共同基础。必修课程努力体现化学科学的核心观念与发展趋势，促进全体学生化学学科核心素养的发展，以适应未来社会发展的需求。必修课程的内容包括"化学科学与实验探究""常见的无机物及其应用""物质结构基础及化学反应规律""简单的有机化合物及其应用""化学与社会发展"5 个主题。必修课程不划分模块，共 4 学分，全体高中学生必须修习这 4 学分。学业水平合格考试以必修课程内容的要求为准，考试成绩作为高中毕业的依据。

选择性必修课程是学生根据个人需求与升学考试要求选择修习的课程，培养学生深入学习与探索化学科学的志向，引导学生深入认识化学科学，了解化学科学研究的内容与方法，提升学生化学学科核心素养的水平。选择性必修课程设置"化学反应原理""物质结构与性质""有机化学基础"3 个模块，每个模块 2 学分，共 6 学分。选择化学作为计入高校招生

录取总成绩的学业水平等级考试科目的学生，需要修习选择性必修全部 3 个模块的内容，获得 6 学分。其他学生也可选择修习选择性必修的部分模块，获得相应的学分。

选修课程是学生自主选择修习的课程，面向对化学学科有不同兴趣和不同需要的学生，拓展化学视野，深化对化学学科及其价值的认识。选修课程设置"实验化学""化学与社会""发展中的化学科学"等 3 个开放的系列，供学生自由选择修习，学分为 0～4 学分。学生每修习完成 9 学时可获得 0.5 学分，最高可获得 4 学分。

3. 选择体现基础性和时代性的化学课程内容

结合人类探索物质及其变化的历史与化学科学发展的趋势，引导学生进一步学习化学的基本原理和方法，形成化学学科的核心观念；结合学生已有的经验和将要经历的社会生活实际，引导学生关注人类面临的与化学有关的社会问题，培养学生的社会责任感、参与意识和决策能力。

此次课程标准的必修内容修订遵循以下原则：以学科核心素养为导向，学科大概念为统领；彰显学科知识的核心素养发展功能价值；基于主题整体来设计学习内容、学习途径和学业要求；解决课程实施中的突出问题。根据这些原则确立了以下修订思路和重点。

（1）以学科核心素养为导向，精选课程内容主题　必修课程是学生发展核心素养和学科核心素养培养的基础阶段所必须的，应该依据素养发展的要求精选课程内容。研究表明：只有结构化和功能化的知识才有素养价值，知识内容主题化，有利于反映学科本质和大概念。设置真实情境和挑战性问题，促使知识结构化、功能化、素养化，有利于学生构建认识模型和经验图式，建构理解、提高能力、发展素养，使核心素养具体化、整合化，避免素养泛化，形成特定图式，具有可迁移性和更好的认识功能。良好的学习主题应该是稳定的认识领域和研究对象，有真实的客观存在和应用，有明确和独立的本源性问题，需要独特的认识角度、认识路径、推理判据，具有大概念和结构化的知识内容，与其他主题（领域）具有实质性联系。

根据化学学科核心素养的发展要求，精心选取必修课程的知识主题：化学科学与实验探究、常见的无机物及其应用、物质结构基础及化学反应规律、简单的有机化合物及其应用、化学与社会发展，并基于主题组织课程内容，促进知识的结构化、功能化。

（2）聚焦学科大概念，彰显知识的素养发展功能　知识是认识主体针对研究对象，在特定问题驱动下，选取特定认识角度，经历特定推理过程和认识路径，形成的特定认识结果。知识具有以下认识功能：认识角度、认识路径、推理判据。知识正是因为具有这些认识功能，所以具有核心素养的发展价值。不同知识的认识功能和素养发展价值不同，统摄性和结构化的知识具有更强大的功能价值。所以，选取大概念，有利于知识的结构化和功能化，是知识转化为素养的关键。

例如，促进宏观辨识与微观探析素养发展的核心知识内容包括价类二维元素观、基于电离和离子的微粒观、基于化学键的微粒作用观等。变化观念与平衡思想素养的核心知识内容包括氧化还原反应、离子反应、化学反应与能量转化、化学反应限度和速率等。无机元素化合物的性质、变化和应用对于证据推理与模型认知素养的要求很高，而元素周期律（表）模型及其应用、化学键模型及其应用非常有利于培养学生的证据推理与模型认知素养。

（3）以主题为单位，明确学习内容和学业要求　借鉴国际科学课程标准的经验，此次课程标准的修订，基于主题规定学习内容（输入性学习要求），明确了表现性学业要求（表现性学习要求）。首先，每个主题的学习内容标准的第一条是该主题的大概念，突出具有统摄性的核心观念；其次，中间若干条是该主题的重要概念及核心知识；再次是该主题的 STSE（science，technology，society，environment）的应用内容；最后是该主题的学生必做实验。

主题的学业要求则是明确该主题的素养能力表现要求。首先是用动词表达学生应该能做什么，即完成哪些学科能力活动任务，例如回忆、辨识、比较、概括、说明、分析、预测、设计、探究等。其次是说明素养的水平要求，例如能够从物质类别、元素价态的角度，依据复分解反应和氧化还原反应原理，预测物质的化学性质和变化，设计实验进行初步验证，并能够分析、解释有关实验现象；能利用典型代表物的性质和反应，设计常见物质制备、分离、提纯、检验等简单任务的方案；能从物质类别和元素价态变化的视角说明物质的转化路径。每个主题的学业要求是核心素养和质量标准在课程内容主题层面的具体化，对于考试命题评价和教学设计都具有重要和具体的指导意义。

（4）基于主题进行教学指导，提供教学策略、学习活动建议和情境素材建议　知识的功能价值只有在基于真实学习情境的丰富多样的学科能力活动中才可能转化为学生自觉主动的、合理的认识方式（认识角度、认识思路和思维方式），形成核心素养。为了提高课程标准的实践性和可操作性，使课程标准好用、管用，此次课程标准修订，针对每个主题的特点、学生核心素养发展的需要，特别提供了教学策略建议、学习活动建议和学习情境素材建议。课程标准研制者基于大量的教学实践研究，针对每个内容主题，总结提炼核心教学策略，精心挑选学习活动建议和学习情境素材，使得教师可以最大限度地利用已有的教学经验。

（5）删减调整部分内容，明确规定学生必做实验　现行必修课程分为"化学 1"和"化学 2"两个模块，实施中出现了"化学 1"的内容偏多、课时偏紧，"化学 2"的内容偏少、课时偏松的情况。此次修订后，必修课程打通模块边界，以方便合理统筹课时。考虑到必修课程学时没有增加，而学科核心素养的发展要求比以前提高了，又规定了 9 项学生必做实验，借鉴国际比较研究的结果，此次课标修订决定适当删减和调整具体无机元素化合物知识的内容，适当增加必修课程的有机化学知识。

为了改变目前教学实践忽视学生动手做实验的突出问题，真正落实"科学探究与创新意识"核心素养的培养，此次课程标准修订特别规定了学生必做实验。

选择性必修和选修课程内容的修订，重点考虑了以下问题：第一，充分考虑落实基于核心素养和学科核心素养的育人目标对课程内容的要求，充分反映时代变革和学科发展对于"什么是化学科学的基础"所带来的挑战，在此基础上对课程内容进行一定的更新和优化。第二，充分考虑选择性必修、选修与必修的衔接、与学生升学深造的衔接。学生修习完必修课程之后，可以直接进入选择性必修或选修课程的学习，因此必修、选择性必修和选修课程在内容选取和难度进阶上进行了整体设计。第三，考虑学生群体特点、当前教学实施现实情况等对课程内容的影响。选择必修课程的 3 个模块均有效控制了内容难度，以减弱对学生学习和教师开课的挑战。选修课程则充分反映中学化学课程研究成果及校本课程建设的经验，更具开放性和自由度。

4. 重视开展"素养为本"的教学

倡导真实问题情境的创设,开展以化学实验为主的多种探究活动,重视教学内容的结构化设计,激发学生学习化学的兴趣,促进学生学习方式的转变,培养他们的创新精神和实践能力。

基于化学学科核心素养发展的课堂教学设计需要树立"整体观",应围绕化学学科主题来确定其素养发展的价值,而不应只局限于"局部"(如课时教学内容)进行"标签式"的所谓"素养为本"的教学设计。"整体观"下的化学课堂教学设计,不仅应从化学学科主题的视角来把握课时教学内容,还应从高中化学内容的整体结构的视角,来把握主题教学内容,其主题内容要立足难度进阶进行设计。

当然,学生化学学科核心素养的发展是一个持续的过程,是需要通过一节一节具体的化学课来加以落实的。因此,课时教学设计对于学生化学学科核心素养的发展显得尤为重要和突出。

郑长龙[1]认为,发展学生化学学科核心素养的课时教学设计应重视以下几个方面。

①化学课结构的"板块化"设计;②化学课内容的"任务化"设计;③化学课活动的"多样化"设计;④化学课情境的"真实性"设计;⑤化学课目标的"素养化"设计。

5. 倡导基于化学学科核心素养的评价

依据化学学业质量标准,评价学生在不同学习阶段化学学科核心素养的达成情况,积极倡导"教、学、评"一体化,促使每个学生的化学学科核心素养能够得到不同程度的发展。

基于化学学科核心素养的教学评价本质上是一种"基于证据推理"的过程。什么样的学生表现可以构成这些证据呢?学生在有关学习本质、学习过程与学习特征等方面的表现以及评价任务的质量可以成为这里所说的证据。课程改革之前,学生在有关基础知识和基本技能方面的表现可以成为这类证据;21 世纪初基础教育课程改革之后,学生在三维课程目标方面的表现可以成为这类证据;本次课程标准修订,特别关注学生在学科核心素养方面的表现,这些表现理所当然地成为基于证据推理的重要证据,即评价的素材与依据。

基于化学学科核心素养的教学评价是一种"以建构为核心"的教学评价方式。建构主义学习理论认为,知识不是通过教师传授得到的,而是学习者在一定的情境(即社会文化背景)下,借助他人(包括教师和同伴)的帮助,利用必要的学习资料,通过意义建构的方式而获得的。由于学习是在一定的情境下,通过人际间的合作与交流活动而实现的意义建构过程,因此建构主义学习理论认为"情境""合作""交流"和"意义建构"是学习的四大要素,其中"意义建构"则是学生整个学习过程的最终目标。这里所要建构的意义就是形成化学学科核心素养,达成学业质量标准的要求。

基于化学学科核心素养的教学评价直接指向这种"意义建构"。因此,我们强调化学学科核心素养即"建构",包括"宏观辨识与微观探析""变化观念与平衡思想""证据推理与模型认知""科学探究与创新意识""科学态度与社会责任"以及它们相应的水平、学业质量标准水平等。

---

[1] 郑长龙,孙佳林."素养为本"的化学课堂教学的设计与实施[J].课程·教材·教法,2018(04):71-78.

综上所述，高中化学课程的基本理念无疑是我们进行化学教学设计的行动指南，也是我们判断教学设计指导思想的依据。

三、教学设计过程模式与基本要素

（一）教学设计过程模式

模式是再现现实的一种理论性的简化形式。教学设计过程的模式则是在教学设计的实践中逐渐形成的，运用系统方法进行教学开发、设计的理论的简化形式。据不完全统计，目前有关教学设计过程的模式大约有数百种之多，教学设计的发展速度也由此可见一斑。下面提供几种供大家借鉴。

1. 国外学者的教学设计过程模式

（1）格拉奇（Gerlach）和埃利（Ely）模式（图2-7）

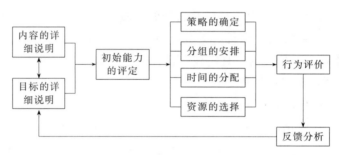

图2-7　格拉奇和埃利模式

（2）迪克（W. Dick）和凯瑞（L. Carey）模式（图2-8）

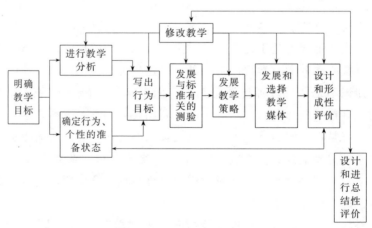

图2-8　迪克和凯瑞模式

2. 我国学者的教学设计过程模式

（1）邵瑞珍教授设计的模式（图2-9）❶

---

❶ 邵瑞珍．教育心理学［M］．上海：上海教育出版社，1988：7．

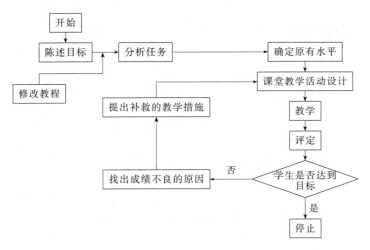

图 2-9　邵瑞珍模式

(2) 乌美娜教授设计的模式（图 2-10）❶

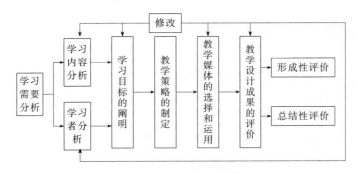

图 2-10　乌美娜模式

(3) 徐英俊设计的模式（图 2-11）❷

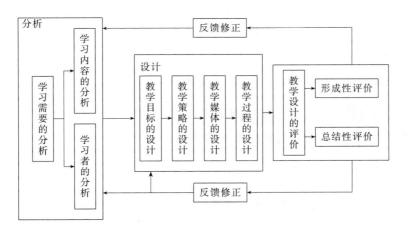

图 2-11　徐英俊模式

---

❶ 乌美娜. 教学设计 [M]. 北京：高等教育出版社，1994：53.
❷ 徐英俊. 教学设计 [M]. 北京：教育科学出版社，2001：63.

(4) 毕华林教授设计的模式（图 2-12）❶

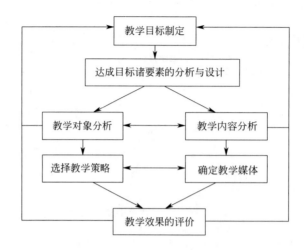

图 2-12　毕华林模式

(5) 吴俊明教授设计的模式（图 2-13）❷

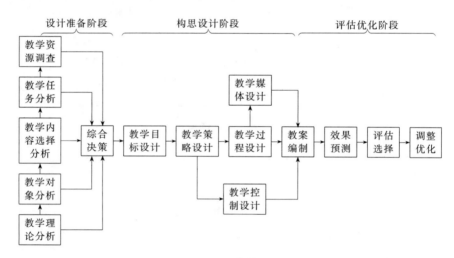

图 2-13　吴俊明模式

(6) 王磊教授设计的模式（图 2-14）❸

3. "素养为本"的教学设计过程模式（图 2-15）

（二）教学设计的基本要素

从以上介绍的几种教学设计模式中，我们不难提炼出教学设计模式的共同特征要素，如

---

❶ 王祖浩．化学课程标准解读［M］．武汉：湖北教育出版社，2002：103.

❷ 徐承波，吴俊明．化学教学设计与实践［M］．北京：民主与建设出版社，1998.46-47.

❸ 王磊等．初中化学新课程的教学设计与实践［M］．北京：高等教育出版社，2003：20.

表 2-2 所示。❶

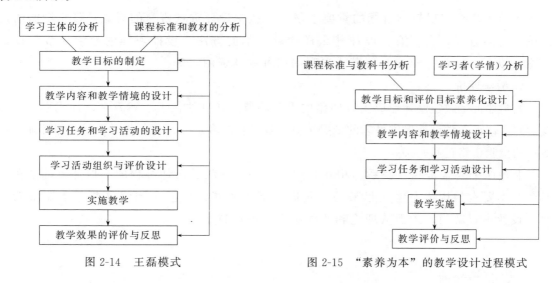

图 2-14 王磊模式　　　　图 2-15 "素养为本"的教学设计过程模式

表 2-2 教学设计模式的基本组成部分

模式的共同特征要素	模式中出现的用词
学习需要分析	问题分析，确定问题，分析、确定目标
学习内容分析	内容的详细说明，教学分析，任务分析
学习目标的阐明	目标的详细说明，陈述目标，确定目标，编写行为目标
学习者分析	教学对象分析、预测，学习者初始能力的评定
教学策略的制定	安排教学活动，说明方法、策略的确定
教学媒体的选择和利用	教学资源选择，媒体决策，教学材料开发
教学设计成果的评价	试验原型，分析结果，形成性评价，总结性评价，行为评价，反馈分析

这些共同特征要素构成了教学设计过程模式，其中教学对象、教学目标、教学策略和教学评价则是教学设计的四大基本要素。

1. 教学对象

以谁为中心进行教学设计，这是教学设计的根本问题。也是在教学设计之前，必须认真考虑和回答的问题。长期以来，在传统教学思想影响下，过分注重教师的教，忽视学生的学；过分强调教师教的过程，忽视学生学的过程。结果导致研究任何教学问题，总是从教师角度出发，以教师为中心进行研究。新课程理念下的教学设计要求以学习者为中心进行教学设计，教学设计必须对学习者特征作出分析，为制定切实可行的教学目标打下基础。

2. 教学目标

教学目标设计要求立足促进学生学科核心素养的发展，既要体现统一要求和标准，又要切合学生实际。用具体的可观察、可测量的行为动词，精确地表述教学目标，这是教学设计的一项基本要求。一旦教学目标确定，其他方面的设计便可围绕教学目标展开。

---

❶ 乌美娜.教学设计［M］.北京：高等教育出版社，1994：52.

3. 教学策略

教学策略是实现教学目标的重要手段，是教学设计重点研究的对象。教学策略的设计包括许多方面，主要有：设计什么样的教与学的方法，设计怎样的教学环节与教学步骤，以及选择什么样的教学媒体和利用何种教学资源，等。

4. 教学评价

教学评价是教学设计形成闭合回路的重要环节。其目的在于了解教学设计成果是否达成，并为修正教学设计提供可靠的依据。只有通过科学客观的评价，教学设计工作才能得到不断的检验、修正和完善。

上述四个要素是相互联系、相互制约的，完善的教学设计过程的其他环节都是在这四个基本要素的构架上建立起来的。我们接下来的探讨也就是围绕这些基本要素来对教学设计进行解构，进而从理论和实践层面来理解教学设计。

◆ 思考与交流

（1）简述建构主义理论和多元智力理论与教学设计的关系。
（2）"素养为本"的教学理念对教学设计提出了哪些新的要求？
（3）分析教材中提供的教学设计模式，比较其异同点。
（4）举例说明化学教学中学生认知结构的同化与顺应。

阅读指南

［1］何克抗．建构主义——革新传统教学的理论基础［J］．学科教育，1998：3-6.

［2］何克抗．教学设计理论与方法研究评论（上）［J］．电化教育研究，1998（02）：3-9.

［3］杨开城．对教学设计理论的几点思考［J］．教育研究，2001（05）：62-66.

［4］刘世清，李智晔，楼广赤．以"学"为中心教学设计的构成要素与基本模式［J］．中国电化教育，2002（12）：10-13.

［5］张文兰．对教学系统设计理论的思索与浅探［J］．中国电化教育，2003（05）：13-16.

［6］董梅．教学设计模式的建构框架［J］．电化教育研究，2015，36（07）：20-27.

［7］周业虹．基于发展化学学科核心素养的教学设计案例分析［J］．化学教学，2016（08）：36-39.

［8］普通高中化学课程标准修订组．普通高中化学课程标准（2017年版）解读［M］．北京：高等教育出版社，2018.

［9］朱鹏飞．研究化学学科核心素养需要关注的几对关系［J］．化学教学，2018（06）：12-18.

第三章
化学教学背景分析

只有学生成为学习的主人，对学习具有自主调节、自主控制的权利和意识的时候，以学生为中心的教学设计才能落到实处，教学才能真正达到促使学生发展的目的。

——毕华林 亓英丽

思维导图

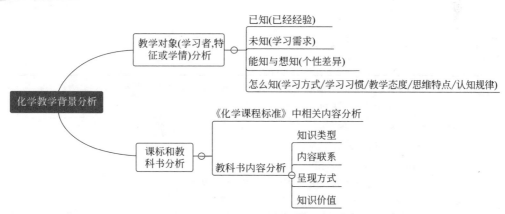

现代教学有别于传统教学的关键是不仅要让学生知道所学知识"是什么""为什么"，更重要的是还要让学生知道所学知识"能用于做什么""能怎样解决个人和社会的实际问题"等。新一轮基础教育课程改革的重要标志是教师教学行为和学生学习方式发生了重大改变。因此化学新课程的课时教学设计必须有别于传统意义的备课和教案撰写，它是一个设计系统，始于教学目标的设计。但化学教学目标的制定与设计又受约于课程标准、教材内容、教学对象等课程资源的分析。所以，认真进行教学分析是化学新课程课时教学设计的首要环节，也是必不可少的重要环节。

一、课标和教科书分析

"教材"有广义和狭义之分。最广义的教材是指教师在教学过程中使用的一切素材和手段，而狭义的教材是指"教科书"，也称"课本"。教科书是实现课程目标的一种教学资源，它以一定的教学内容和编排形式来具体体现课程标准中课程目标的要求。通常教学中，它是教师教和学生学的直接依据，也是教材的主要材料。新课程倡导"用教材教"，而非"教教材"。因此，在化学新课程教学设计前要进行教材分析。在教材分析中只有准确理解和把握教材内容及其呈现方式所体现的课程目标和教育理念，深入分析和挖掘教材内容的知识价值，深刻感悟和领会教材内容背后所蕴含的思想、观点和方法等，才能在化学教学设计时确定适合的教学目标，设计多彩的学习情境和丰富的探究活动，引导学生自主探究、合作学习，全面实现课程目标。

（一）《化学课程标准》中相关内容分析

课程标准是国家确定一定学段的课程水平及课程结构的纲领性文件。在化学教学设计时，要深刻领会学科课程标准的精神，充分利用内容标准中的教学提示（包括教学策略、学习活动建议、情境素材建议）等内容，详细分析学生在经历某一课题学习后所应该达到的学业要求，并将学业要求和学生已有的基础知识、基本技能相结合，在学生的最近发展区内制定教学目标、确定学习内容、选择教学策略、创设教学情境、确定教学媒体、设计教学活动及评价。只有对课程标准进行认真分析，才能使化学新课程的教学设计更好地把握教学要求，体现课程宗旨，提高教学效率。

案例研讨　"离子反应"课标分析

课标要求	内容要求	电离与离子反应：认识酸、碱、盐等电解质在水溶液中或熔融状态下能发生电离。通过实验事实认识离子反应及其发生的条件，了解常见离子的检验方法
	教学提示	(1) 教学策略 发挥核心概念对元素化合物学习的指导作用 重视开展高水平的实验探究活动 紧密联系生产和生活实际，创设丰富多样的真实问题情境 鼓励使用多样化的教学方式和学习途径 (2) 活动建议 实验及探究活动：电解质的电离；探究溶液中离子反应的实质及发生条件（测定电流或溶液电导率的变化） (3) 情境素材建议 电离理论建立的化学史料
	学业要求	能利用电离、离子反应等概念对常见的反应进行分类和分析说明。能用电离方程式表示某些酸、碱、盐的电离
课标解读		电解质的内容主要是选自必修课程中的主题2——常见的无机物及其应用。从内容要求上来看，本节课的重点内容主要有两个，一是电解质的概念，二是酸、碱、盐的电离过程。从教学策略上来看，课标强调要发挥核心概念对元素化合物学习的指导作用，而电解质的电离正是高中化学阶段中非常重要的化学核心概念。学生对电解质以及电解质的电离过程的认识，将使学生对后面元素化合物的学习有更好的理解。因此在教学过程中，教师要引导学生形成电解质相关的核心概念，为后面元素化合物的学习奠定基础。从学习活动上及学习策略的要求来看，在教学活动中应开展高水平电解质电离的探究实验，即教师不能单纯地演示实验，而应该是开展在教师的指导下学生的探究实验。最后，从学业的要求来看，在知识与技能层面上要求学生能够书写出电离方程式。因此电离方程式的书写也要作为本节课的重点内容之一

（二）教科书内容分析

1. 教材内容知识类型的分析

教材内容的分析首先要确定教材所呈现内容的知识类型。同一学科不同类型的教学内容具有不同的特点，应该采用不同的教学策略和教学方法，当然一定要进行不同的教学设计。因此有必要依据加涅的学习结果类型分类法，❶对中学化学知识的学习结果进行分类。

（1）言语信息　言语信息（verbal information）又称为"陈述性知识"，是指学习者通过学习后，能记住诸如事物名称、地点、时间、定义、对事物的描述等具体的事实，并能在需要时将这些事物表示出来。如当学生说出"二氧化碳是由碳氧两种元素组成的"或"氯气通常情况下呈黄绿色的，是一种有强烈刺激性气味的有毒气体"时，表明他已学会这方面的言语信息。

言语信息根据其信息量和组织形式可分为三类：①名称；②单个命题或事实；③知识群。言语信息习得的表现是学习者能够用句子的方式把所习得的信息表达出来。

言语信息学习所采用的教学目标中的动词一般可以是："列举（list）""描述（describe）""解释（explain）""说明（state）"等。

（2）智力技能　智力技能（intellectual skills）是指学习者运用符号或概念与环境发生相互作用的能力。学习一种智力技能意味着学习如何做一种智力性的事情，所学的内容通常称为程序性知识。他与言语信息不同，例如，运用化合价升降与氧化剂、还原剂的关系判断物质是氧化剂和还原剂就是一种智力技能，而记住的这些关系却是言语信息。

按照加涅的观点，智力技能具体有四种类别，即辨别、概念、规则与原理、问题解决。

① 辨别（discrimination）　是一种察觉感知刺激物差异的能力。感知刺激是通过看、听、尝、闻、触摸所体验到的刺激。借助于辨别，我们就能区分出感知刺激的差异所在。例如，酸碱指示剂在不同的 pH 值范围内表现出不同的颜色的识别即是辨别。学习辨别技能的重要性主要在于它是学习具体技能的一个必要前提。一般来说，在教学目标中通常采用"区分（differentiate）""辨别（identify）""识别（recognize）"等动词来表示辨别能力。

② 概念（concept）　是对一组拥有共同特征的客体或事件进行归类。掌握了概念即意味着我们将此一组客体和事件作为单一的类别加以处置。概念有简单和复杂之分，也就是有"具体概念（concrete concept）"和"定义性概念（defined concept）"之分。

具体概念是在一系列事物中找出共同特征并给同类事物赋予同一名称的一种习得的能力。具体概念的特征较容易通过感官识别，例如，学生在学习过盐酸、硫酸、硝酸的性质后，能够辨别出它们都能使紫色的石蕊溶液变红后，再从这三种物质的化学式中找出共同的组成：都含有氢离子。这时学生就会形成组成中都含有氢离子的能使相同的酸碱指示剂表现出相同的颜色变化的物质为同一类的意识，因此，学生就形成了对酸的具

---

❶　R. M. 加涅，等. 教学设计原理［M］. 皮连生，等，译. 上海：华东师范大学出版社，1999：45-110.

体概念。

有些事物及性质和关系要用定义（句子命题）来表示。当学习者能用定义说明某事物及其关系时，他就已经学会了定义性概念。例如，当学生能够运用电离理论并能运用"电离出的阳离子全部是氢离子的物质是酸"时才能说掌握了定义性概念。又如，学生运用酸的定义性概念能判断 HBr 是酸而 CH_4、$NaHSO_4$ 不是酸，说明他已掌握了酸的定义性概念。若学生只会背诵酸的定义则只能说明学生学会了酸的言语信息。概念学习就是要使学生真正懂得定义而不只是记住一组文字，为此常常需要对定义中的各概念及其相互关系设置问题并进行提问。

在教学目标中反映概念学习结果的动词主要是"鉴别"（identify）或"区分（distinguish）""归类（categorize）""分类（classsify）""识别"（recognize）等，其宗旨是要反映出学习者能够按照概念的特征来作出鉴别。

③ 规则与原理（rules and principles） 规则与原理是揭示两个或更多的概念之间的关系的一种言语表达。具体来说，规则体现了制约人们行为的概念之间的关系；而原理则体现了能有助于人们作出预测、理解和解释的概念间的关系。例如，"化学式中正负化合价代数和为零"，这是一条规则，它涉及"化学式""化合价""代数和"等概念。而像"酸和碱会发生中和反应"，这是一条原理，涉及"酸""碱""中和反应"等概念。

规则与原理也可以作为言语信息的方式来陈述以便于交流，但是能够陈述规则和原理并不能保证学习者能够运用规则和原理。例如学生能背诵物质的量浓度的计算公式，但不一定能运用这一规则在具体情境中计算物质的量浓度。

所以，我们在编写与规则和原理相关的教学目标时，所需采用的动词是"运用"（apply）或"展示"（demonstrate）。

④ 问题解决（problem solving）——高级规则（higher-order rules） 由简单的规则组合在一起，用来解决一个或一类问题的复杂的规则称为高级规则。问题解决（problem solving）能力是一种综合性的学习结果，因为它需要陈述性知识、程序性知识、策略性知识乃至情感性知识的协调整合。加涅指出："培养学生解决问题的能力是教育的主要目标，学生在试图解决某一问题时，可能把属于不同内容范围的两条或更多的规则结合在一起，组成一条能够解决问题的高级规则。"学生能够把解决问题的方法应用于其他类似的问题时，他也就学会了一种或一套新的规则。例如学生要学会配平离子方程式，必须组合以前学过的比较简单的规则得出解决问题的方法，如表 3-1 所示。

表 3-1 从属规则与高级规则

从属规则	高级规则
(1)物质化学式的书写规则	(1)正确书写化学式和离子符号
(2)氧化还原反应中化合价的升降总数相等	(2)找出变价元素，并标出化合价升降
(3)原子个数守恒(质量守恒定律)	(3)化合价升降总数相等
(4)电荷守恒	(4)使变价和非变价元素的原子个数均相等
(5)化学方程式的条件与物质的状态要注明	(5)注明反应条件及箭头"↑"或"↓"

(3) 认知策略　认知主要是指人脑对信息的加工过程，如对信息的编码、转换、储存。认知策略（cognitive strategies）是一种特殊的智力技能，加涅的定义是"学习者用来选择和调节自己的注意、学习、记忆和思维方式等内部过程的技能"，其功能在于使学习者不断反省自己的认知活动，"调节与控制概念和规则的使用"，很明显，认知策略构成了学习活动中"执行监控"的成分，它是通过影响学习的内部加工方式来对学习者的活动作出调节的。认知策略是"对内"的，智力技能是"对外"的。我们经常说的"学会如何学习""学会如何思维"，这便是对认知策略提出的要求。像类比法、头脑风暴法、概念图示法、精细加工法、问题分解法等就是可以教给学生的认知策略。

要强调的是，认知策略确实能指导学生学习，但它不能保证学生自动地解决问题。在编写认知策略的学习目标时，所采用的动词是"创设"（originate）、"编制"（construe）、"开发"（develop）等。

至此可见，成功的问题解决需要运用先前学过的规则和原理；学习规则和原理则需要先掌握相关的概念；学习概念则离不开辨别。这样一种层层相依、环环相扣的性质就是加涅等人所极力倡导的"学习层级"（learning hierarchy）或"智力技能层级"（hierarchy of intellectual skills）。图 3-1 是关于化学问题解决中智力技能层级的图示。

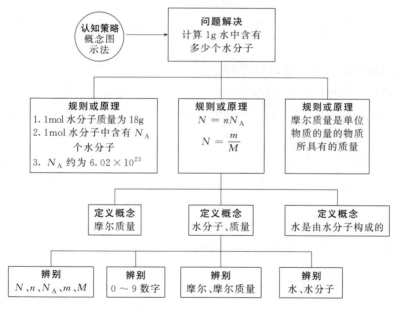

图 3-1　运用智力技能层级来解决化学问题

(4) 动作技能　动作技能（motor skills）是一种习得能力，其行为结果表现为身体动作的敏捷、准确、有力和连贯等方面。动作技能的习得主要通过参加各种实践活动，但它又包含着认知成分，因而动作技能的学习往往与认知学习交织在一起，其结果是学会控制一系列动作的执行程序。

动作技能的学习条件包括以下内容。

① 用语言或其他形式指导执行程序　例如用四氯化碳萃取溴水中的溴，先必须用语言

讲解分液漏斗的检漏方法与振荡方法，然后进行示范操作（或边讲解边示范），最后进行分离操作。

②反复练习　动作技能学习需要多次重复才能达到准确和连贯的水平。例如萃取操作只有让学生多次练习才能形成动作技能。

③及时反馈动作的准确性　对于学生练习时可能出现的偏差甚至错误进行及时地反馈和纠正，利于尽快地形成技能。

④鼓励多做脑力练习　研究表明，利用心像式脑力训练，有利于复杂动作技能的学习。例如酸碱中和滴定操作及终点控制，利用脑力训练增加实验的思维成分有利于中和滴定整体技能的掌握。

（5）态度　态度（attitude）是个体对于事物的看法和采取的行动。加涅认为，态度是一种习得的影响个体对某事物、人或事件的行为选择的内部状态。学校教育包括希望学生形成良好的社会交往态度（如与人为善、乐于助人、正义感和同情心等），对某种活动的肯定和喜欢（如对化学实验的喜欢与化学学科的喜欢等），与公民身份有关的态度（如爱国、关心化学与社会、环境等）。态度的习得可以是直接的，也可以是间接的。所谓直接的就是学习者经过长期成功的体验而获得，间接的是指通过榜样学习而获得。例如化学学科中元素化合物知识内容的教学，就不能孤立地死记硬背有关物质的性质，而是要突出化学学科以实验为基础的特点，加强对典型反应和现象的感知，注重与社会、生活实际的联系，最终使学生形成相关的知识网络，掌握元素化合物知识的内在联系。

2. 教材内容相互联系及地位与作用的分析

教材内容相互联系的分析主要包括对所学内容在整个教材体系中的地位和作用的认识，对所学内容与前后教材、其他学科、学生已有知识等方面联系的分析，以及对所学内容在后续学习中的运用和发展的研究等。对所学内容进行全面的认识、认真的分析和深入的研究，可以使学生获取的知识层次分明、思维循序渐进，并能在已有知识的基础上逐步形成完整、系统的知识结构以及富有个性和创造性的学科技能，也可以使教师在教学中准确地把握所学内容的深度和广度，充分体现所学内容与科学、技术、社会的密切联系，并将其应用于社会生活实际和工农业生产之中。只有这样，在化学教学过程中才可能引导学生从多个角度获得更多的认识，提高学生分析和解决实际问题的能力。

案例研讨　氧化还原反应

氧化还原反应安排在人教版（人民教育出版社出版）高中化学必修上册第一章物质及其变化中的第三节，有其重要的意义。因为在中学阶段的基本概念、基础理论知识中，氧化还原反应占有极其重要的地位，贯穿于中学化学教材的始终，是中学化学教学的重点和难点之一。在中学化学中要学习许多重要元素及其化合物的知识，凡涉及元素价态变化的反应都是氧化还原反应。而且金属的腐蚀及电化学部分是氧化还原反应的重要应用。只有让学生掌握氧化还原反应的基本概念，才能使他们理解这些反应的实质。学生对本节教材掌握的好坏直接影响着其以后对化学学习的能力。本节教材安排在这里是承前启后的，它既复习了初中的基本反应类型及氧化反应、还原反应的重要知识,并以此为铺垫展开对氧化还原反应的较深层次的学习,还将是今后联系元素化合物知识的重要纽带。氧化反应与还原反应对立又统一,既是相反的,又相互依存,有氧化反应发生必然有还原反应发生,它们绝不可能单独存在,而是统一于同一个氧化还原反应中。化学反应中对立统一的现象很多,需要通过教师的引导,使学生逐步理解自然现象中的对立统一规律。这种思考的过程又能帮助学生用正确的观点和方法学习高中化学知识,对学生形成正确的世界观和方法论有着非常重要的意义。

3. 教材内容的呈现方式分析 ❶

随着教科书的界定和功能定位的发展变化,新课程化学教科书的呈现方式也发生了变化,其呈现方式涵盖了"任务及活动呈现方式"和"内容表达形式"两个方面并体现了一定的特色。

(1) 新课程化学教科书中的任务及活动呈现方式　新课程化学教科书中的"任务及活动呈现"是教科书对某些内容适宜采用的教学活动方式的规定(或建议),其中既有对教师教学活动的规定(或建议),也有对学生学习活动的规定(或建议),其常见方式有以下几类。

① 直接陈述式　通过语言陈述直接地向学生提供课程内容。这些陈述性内容通常包括学习内容的基本逻辑、基础性和预备性的陈述性知识、程序性知识以及拓展性知识等。陈述手段主要是简明扼要的文字和图表等。

② 陈述附加活动式　在基本逻辑或基本程序陈述的基础上附加一些活动任务,如讨论、探究、实验、调查、应用等。这些活动融合在教学内容中,可以使教学内容变得丰富、具体、富有活性。不同的活动任务有不同的功能。例如"探究"可以培养学生科学探究的能力;"调查"可以培养学生收集、加工信息的能力以及协调人际关系的能力;"应用"可以培养学生综合的能力和实践的能力;"讨论"能充分发挥学生的积极主动性,扩大他们的信息量,对学习结果进行校正、反馈、巩固,同时可以培养学生的交流与判断能力等。

③ 任务提示式　为了有效地引导、驱动学生自主学习,在教科书中向学生呈现要求学生完成的任务、学习内容,使学习活动围绕任务的完成展开。

(2) 新课程化学教科书中的内容表达形式　与传统教科书相比,新课程化学教科书内容的表达形式比较活泼、多样,主要体现在以下几个方面。

① 文字陈述　语言文字在学生的学习过程中起着非常重要的作用,它能把抽象的概念准确地、鲜明地表达出来,能完整地、逻辑地表达课程内容,是学生在学习过程中的重要感知对象。

传统的文字陈述主要是向学生传授陈述性知识,新课程教科书的文字陈述既有陈述性知识也有程序性知识,既有对现象的解释、分析和整理加工又有对活动的描述。它们不但可以保证知识的逻辑性、系统性、完整性,还可以用于扩大学生的认知视野,使学生更好地学习和发展。

---

❶ 赵宗芳,吴俊明. 新课程化学教科书呈现方式刍议 [J]. 课程·教材·教法,2005 (07):70-74.

② 文字陈述＋栏目　为了突破传统的以文字陈述为主的内容呈现形式，新课程教科书常常在文字陈述的同时设置各种各样的栏目，例如讨论、探究、实验、调查、应用、阅读资料、实践活动等。这些栏目是课程内容的载体，也是发展学生各种能力的载体，可以增加教科书的活泼性，改变教科书呆板的形象，更好地调动学生学习的积极性、主动性，引导他们不断地思考，更好地挖掘其中隐含的学习内容。

③ 图表（图片、表格）　视觉是儿童感知、获得学习信息的重要渠道。现代教育心理学认为，如果能全面、充分、和谐地调动学生各种感官，学习效果将是最好的。因此新课程化学教科书设置了大量的图片和表格，以期获得最佳的学习效果。新课程化学教科书的图片既有精美的彩色照片，又有简洁的示意图和趣味性的卡通画，它们往往能弥补课文的不足，增加学生的感性认识，有利于他们对课程内容的理解和掌握。

新课程化学教科书中不少表格都是未完成的，这些未完成的表格留有学生思考、讨论的空间，使他们在完成表格的同时进一步获得、巩固知识和技能。这些表格不但能简明扼要地集中呈现信息，便于了解全局情况，便于记忆；又能避免单调地进行文字陈述，保护学生学习的兴趣还能引发学生思维，引起注意，促进理解。

4. 教材内容知识价值的分析

知识的价值，是指知识对个体发展的有用性。任何知识都具有多重价值，包括有助于学生解决实际问题的应用价值、有利于学生掌握科学方法和发展科学能力等方面的智力价值以及有利于学生形成积极情感态度、正确价值观的情意价值等。如果在教学分析中把知识的价值定位在积累和简单应用上，则在教学设计中就会把获取知识作为教学的主要目标，如果在教学分析中把知识的价值定位在能力、智力的发展和态度、情感的提升上，则在教学设计中会把知识作为一种载体或媒介，通过知识的学习过程而使学生在各方面得到协调、全面的发展。对教材知识价值分析和挖掘的程度如何，可通过教学目标的设计体现出来。因此，在化学教学设计中对教材内容知识价值的研究和挖掘是新课程教学设计的特点所在，也是教学活动设计的重要依据，它直接反映了教师把知识作为目的还是作为手段的价值取向。

知识价值❶

迁移价值：指先前获得的知识能够促进后继知识的学习，它有助于更好地解决发展过程中遇到的各种问题和困难。

认知价值：指获得知识的过程是学生对知识的自主探究过程，这个过程本身能够提高学生学习的能力。

情意价值：指知识的学习过程会对学生的情感、意志、态度和价值观等的发展产生积极的影响。

---

❶ 刘知新．化学教学论［M］．北京：高等教育出版社，2004：239.

案例研讨 知识的育人功能

"铁盐和亚铁盐"选自鲁科版山东科技出版社出版《化学1》第三章第一节"铁的多样性"。教材中涉及 Fe^{2+}、Fe^{3+} 的检验和 Fe^{2+}、Fe^{3+} 的相互转化两部分内容。从学科价值来看,铁元素作为学生继离子反应和氧化还原反应之后学习的第1个变价金属元素,为从元素价态和物质类别两个视角认识物质及其变化提供了得天独厚的优势。而本节课是从氧化还原反应的视角认识 Fe^{2+}、Fe^{3+} 的性质,可以使学生在探究 Fe^{2+} 和 Fe^{3+} 的相互转化的实验方案中构建同一元素不同价态物质间相互转化的思维模型,培养"科学探究与创新意识"以及"证据推理与模型认知"的化学学科核心素养。而从社会价值来看,铁及其化合物、合金在生产生活中应用十分广泛,比如,与人体健康相关的补铁剂;利用 Fe^{3+} 的氧化性刻蚀电路铜板;利用铁与氧气反应放热制成的暖宝宝等。所以,可以让学生在真实情境中体验铁及其化合物在生活生产中的重要应用,可在有关物质分离、检验、回收、转化等实验中感受宏观物质与微观粒子之间的联系,养成从化学角度思考实际问题、用化学原理解决实际问题的习惯,对培养学生"宏观辨识与微观探析""科学态度与社会责任"的化学学科核心素养具有重要的作用。

案例研讨 迁移价值示例

迁移·应用 植物营养液溶液的配制及分析

种植水培植物需要配制营养液。某种营养液中需要含有 K^+、NH_4^+、NO_3^-、PO_4^{3-}。

(1)你会选择哪些物质配制营养液?

(2)配制某营养液时,要按以下浓度加入离子:$0.01\ mol \cdot L^{-1}\ K^+$,$0.01\ mol \cdot L^{-1}\ NH_4^+$,$0.015\ mol \cdot L^{-1}\ NO_3^-$,$0.005\ mol \cdot L^{-1}\ PO_4^{3-}$(不考虑其他离子对植物的影响)。某同学从实验室中找到了下列物质:KCl、NH_4Cl、NH_4NO_3、KNO_3、Na_3PO_4。这位同学的营养液配方可能是怎样的?

——摘自鲁科版《化学1》(必修)第55页。

该案例选自电解质这一章节,在学习完电解质的电离后,学生能正确判断电解质溶液中的微粒,从定性的角度来判断营养液的配置需要的物质成分,再从定量的角度来计算得出具体的营养液配方。工农业生产和科学研究中常用这种方法来进行物质组成的定量分析。

德国学者倡导的范例教学理论指出,在学科材料中选择最典型的"范例",其中包括基本概念、基本结构和基本规律,形成一种能够统率全局的概括性观念和方法论观念,从而能够达到把握其他各种材料的目的,因而也具有强大的"迁移力"。

案例研讨 认知价值示例

活动·探究 研究一类物质的性质

你已经学习过金属单质、非金属单质、氧化物、酸、碱、盐等类别的物质,那么,各类物质分别具有怎样的性质?各类物质之间的反应关系是怎样的?请你和小组同学分工合作完成下列任务,并列于表 3-2。

(1) 按照物质类别将下列物质分类。

铁、碳单质、二氧化碳、碳酸钙、碳酸钠、氧气、氧化钙、氢氧化钙、盐酸、氯化钠、氯化钡、硫酸、硫酸钠、硫酸铜、氢氧化铜、氢氧化钠、硝酸银。

(2) 预测各类物质分别具有哪些相似的性质。

(3) 选择一类物质,选取相应试剂,设计实验,证明你的预测。

表 3-2　实验方案设计及实施

实验设计	性质预测		实验现象	实验结论
①选择某类物质的代表物 ②选取可能与该物质发生反应的物质类别的代表物 ③预测反应产物及现象 ④设计实验装置及操作步骤进行实验	代表物	类别:____ 类别:____ 类别:____ 类别:____ 类别:____		

思考:

(1) 金属单质、非金属单质、氧化物、酸、碱和盐分别可能与哪些类别的物质发生反应?

(2) 你能基于物质类别探究一种陌生物质的性质吗?说说你的思路。

——摘自鲁科版《化学1》(必修) 第 44 页

上述"活动·探究"内容的呈现,强调学生对知识学习的过程方法的探究与建构,重视揭示蕴涵在知识学习中的丰富的认知加工过程。

所以,教科书绝不是仅展现当今科学现成的结论和分析论证在形式上的汇集,还要认识并挖掘知识在认知过程方面的价值,强调学生对知识的探究与建构,重视揭示蕴涵在知识学习中的、丰富的认知加工过程。

案例研讨　情意价值示例

交流·研讨　酸雨的防治

(1) 排放到大气中的二氧化硫是如何转化成硫酸的?请预测转化路径,并说明依据。

(2) 酸雨有哪些危害?

（3）如何防治酸雨？

① 请查找资料，了解生产和生活中减少二氧化硫排放的具体措施，并结合二氧化硫的性质进行分析。

② 如何治理已酸化的湖泊和土壤？如何保护暴露在大气中的建筑？

（4）请谈谈科学、技术以及观念、法规在解决酸雨问题中的作用。

——摘自鲁科版《化学1》（必修）第 99 页

知识之所以具有情意价值，可以从两个方面来考察。一方面，知识是高尚正确的情感、态度和价值观养成的基础。另一方面，学习、获取知识的过程，是认知因素和非认知因素共同作用的过程，个体的非认知因素既能影响知识的获得，同时个体的情感、态度、意志等也会受到一定的积极影响。上述"交流·研讨"内容的呈现，既是知识的探究学习过程，同时又使学生认识化学知识的价值，认识生活中环保意识的重要性。

知识的情意价值是一种隐性因素，通常难以直接观察到，所以传统备课往往对知识的情意价值缺乏应有的重视，未能做到深入地挖掘和应用。为了挖掘知识的情意价值，新课程教科书非常注重展现知识的获得过程，重视科学史的教育。向学生提供一定的背景知识，使学生在学习知识的过程中能够产生强烈的情感共鸣；同时课程要重视科学探究，设置发现问题、分析论证、表达交流等学习活动，让学生亲自探求和构建知识，能够深入地领会科学的本质和价值观，使其体验成功的欢乐和探究的艰辛，并培养他们合作的意识。

案例研讨 知识的多重价值示例

交流·研讨 交警快速检测司机是否饮酒

反应原理为：

$2K_2Cr_2O_7$（橙红色）$+3CH_3CH_2OH+8H_2SO_4 =\!=\!=$
$\qquad\qquad 2Cr_2(SO_4)_3$（绿色）$+3CH_3COOH+2K_2SO_4+11H_2O$

（1）交警是如何判断司机是否酒后驾车的？

（2）反应中氧化剂是_____，CH_3CH_2OH 发生_____反应。

（3）比较该反应与乙醇的其他氧化反应的异同。

（4）谈一谈酒后驾车的危害，并与同学交流你的观点。

在此内容的教学中，既体现了知识的迁移价值、认知价值［（2）、（3）］，又隐含了知识的情意价值［（1）、（4）］。

二、教学对象（学习者特征或学情）分析

教学的起点应该从何处开始呢？事实上，不同的学生，教学起点不同；不同的教学内容，教学起点也不同。但总的来说，教学起点应该从学生的起始状态即学生的起点能力、已有知识及认知方式等出发。有人把"学情"全面概括为以下五个方面的内容：已知（现有知识技能水平、生活经验）、未知（学习需要）、能知和想知（个性差异）以及怎么知（学习

环境、学习态度、学习方式、学习习惯、思维特点和认知规律）等。具体说明如下。

① 学生的"已知" 这里的"已知"是指学生已经具备的、与本节内容相关的知识经验和能力水平等。明确这点很重要，它决定了教与学的起点。

② 学生的"未知" "未知"是与"已知"相对而言的，它既包括通过学习应该达成的终极目标中所包含的未知知识与技能等，还包括实现终极目标之前的过程中所涉及的学生尚不具备的知识与技能等。

③ 学生的"能知" "能知"就是通过这节课的教学，学生能达到的目标要求。它决定学习终点（即学习目标）的定位。

④ 学生的"想知" 所谓"想知"，是指除教学目标规定的要求外，学生还希望知道哪些目标以外的东西（注：学生学习中，往往会通过提出疑问来体现"想知"。当然，学生的"想知"可能会超出教学目标或学生的认知水平。如果真是如此，课堂教学可不予拓展，但建议给学生一个提示性的交代或利用课外时间作个别解答）。

⑤ 学生的"怎么知" "怎么知"反映学生是如何进行化学学习的，它体现学生的认知风格、学习方法和学习习惯等。

下面重点介绍如何对学生学习需求、已有知识和技能水平、学习特点作出分析。

（一）化学学习需求

1. 学习需求的内涵

学习需求的内涵很多。有本质与非本质、深层次与浅层次之分。如有希望成功和成才的需求，表现自我的需求，受到关心和尊重的需求，希望得到表扬和感受成功的、本质的、深层次的需求，等等。当然，他们也有希望轻松有趣上完一堂课的浅层次需求。我们说关注学生的需求，首要的任务是关注那些能够让学生全面发展，成长成才的深层次、本质的需求。

在教学设计中，学习需求是一个特定的概念，是指学习者学习方面目前的状况与所期望达到的状况之间的差距，也就是学习者目前的水平与期望达到的水平之间的差距。这一定义可用图 3-2 形象地表示出来。

| 化学学习需求 | = | 期望达到的化学学习状况 | − | 目前化学学习状况 |

图 3-2 化学学习需求的概念

2. 学习需求分析的主要目的❶

学习需求分析是一个系统的调查研究过程，其主要目的如下。

① 发现学习者学习中存在的问题；
② 分析产生问题的主要原因，以确定在教学设计时解决问题的方法和途径；
③ 分析现有的教学资源及约束条件，以便确定解决问题的可能性；
④ 分析问题的重要性，以确定优先解决的教学设计课题。

---

❶ 王后雄．高中化学新课程教学案例研究［M］．北京：高等教育出版社，2008：172-173.

3. 化学学习需求分析

要满足学生的发展需求，教师要有科学的教学观，在教学中为自己的教学行为寻找科学依据，用调研等方法来验证自己的主观判断是否正确，以调研结果为依据来设计、实施教学和对学生进行学习方法、策略指导。

调研的基本方法有：问卷调查、作品分析、访谈、课堂观察，尤其要养成课堂观察和访谈的习惯。调研要依据调研目的，关注学生已有的知识基础、相关的生活经验、思维以及情感、态度与价值观。根据调研获得的信息，分析学生共性的、个体的发展需求，依据需求分析设计教学，制定满足不同层次学生需要的措施。

（1）问卷调查法　问卷调查有助于教师获得多方面较为真实的情况。教师依据调研结果分析出好、中、差三类学生的需求，制定学年、学期的教学计划、目标和重点以及相应的学习策略培养计划。一些教师在进行单元教学前，以问卷调查形式了解学生关于单元话题的已有知识、生活经验、认知水平和情感态度基础，为调整教学内容、确定教学目标、实现教学目标找到切入点和方法途径。

（2）访谈法　访谈有利于获得关于学生发展的深度信息。教师可以单独利用访谈来获取信息，也可以把它作为问卷调查的辅助形式以获得更多有价值的信息。访谈前教师要把访谈目的和学生说清楚，有助于学生放松、真实地表达自己的需求和看法。此外，访谈可以拉近师生间的距离，增进师生之间的感情，有助于培养学生学习的积极情感。访谈前，教师要有明确的访谈目的，并有访谈框架，保证即兴生成的问题不妨碍访谈目标的实现。当然，有时即兴生成的问题会使教师有新的发现，可以关注、思考新的问题。访谈的另一个作用是通过征求学生对某个问题、现象的看法，引导学生关注问题、思考解决问题的方法。

（3）课堂观察法　一些教师认为，关注学生就是课堂上多提问学生，让学生感觉到教师对他们的关心。当然，情感关注是一个方面，但关注同时还体现在教师通过课堂观察的方法来了解学生的学习行为、学习方法、合作态度等情况，并就观察所获得的信息进行分析，对学生的学习问题进行诊断或者捕捉学生的良好学习方法和行为，并进行相应的学习方法、策略的引导，由师生一对一引导产生一对多引导的效果。

（4）作品分析法　这也是教师通常采用的方法。即通过检查学生课上、课下的作业，或者批改学生的试卷来了解学生对新知识的理解和掌握程度。

案例研讨　人教版《化学》必修1第二章第三节——物质的量

学习需要："物质的量的单位——摩尔"是人教版《化学》必修1第二章第三节的第一板块。第一章《从实验学化学》共两节内容，第一节"化学实验基本方法"中共两个板块的内容：化学实验安全、混合物的分离和提纯（过滤和蒸发、蒸馏和萃取）。在实验中，学生思考到的一个矛盾是：实验中，取用的药品无论是单质还是化合物，都是可以用器具称量的，而物质间发生的化学反应是原子、离子、分子之间按一定的数目关系进行的。那么，可称量物质与原子、离子或分子之间有什么联系呢？这体现了学生由认知矛盾产生了认知需求。

(二)起点能力分析

1. 学生已有知识的分析

这里的知识起点能力也就是我们常说的知识基础和认知结构。无论是奥苏贝尔的意义同化理论,还是建构主义学习理论都把学生原有的认知结构作为学习新内容的"培养基"和"生长点"。因此,化学教师在进行教学设计时,除了要诊断和分析学生学习新知识所具备的起点能力,还要通过多种方式和方法充分了解学生对所学内容真正具备了哪些前期知识,特别是要找出学生头脑中存在的错误概念,并帮助学生澄清头脑中的错误认识,找出知识的新的生长点,建立起正确的概念。

如何判断学生原有的认知结构?"概念图"(concept map,CM)是一种很好的工具,通过绘制"概念图"了解哪些是学生已学过的,哪些是将学习的,以及它们之间的关系等。

概念图最早是在20世纪60年代由美国康奈尔大学的约瑟夫诺瓦克·D(Joseph D. Novak)教授提出的一种用来组织与表征知识的工具。它通常将某一主题的有关概念置于圆圈或方框之中,然后用连线将相关的概念和命题连接,连线上标明两个概念之间的意义关系。

概念(concepts)、命题(propositions)、交叉连接(cross-links)和层级结构(hierarchical frameworks)是概念图的四个图表特征。概念是感知到的事物的规则属性,通常用专有名词或符号进行标记;命题是对事物现象、结构和规则的陈述,在概念图中,命题是两个概念之间通过某个连接词而形成的意义关系;交叉连接表示不同知识领域概念之间的相互关系;层级结构是概念的展现方式。

概念图的制作一般有如下四个步骤。

① 罗列概念 选定知识领域,罗列出相关概念以及与之相关的其他概念和事件,并列成一览表。

② 合理排序 分析罗列出的概念,依据概括水平的不同而对概念进行上下排列或是横向关联。

③ 线条连接 寻找概念之间的关联,并用短线把概念连接起来,用连接词标明概念间的关系,还要把说明概念的具体例子写在概念旁边。

④ 修改完善 学生观念的改变反映在他所构建的概念图之中,不断地对原有的概念图进行增删,使概念图处于不断修正和扩充之中,使其不断完善。

通过绘制概念图,从层级结构可以反映学生搜索已有概念、把握知识特点、联系和产出新知识的能力,从所举的具体事例上可获知学生对概念意义理解的清晰性和广阔性。

与一般概念图比较,化学概念图具有化学特色,一般概念图中用文字表达的地方,在化学概念图中,也许可以根据化学知识的特点改用化学符号、化学方程式和化学公式等来表达。概念图可用手绘制,如采用粉笔和黑板、纸和笔等,也可用相应的编制概念图的软件绘制,如 APM2.0、Mindmanager、Inspiration、Mindmapper、Activity Map、Axon Idea Processor5.0、CoCo Systems、Decision Explorer 等。

案例研讨　初三化学"物质的组成"概念图（图 3-3）

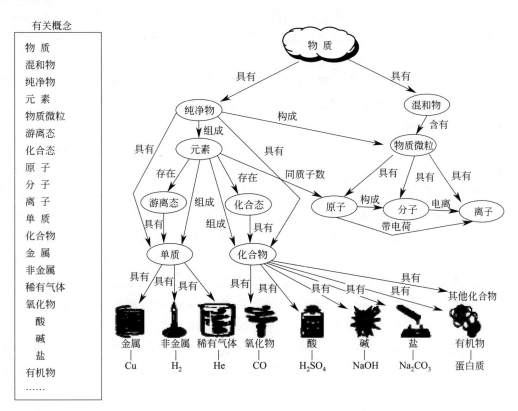

图 3-3　初三化学"物质的组成"概念图[1]

用计算机概念图软件 Insprition 6.0 制作

案例研讨　"甲烷"学情分析

本次分析根据维果茨基的"最近发展区"理论，从学生的现有水平和可能发展水平入手考虑。

学生的现有认知：有一定化学键成键断键、常见原子外部结构分布的知识基础，已经可以通过各元素所占的比例推得分子式，不过也还是在二维角度理解物质结构。对于甲烷，学生能根据生活经验了解其用途，但只是停留在知晓存在方面。

第一次接触相对抽象的立体结构难以让学生形成空间想象思维，也难以从结构角度和立体模型层面去认识、探究甲烷性质。而且，有机反应——取代反应是学生第一次接触，易与置换等反应混淆。

因此在课程设计上要注重问题链，并结合教具逐步引导学生建立清晰的空间想象思维，从立体模型角度探究物质的性质，以求达到基于证据推理解决问题的思路和方法这一可能的发展水平。

学生可能对新型物质学习会有心理紧张和陌生感，因此在教学设计中要考虑多互动等方式来减轻他们的心理弱区。

---

[1] 裴新宁. 概念图及其在理科教学中的应用［J］. 全球教育展，2001（1）：47-51.

2. 学生技能水平起点分析

对学生技能水平起点的分析，就是要了解开始某一学习任务前学生必备的从属技能，以及这些技能的熟练程度。为此，化学教师在进行教学设计前，必须通过多种途径准确诊断和分析学生学习新教学内容所具备的起点能力，采取有效的措施进行必要的知识完善和技能补充，确保学生具备接受新知识所必需的起点能力。只有这样，才能保证教学目标的实现及教学过程的顺利实施。例如高一化学实验：一定物质的量浓度溶液的配制。其涉及的从属技能有物质的量的计算技能；托盘天平的称量或一定量液体的量取，搅拌，仪器洗涤，液体转移，容量瓶使用等操作技能。

在教学实践中不难发现，学生对科学知识进行思考或反映时有着不同的认知风格。我们将认知风格也叫做"科学认知偏好"，具体可分为事实或记忆型、原理原则型、发问质疑型和应用型四种类型。事实或记忆型科学认知偏好者，喜欢记忆科学信息，并将科学信息以原样储存在记忆之中；原理原则型科学认知偏好者喜欢从习得的科学信息中归纳出原理原则或寻找信息之间的相互关系；发问质疑型科学认知偏好者喜欢对科学信息做出批判思考、质疑或评价，以深入探讨有关的科学知识；应用型科学认知偏好者喜欢以科学信息的应用性来评价或判断其价值，对于应用科学知识解决生活中的问题最感兴趣。其中，具备发问质疑型或原理原则型科学认知偏好的学生，其科学学业成就显著优于记忆型或应用型的学生，而且他们在科学思维、态度、兴趣、技能、好奇心、创造力等方面均优于记忆型的学生。因此，化学教师在进行教学设计时，了解学生的认知方式即学习特点对于教学设计具有重要的意义。

对于教学对象的分析，还可以从学生学习需要分析、一般心理特征分析等方面作全面的了解。

案例研讨　元素周期律专题复习教学设计[1]

知识结构分析：本班学生基础较为薄弱，分析能力、理解能力不是很强，但沟通能力强，勇于表达自己的想法。

信息素养分析：学生能够从文字资料中筛选出自己所需的信息，但对信息的审读能力不是很全面。遗漏信息、误读信息是学生完成习题的一个不可忽视的障碍。

学习需要分析：从短期目标高考分析，进入高三的学生高考意识比较强，需要强化高考题练习，尤其是高考题中的热点问题，能够构建自己的知识体系。从长期目标即个人的长远发展分析出他们需要提高表达、与人合作、处理信息的能力。

心理分析：学生进入高三后，既想跳出题海，又不敢跳出题海。忙于做题，而不是清清楚楚地去做一道题，做到举一反三。

以知识本位为特征的传统课程的教学设计就是备课。其中心任务是备教材内容中的重点知识及考点内容，并且围绕着重点和考点进行教学目标、教学重难点、教学过程、

---

[1] 刘焕亮，张平英．元素周期律专题复习教学设计［J］．化学教育，2010（SⅡ）：219-220.

课堂小结、课堂练习、作业布置等六个环节内容的撰写。在备课前，一般教师只是凭着经验从学生学过的和教师认为学生应该掌握的基础知识入手进行课前准备，而忽视分析学生真实拥有的基础知识和真正具备的基本能力，更不会去挖掘教学大纲的具体要求。在教学目标设计和陈述中，一般都不具体、不清晰、不准确，叙述方式有时随心所欲，甚至五花八门，致使教学目标形同虚设。在教学过程设计中，一般比较重视概念的陈述和考点的挖掘，很少有情境创设，也不充分利用学科特点及与其他学科的联系，更不注重科学方法的培养和创新能力的提高等方面的内容设计，致使学生出现了厌学的现象，学科教学出现了被动和无奈的局面。新一轮的基础教育课程改革，力求从根本上改变传统课程教学中在内容上的"繁、难、偏、旧"，在理念上的"重知识传授、轻理论探究"及在方法上的"重知识与技能、轻过程与方法"，而强调运用所学知识和技能在真实情境中解决实际问题，着力发展学生核心素养。为了适应发展学生核心素养对化学教学的新要求，其教学设计应是一个由教学背景分析、教学目标制定、教学内容选择、教学情境创设、教学媒体选择、教学活动及评价设计等多种要素组成的系统。这个系统以建构主义学习理论为依据，以学生的基础为起点，以教学分析为首要环节和必要环节，特别强调了关注、体验、感受等心理过程在学习中的作用。它有别于传统备课的关键是强调了教学分析的重要性。教学设计中通过对学生起点能力、基础知识及认知方式等方面的诊断和分析，对教材内容在知识类型、重点、难点、相互关系及其知识价值等方面的把握和挖掘，对《化学课程标准》的基本要求、探究活动建议及学习情境素材等方面的领会和应用，启发教师的思维、开阔教师的视野，以更好地理解课程目标和教育理念、感悟教材内容背后所蕴含的思想和方法、确定适合的教学目标、设计多彩的学习情境和丰富的探究活动，引导学生自主探究、合作学习，充分体现课程宗旨，全面实现课程目标。

总之，在化学新课程的教学设计中，教师只有根据《化学课程标准》的要求，在分析教学对象、教学内容的基础上，才能制定出适合于学生的、具有可操作性的教学目标，再根据教学目标的要求，依托教科书选择合适的教学内容，依据学生年龄特征和已有知识，创设激发学生求知欲的问题情境，确定适当的教学媒体，从而设计丰富的教学活动和有利于学生发展的教学评价。

> **思考与交流**
>
> 完成以下任务，并在小组中进行交流：
> (1) 你对"学习需求"是怎样理解的？它包括哪些方面？
> (2) 你认为了解"学习需求"和教学关系密切吗？为什么？
> (3) 结合中学化学教材，以主题为单位，如"离子反应"主题，对其作出教材分析。
> (4) 结合中学化学教材，自选一课时的教材内容，深入中学一线，对学习者特征作出分析。
> (5) 结合中学化学教材，以主题为单位，如"化学键"主题，用熟悉的工具绘制概念图。
> (6) 选取不同版本教材的内容作比较研究，并提出教学建议。

阅读指南

[1] 王道俊. 知识的教育价值及其实现方式问题初探——兼谈对杜威教育思想的某些认识 [J]. 课程·教材·教法, 2011, 31 (01): 14-32, 43.

[2] 亓英丽, 毕华林. 科学教育中科学知识的价值分析 [J]. 全球教育展望, 2012, 41 (02): 81-86.

[3] 姜言霞, 王磊, 支瑶. 元素化合物知识的教学价值分析及教学策略研究 [J]. 课程·教材·教法, 2012, 32 (09): 106-112.

[4] 皇甫倩, 王后雄. 基于结构解释模型的高中化学教材分析 [J]. 化学教学, 2013 (02): 8-10.

[5] 邵燕楠, 黄燕宁. 学情分析: 教学研究的重要生长点 [J]. 中国教育学刊, 2013 (02): 60-63.

[6] 亓英丽, 毕华林. 基于知识价值开发的理科教材内容分析 [J]. 课程·教材·教法, 2013, 33 (06): 68-71.

[7] 马文杰, 鲍建生. "学情分析": 功能、内容和方法 [J]. 教育科学研究, 2013 (09): 52-57.

[8] 周玉芝. 厘清核心概念及其学习进程: 分析教材的新视角——以中学化学"电化学基础"教学内容为例 [J]. 化学教育, 2014, 35 (13): 7-10.

[9] 刘菊, 毕华林. 美国中学化学教材中情境创设的分析与启示 [J]. 化学教育, 2016, 37 (03): 9-14.

[10] 普通高中化学课程标准修订组. 普通高中化学课程标准（2017年版）解读 [M]. 北京: 高等教育出版社, 2018.

第四章
化学教学和评价目标设计

> 科学（包括化学）教育的任务，不仅在于使学生掌握一定数量的、具有基础性和时代性特征的科学知识，更应当把提高学生的科学素养、促进全面发展，成为能够适应新世纪持续发展需要的高素质人才的目标放在首位。
>
> ——冷燕平　宋心琦

思维导图

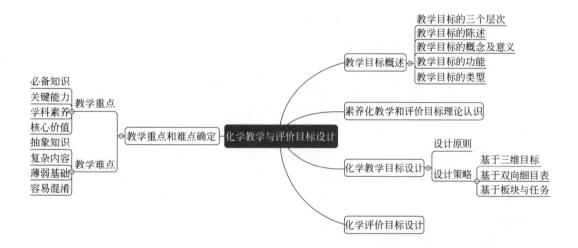

教学目标这一概念是泰勒在1943年提出的，在20世纪60年代由于程序教学的发展而广泛受到重视，而随着新课程理念的深入，对教学目标的研究更为突出。

现代课程观（科学的课程观）是基于目标的教学，即先制定教学目标，一切教学内容的组织、教学方法的选择、教学评价的实施均围绕教学目标，以达到教学目标的程度为终点。而教学目标的制定和实施应是基于过程的，即通过对教学内容、学习者特征的分析，在知识内容、教学过程与情感目标之间建立起直接的、必然的联系，这也是一个将教学目标类别化、层次化、系统化的过程。

一、教学目标概述

（一）教学目标的概念及意义

教学目标规定了学习者通过学习后其知识会发生什么样的预期变化。教学目标要回答这样一个问题，即实施教学后学生应该学会什么样的新知识？一个完整的教学目标应该包括以下三部分。

（1）学会了什么　具体规定了所要学的知识。

（2）怎样运用所学知识　具体规定了学习者用什么样的知识来完成一项任务。

（3）如何评估学业表现　具体说明了如何解释学习者的学业表现。

其中，评估包括三个要素：一是要评估的成绩，二是与收集学生成绩证据相关的任务，三是最终解释证据的方法。在许多案例中，第三个要素常常是隐含其中的，只是笼统地说学习者成功完成了预订的任务。

根据罗伯特·梅杰在《准备教学目标》一书中对教学目标的经典定义，认为教学目标包括：①待完成的任务；②完成此任务的条件；③评估学业表现的标准。以上三条与教学目标的三个要素十分接近。

如果是说明将要学会什么，那么这就是教育目的。如果是描述已经学到了什么，则是评估。

请思考这个教学目标——通过实验探究氯气的主要化学性质，初步形成基于物质类别、元素价态和原子结构对物质的性质进行预测和检验的认识模型。在这个案例中，教学目标的三个特点可以描述为以下几方面。

① 你学会的是基于物质类别、元素价态和原子结构对物质的性质进行预测和检验的认识模型。

② 你如何运用物质类别、元素价态和原子结构来对物质性质进行预测和检验，如预测氯气的化学性质，并设计实验方案验证。

③ 通过制作一份家用含氯消毒剂的安全使用说明书来评估你的学业表现。

对教学目标的定义区分了学习和学业表现两者之间的区别。"学习"是学习者内在知识的变化，而"学业表现"是学习者在完成某一任务中运用知识的表现。根据学习者的学业表现，我们能够判断其内在知识是否发生了变化。

教学目标的定义只局限于认知的变化，即知识的变化。这里所说的"知识"是广义的概念，它包括信念（与情感相关）、社会交往知识（指导完成社交任务），以及动作知识（指导完成体能任务）等。

（二）教学目标的三个层次

目标有明确区分的三个层次。

（1）教育目标　总体的说明，旨在为教育工作者提供教育发展的愿景。

（2）课程目标　相对具体的说明，旨在指导课程的开发。

（3）教学目标　具体的说明，旨在指导备课或实际的教学过程。

表 4-1 总结了目标的三个层次，并给出了一些相应的例子。

表 4-1 目标的三个层次

层次	宽度	目的	举例
教育目标	总体描述	提供愿景	所有学生都已经做好了学习的准备 所有学生都将发挥聪明才智，立志做一个有责任感的公民，他们将不断学习，为国家的经济发展做出贡献
课程目标	相对具体	设计课程	通过观察能辨识一定条件下物质的形态及变化的宏观现象，初步掌握物质及其变化的分类方法，能运用符号表征物质及其变化 认识物质是在不断运动的，物质的变化是有条件的
教学目标	非常具体	指导备课	通过实验探究氯气的主要化学性质，初步形成基于物质类别、元素价态和原子结构对物质的性质进行预测和检验的认识模型 学生能够区分教育目标、课程目标和教学目标

教学目标就是进一步细化了的教育目的和教育目标。教学目标的制定受制于教育目的，并始于教育目的，且按下列顺序进行着：

教育目的──→教育目标──→课程目标──→教学目标

教育目的就人们与教育事业的关系而言，指的是人们为什么要办教育事业。教育目标就教育活动中教育者与教育对象之间的关系而言是指教育者把受教育者培养成什么样的人的问题。课程目标是实现教育目的和教育目标的重要保证和手段，它主要由课程整体目标、学科课程总目标、学科课程具体目标构成。而课程整体目标就是一定学段的所有课程都受其规定的目标，它反映社会的基本要求和价值观，通常有较强的理念色彩和浓厚的政治倾向，规定着课程的方向和性质，对各门课程具有导向性、阶段性和综合性；学科课程总目标是课程整体目标在学科领域中的具体化；学科课程的具体目标就是我们通常所说的教学目标，它是希望学科课程教学实现的直接和具体的成果，即学生学习的预期结果。而教学目标的实现，则是从教育教学活动开始的，经过了如下过程：

实现教学目标──→实现培养目标──→实现课程目标──→实现教学目的

由此可见，教学目标是一切目标的基础，它对每一学段、每一课时、每一知识点、每一项活动都具有导向功能和评价功能，它引导和制约着教学过程的设计，它既是各种教学活动的起点，又是一切教学活动的归宿。因此，教学目标在整个教学过程中有着举足轻重的地位。

知识超链接

课程目标与教学目标如表 4-2 所示。

表 4-2 课程目标与教学目标[①]

		课程目标	教学目标
相似性	概念界定	有相同的属概念即"结果"或者"标准"，都强调预期的学生身心发展的状态和能力水平	
	理论基础	二者所采用的理论依据主要包括：布鲁姆的教育目标分类理论、加涅的学习结果分类理论等	
	研究取向	两者的研究都有多样化、具体化和可操作性的取向	

续表

		课程目标	教学目标
差异性	层次	属于较为抽象的层次，它与国家的课程观念及其改革相关	与教学的具体环节相关，主要对教师的教和学生的学提供依据
	实践主体	实践主体一般是国家行政部门、专家学者，具有相对的稳定性和方向性	一般只与教师相关，具有一定的灵活性
	内容	是国家针对学生的发展和某一科类的全局而提出的基本标准和要求	关注学生发展的某一方面或具体某一学科中某一阶段的教学

① 徐泓. 例析化学课时教学目标的设计误区及其对策 [J]. 化学教学, 2010（4）：25-29.

现在我们来检测一下，看看你是否掌握了教学目标的含义。请将表 4-3 中符合教学目标定义的说法标出来。

表 4-3　教学目标定义的练习

请标出以下哪一条属于教学目标
(1)（　）所有学生每周至少要花 30 分钟时间，用来接触化学实验
(2)（　）让学生理解化学在社会中的作用
(3)（　）学生能较深刻的理解化学、技术、社会和环境之间的相互关系
(4)（　）通过实验探究日常生活中存在的氧化还原现象

如果你只选择了（4），那么你已经学会了如何区分目标。（1）根本就不是什么目标，因为它只描述了希望学生参加的一个活动，而不是说明期望学生的知识发生什么样的变化。它只适用于教育领导者合理安排不同学科的学时，但是这不能等同于具体的教学目标。（2）是教育目标，（3）是课程目标，这两者都没有教学目标那样具体。

（三）教学目标的类型

教学目标的分类受到了各教育流派的重视，他们对其进行了深入的研究，其中布卢姆（B. S. Bloom）等人的教育目标分类学对化学教学设计中化学教学目标的设计影响最大。布卢姆教育目标分类系统把教学目标分成：认知目标、动作技能目标、情感目标三大领域。❶

（1）认知目标　布卢姆认为认知领域可分为：知道、领会、应用、分析、综合和评价等六个层次，形成由低到高的阶梯。知道是指学生对所学材料的记忆，包括对具体事实、方法、过程、概念和原理的记忆。领会是指学生能把握所学材料的意义，可借助转换、解释、推断形式表明对材料的领会。应用是指学生能将所学材料应用于新的情境中，包括概念、规则、方法、理论的应用。分析是指学生能将学习内容的整体分解成其构成成分并理解组织结构，包括对要素的分析和对关系的分析。综合是指学生能将所学的零碎知识整合为知识系统。评价是指学生能对所学材料做价值判断的能力，包括按材料的内在标准和外在标准进行价值判断。

认知领域学习水平分类见表 4-4。

❶ 豆宏健. 教学设计中教学目标的分类与表述 [J]. 甘肃联合大学学报（社会科学版），2004，20（3）：78-80.

表 4-4　认知领域学习水平分类[①]

目标分类	特征	行为列举
记忆	记住学过的材料	知道胶体是一种常见的分散系
理解	(1)将学习材料从一种形式转换成另一种形式 (2)理解学习材料 (3)对学习材料做简单判断	能根据物质的组成和性质对物质进行分类
简单应用	将学习过的材料用于新的具体情境中去解决一些简单问题	能应用"物质的量"进行有关化学计算
综合应用	(1)对具体综合问题各组成部分的辨认 (2)部分之间各种关系的分析 (3)识别组合这些部分的原理、法则,综合运用去解决问题	对某具体的、较复杂的氧化还原反应方程式的电子转移关系的分析
创见	(1)突破常规的思维方式,提出独到的见解或解题方法 (2)按自己的观点对学习过程的材料进行整理分类 (3)自己设计方案,解答一些实际问题	能对同一实验的多种化学实验设计方案进行比较、分析、评价并提出自己的新方案

① 吴也显. 教学论新编[M]. 北京：教育科学出版社,1991：352-353（有改动）.

（2）动作技能目标　哈罗（A.J.Harrow）和辛普森（E.Simpson）将动作技能分为六个层次：知觉、模仿、操作、准确、连贯、习惯化。知觉是指学生通过感觉器官对动作、物体和环境信息的认识能力以及进行心理、躯体和情绪等的预备调节能力。模仿是指学生能重复教师示范动作的能力。操作是指学生能按教学要求自己做出动作的能力。准确是指学生的练习能力或全面完成复杂作业的能力。连贯是指学生能按规定顺序和协调要求去调整行为、动作的能力。习惯化是指学生能自动或自觉地行动的能力。

知识超链接

动作技能领域学习水平分类见表 4-5。

表 4-5　动作技能领域学习水平分类[①]

目标分类	特征	行为列举
模仿	(1)对演示、动作的模仿,对工具和装置的使用 (2)使描述语言转化为实际动作	能模仿老师如何嗅气体气味
对模仿动作的理解	(1)装置结构原理 (2)动作作用解释 (3)动作结果的解释和概括	能正确使用酸(碱)式滴定管滴加溶液
动作组合协调	(1)动作分解和组合协调的实现 (2)动作组合计划设计 (3)实验结果的解释和概括,并写出实验报告	能准确地配制一定物质的量浓度的溶液
动作评价	(1)对动作作用估计 (2)对组合动作、设备进行设计和计划 (3)动作熟练进行 (4)结果的解释、推论及评价	能根据酸碱中和滴定的原理进行氧化还原滴定并分析实验误差的原因
新动作的创造	(1)新情境下对动作的设计和实现 (2)新情境下对结果的解释、整理	能改进实验操作方法

① 吴也显. 教学论新编[M]. 北京：教育科学出版社,1991：352-353（有改动）.

（3）情感目标　克拉斯沃尔（D. R. Krathwool）将情感目标分为五个等级：接受、反应、形成价值观念、组织价值观念系统、价值体系个性化。接受是指学生对环境中的事物予以注意，愿意关注特殊的现象或刺激。反应是指学生主动参与某种活动并从中得到满足。形成价值观念是指学生将特殊对象、现象或行为与一定的价值标准相联系，对所学内容在信念和态度上表示正面肯定。组织价值观念系统是指学生将许多不同的价值标准组合起来，消除他们之间的矛盾和冲突，开始建立内在一致的价值体系。价值体系个性化是指学生通过学习和内化所得的知识观念已经成为统一的价值观念，并融入人的性格结构之中，成为人的个性的一部分。

知识超链接

情感领域学习水平分类见表 4-6。

表 4-6　情感领域学习水平分类[①]

目标分类	特征	行为列举
接受（注意）	愿意接受和留心某种特定现象和刺激的存在	安静听讲，认真做实验，愿意参加教学活动
反应	对所关注的现象积极、主动地参与，充分投入到化学研究或活动中并从中得到满足、产生兴趣	积极参加教学活动，主动发言、提问，注意观察实验现象并进行描述；乐于参加讨论、帮助他人
价值化	在一定的情境中形成一定的价值标准并用以对特定的现象、行为或事物进行判断	在课堂讨论中或对周围的事物能提出自己的观点；学习努力并能分析自己的成功或不足
组织	将多个价值标准组成一个体系，确定它们的相互关系及重要性，形成个人价值观体系	能较好地处理个人与他人或集体的关系，能形成适合自己的学习方法，对化学科技发展对人类的影响有自己的看法
价值个性化	通过对价值观体系的组织，逐渐形成个人品行，逐步形成自己的世界观，个人言行受其确定的价值观体系支配	有自信心、刻苦学习、坚持良好的学习习惯，在团体中表现出合作精神

① 孟献华. 情感领域下的教学目标建构[J]. 教学研究, 2004, 27 (1)：66-67.

除布卢姆（B. S. Bloom）的教学目标分类理论外，加涅的累积学习理论（也称学习的层次理论）对化学教学目标的设计也有影响。这两大分类系统比较如表 4-7 所示。

表 4-7　布卢姆的教学目标分类系统与加涅的累积学习分类的比较

布卢姆的教学目标分类系统	加涅的累积学习分类
（一）认知	（一）认知
(1) 知识	(1) 言语信息
(2) 智慧技能	(2) 智慧技能
领会	辨别
运用	概念
分析	规则
综合	高级规则
评价	(3) 认知策略
（二）情感	（二）态度
（三）心因动作	（三）动作技能

（四）教学目标的功能

教学目标的确定是教学设计的第一步，指引并制约着后面相关环节的开展，其功能主要有导学、导教、导测评。[1]

导学是指指导学生学习。学生在明确自己的学习目标后可以根据自身的需求和特点，制定相应的学习方法配合教师的教学，这种方法更能激起学生的学习兴趣，同时也减少了学生学习盲目性。

导教是指教师根据学生已有的知识、技能和认知水平，能制定什么样的策略，能通过什么样的方式让学生学到什么，并且让教师明白本节课的教学方向。

导测评就是教学目标暗含学生学习结果的条件，衡量学生在学习过后心理结构的变化。

（五）教学目标的陈述

在课程标准中，课程目标不是虚设或游离于内容之外的，它通过不同主题的学习内容和三类学习目标（认知性学习目标、技能性学习目标和体验性学习目标）予以落实。

在课程标准中，对课程目标采取了结果性目标和体验性目标两种陈述方式，并对描述学习目标所用的引导词和相应的水平作了具体的说明，同一层次的学习要求可用不同的词引导。

结果性目标：它是一种指向可以结果化的课程目标，它明确地告诉人们学生的学习结果是什么，主要应用于"知识与技能"领域，引导词明确、可测量、便于评价（如"说出钠和水反应的实验现象""列举鉴别碳酸钠和碳酸氢钠固体的方法"等，行为动词为：列举、知道、识别、区分、学会、连接等）。

体验性目标：它是一种指向无须结果化的或难以结果化的课程目标，它是描述学生自己的心理感受、体验，主要应用于"过程与方法""情感态度与价值观"领域，引导词则侧重描述学习过程（如体验、意识、形成等）。在"保护好我们的环境"中，初步形成正确、合理地使用化学物质的意识，认识化学在环境检测与环境保护中的重要作用。如"模仿课本实验，自行设计一套测量物质导电性的装置""独立操作'吹气生火'实验，体验化学实验的趣味性"。

无论是结果性目标还是体验性目标的陈述，均是由一些要素组成的。

1962年，根据行为主义心理学思想，马杰（R. F. Mager）提出行为目标（behavioral objectives）的理论与技术。他在《程序教学目标的编写》中提出，一个完整的教学目标应包括三个要素：行为、条件和标准。有研究者在三因素法的基础上，提出了目标编写的四因素模式，即对象（audience）、行为（behavior）、条件（condition）和标准（degree），也称ABCD模式。

（1）对象　说明教学的对象是谁。教学对象是目标行为的主体，由于教学目标是对学生学习结果的表述，因此，教学目标必须从学生角度出发，陈述行为结果的典型特征。

（2）行为　说明学习者通过学习以后将能做什么，描述行为及其结果的基本方法是使

---

[1] 李婧. 浅析教学目标分析［J］. 现代教育技术，2010（10）：32.

用一个动宾结构的短语，其中表述行为的动词说明学习的类型，宾语则用来说明学生的行为结果或学生所做的事情。下列案例研讨①中"说明能源是人类生存和发展的重要基础"中的"说明"以及"列举能源使用现象"中的"列举"和"提出提高能源利用率的合理化建议"中的"提出"就是动宾结构短语中的行为动词，而"能源是人类生存和发展的重要基础"以及"能源使用现象"和"提高能源利用率的合理化建议"则是动宾结构短语中的宾语。教师可以选择化学新课程标准中列举的一系列动词，恰当描述各种教学目标的不同层次。

（3）条件　说明学生在完成学习任务时所允许的条件。教学条件是影响学生学习结果的特定限制或范围，一般有辅助性和限制性两类，前者指可借助手册、词典、书籍和图表，如"使用计算机""在元素周期表中"，后者是在规定时间或情境中去完成行为，"在10分钟内""在课堂讨论时"等。如案例研讨①中的"通过查阅资料"就属于辅助性条件。

（4）标准　提出评价学生达成目标的标准。标准是指学生达到目标时表现出来的最低行为程度，为了使教学目标具有可测量性，应该对学生行为的标准进行具体的描述。可以从速度、准确率和质量三个方面确定，如案例研讨①中的"至少一条"以及案例研讨②中的"正确"。

案例研讨

①鲁科版化学（2）第二章　第二节 化学反应与能量转化的探究教学，其中的一个教学目标可表述为：

<u>通过查阅资料</u>，<u>学生</u>能<u>说明</u><u>能源是人类生存和发展的重要基础</u>，并<u>列举</u><u>生活中能源使用现象</u>，
　　　C　　　　　A　　　B　　　　　　　　　　　　　　　　　　　　　B
<u>提出</u><u>至少一条</u><u>提高能源利用率的合理化建议</u>。
　B　　D　　　　　B

②人教版化学1第二章第三节 物质的量，其中的一个教学目标可表述为：

<u>通过教师的演示示范与学生动手操作</u>，<u>全体学生</u>　能　<u>正确</u>　<u>配制指定物质的量浓度和体积的溶液</u>。
　　　　　　　C　　　　　　　　　　　　A　　　　　　　D　　　　　　B

在教学设计过程中，教师不需要完全机械地按照上述要求编写目标，有时，为了陈述简便，可以在不引起误解的情况下，省略行为标准和条件，一般不提标准，即认为要求达到的准确率为100%。在使用者明确知道或根据已知条件能推知的情况下，行为主体也可以省去不提。例如《钠》的学习是在高一阶段，大家都知道高一学生就是教学对象。

教学目标中，有些条件和标准较难区别，例如：

<u>要求每个同学</u> <u>课后</u> <u>能用自己的话</u> <u>讲清原电池与电解池的区别</u>。
　　A　　　　　C　　　　D　　　　　　　　　B

　　教学对象　条件　标准　行为
　　　A　　　　C　　 D　　 B

"课后能用自己的话"既可理解为表明行为的方式，又可以看成是表明时间的条件。马杰认为，对这一问题不必争论。判断教学目标的主要依据是：它的表述是否说明了编写者的意图？如果教学目标能用以指导教学及其评价，那么对条件和标准的区别就不重要了。

二、素养化教学和评价目标理论认识

"学生发展核心素养"是继"三维目标"后又一个新的课程改革理念,回答了"培养什么人,怎样培养人"的问题,是在落实立德树人教育根本任务中产生的。相比于"三维目标",化学学科核心素养并不是三维目标的机械结合,而是对三维目标的继承和发展。开展素养为本的教学,教学目标应体现化学学科核心素养。其核心内涵是以学生行为达成的条件为起点,以通过教学最终达到的素养目标为终点,来确定教学目标。

根据化学学科核心素养对高中学生发展的具体要求,提出了高中化学的课程目标。❶

① 通过观察能辨识一定条件下物质的形态及变化的宏观现象,初步掌握物质及其变化的分类方法,能运用符号表征物质及其变化;能从物质的微观层面理解其组成、结构和性质的联系,形成"结构决定性质,性质决定应用"的观念;能根据物质的微观结构预测物质在特定条件下可能具有的性质和发生的变化,并能解释其原因。

② 认识物质是在不断运动的,物质的变化是有条件的;能从内因与外因、量变与质变等方面较全面地分析物质的化学变化,关注化学变化中的能量转化;能从不同视角对纷繁复杂的化学变化进行分类研究,逐步揭示各类变化的特征和规律;能用对立统一、联系发展和动态平衡的观点考察化学反应,预测在一定条件下某种物质可能发生的化学变化。

③ 初步学会收集各种证据,对物质的性质及其变化提出可能的假设;基于证据进行分析推理,证实或证伪假设;能解释证据与结论之间的关系,确定形成科学结论所需要的证据和寻求证据的途径;能认识化学现象与模型之间的联系,能运用多种认知模型来描述和解释物质的结构、性质和变化,预测物质及其变化的可能结果;能依据物质及其变化的信息建构模型,建立解决复杂化学问题的思维框架。

④ 能发现和提出有价值的化学问题,能依据探究目的设计并优化实验方案,完成实验操作,能对观察记录的实验信息进行加工并获得结论;能和同学交流实验探究的成果,提出进一步探究或改进的设想;能尊重事实和证据,破除迷信,反对伪科学;养成独立思考、敢于质疑和勇于创新的精神。

⑤ 具有安全意识和严谨求实的科学态度;形成真理面前人人平等的意识;增强探究物质性质和变化的兴趣,关注与化学有关的社会热点问题,认识环境保护和资源合理开发的重要性,具有"绿色化学"观念和可持续发展意识;能较深刻地理解化学、技术、社会和环境之间的相互关系,认识化学对社会发展的重大贡献,能运用已有知识和方法综合分析化学过程可能对自然带来的各种影响,权衡利弊,强化社会责任意识,积极参与有关化学问题的社会决策。

在标准中,化学学科核心素养不仅通过内涵、目标来描述,而且对 5 个方面的素养进一步划分出 4 级水平,便于在教学和评价中具体实施。

学业质量是学生在完成本学科课程学习后的学业成就表现。学业质量标准是以本学科核心素养及其表现水平为主要维度,结合课程内容,对学生学业成就表现的总体刻画。依据不同水平学业成就表现的关键特征,学业质量标准明确将学业质量划分为不同水平,并描述了

---

❶ 中华人民共和国教育部. 普通高中化学课程标准(2017年版)[S]. 北京:人民教育出版社,2018.

不同水平学习结果的具体表现。

化学学业质量水平划分为4级。在每一级水平的描述中均包含化学学科核心素养的5个方面，依据侧重的内容将其划分为四个条目（每个条目前面的数字代表水平，后面的数字代表条目序号）。每个条目（按数字表示）分别对应于一定的化学学科核心素养。如序号1侧重对应"素养1宏观辨识与微观探析"和"素养3证据推理与模型认知"；序号2侧重对应"素养2变化观念与平衡思想"；序号3侧重对应"素养4科学探究与创新意识"；序号4侧重对应"素养5科学态度与社会责任"。

"素养为本"的教学，要求实现"教、学、评"一体化，注重对学生进行过程性评价，而根据学生认知水平创建真实的问题情境，是实现这一要求的重要载体。通过对真实问题情境的研究，实现教学目标和评价目标的双重推进。目标制定时，应在核心素养培育重点的导向下，实现教学目标从"知识的获取"转向"素养的培育"，评价目标从"知识的检测"转向"认识发展的检测"。

三、化学教学与评价目标素养化设计

（一）化学教学目标设计的一般原则

1. 全面性原则

学科核心素养是学科育人价值的集中体现，是学生通过学科学习而逐步形成的正确价值观念、必备品格和关键能力。高中化学学科核心素养是高中学生发展核心素养的重要组成部分，是学生综合素质的具体体现，反映了社会主义核心价值观下化学学科育人的基本要求，全面展现了化学课程学习对学生未来发展的重要价值。

化学学科核心素养包括"宏观辨识与微观探析""变化观念与平衡思想""证据推理与模型认知""科学探究与创新意识""科学态度与社会责任"5个方面。

因此在设计教学目标时，要注意目标系统五个层面的全面性。

2. 层次性原则

从纵向来看，学生任何预期学习结果客观上都要通过达到不同层次的要求而实现，以较低层次目标的要求逐步达到较高层次目标的要求。例如，实验操作目标："学会配制某浓度溶液"中就包含着固体、液体药品的取用，托盘天平的使用，搅拌等低层次目标。从横向看，不同的学生达到的目标在层次上也存在个体间差异，一个教学目标的设计也应适应这种多层次的要求，即教师在某一特定教学目标的设计和表述时要反映出素养发展的水平性。

3. 可操作性原则

写具体目标时，教师必须清楚地意识到它们将被用于编制检测项目，如果不能根据这些目标测出预期行为，则表明所制定的目标笼统、含糊、冗长、不符合要求。所以应尽可能地用可观察到的外显行为来描述，或用可测量的笔试、口试、动作测验、心理测验语句来陈述目标。教师在设计教案时要留足检测目标的时间，要制定与每一个具体目标有相对应匹配关系的检测项目，以保证实际教学紧紧围绕教学目标而开展。

4. 难易适中性原则

目标的难度要接近学生认知结构的"最近发展区"。目标过高，学生经过努力却达不到，会使学生产生畏学心理，丧失信心；目标过低，学生的学习毫无压力，其对学生的发展起不到激励作用。因此，在制定目标时，教师要对学生的群体学习水平有一个科学的分析。

5. 弹性原则

教学目标的弹性主要表现在两个方面，一是区别对待不同水平的学生。统一的目标规定了所有学生达标的最低限，但对于不同特点的学生，目标应体现出有所侧重。二是可有一些隐式目标或预期目标，如"愿意……""乐于……""能坚持……"等便为隐式目标。又如"利用生活中的常见用品，设计实验探究食盐中是否含有碘元素"不能当堂课完成，便是预期的目标。

6. 协调性原则

每个章节的教学目标都是课程目标的一个组成部分，为了保证课程目标的最终实现，各章节目标的协调是十分必要的。这就要求教师在上课之前将各章节的教学目标进行分析和设计，对各类教学目标进行综合安排。在针对具体的一节课设计教学目标时，还要结合实际对预先的安排做适当的微调，以保证各类目标的实现和分布的均衡。

（二）素养化教学目标的设计策略❶

1. 基于三维目标升华的策略

"三维目标"是由知识与技能、过程与方法、情感态度与价值观三个维度来界定教学目标，其表述呈现出明显的形式化和模式化的特点。核心素养是对三维目标的提炼与整合，它重在对学生关键能力、必备品格和价值观念的综合描述。与三维目标相比较，核心素养体现出明显的综合性。2001年启动新课程改革以来，一线教师们对三维目标的设计已经很熟悉了，而对新鲜出炉的核心素养还处于陌生和探索的阶段。但是三维目标与核心素养之间并不是毫无关联的。正确认识三维目标与核心素养的关系让我们在设计基于核心素养的化学教学目标时能够有根可循，有据可依。通过对三维目标进行融合与升华，突破三维目标分立式的教学目标设计，进而逐步转化为体现核心素养的化学教学目标，实现由"三维目标"到"核心素养"的平稳过渡、渐进改良。

对于核心素养而言，知识不再是通过记忆而获得的浅表性的、散点式的"客观真理"或"固定事实"，而是探究的对象和使用的资源。学科知识只有结构化，并且联系真实的、多样化、生活化的情境来转化和提升为学科观念，并且在此过程中形成学科思维和科学的态度，才具有迁移应用的价值，才能转化为问题解决的能力，进而转化为素养❷❸❹。因此，三维目标的知识与技能对应于化学学科核心素养来说不仅仅是化学知识，更是化学学科特有的认识物质的视角和特有的学科观念，它是一种关键能力。综上，化学三维目标与化学

---

❶ 姜建文，王丽珊.基于核心素养的化学教学目标设计策略［J］.化学教育（中英文），2020，41（5）：37-44.

❷ 张华.论核心素养的内涵［J］.全球教育研究，2016（04）：10-24.

❸ 郑长龙.2017年版普通高中化学课程标准的重大变化及解析［J］.化学教育（中英文），2018，39（09）：41-47.

❹ 刘前树.试论化学核心素养的结构［J］.化学教育（中英文），2016，37（21）：4-8.

学科核心素养之间存在的联系如图4-1所示。这体现了教育从"为了知识的教育"到"通过知识获得教育"的一个转向，知识是教育活动中促进学生发展的一种文化资源和精神养料。

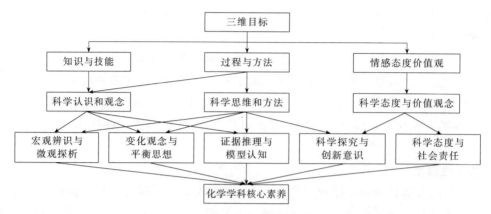

图 4-1　化学三维目标与化学学科核心素养目标对应关系

如对第一课时"物质的量及其单位——摩尔"的教学目标进行设计时，依据三维目标，在知识与技能方面要学生理解物质的量、阿伏伽德罗常数的概念；认识物质的量、阿伏伽德罗常数和微粒数之间的关系，并能进行简单的计算。在过程与方法上要学生学会运用类比、交流讨论、迁移应用的方法，而情感态度与价值观上要求学生能够学会交流与合作，认识物质的量在定量分析研究中的应用，体会物质的量概念的意义和价值。依据三维目标设计的教学目标，将学科知识与学科思维方法融合，结合教学情境，将其转化为素养化的教学目标，如图4-2所示。

又如对"铁及其化合物"的教学目标进行设计时，依据三维目标，在知识与技能方面要学生掌握铁的氧化物、氢氧化物、铁盐和亚铁盐的化学性质；了解Fe^{2+}、Fe^{3+}的常用检验方法。在过程与方法上要学生学会运用推理、分析、预测，以及实验探究的科学方法，而情感态度与价值观上要求学生能够运用铁及其化合物的有关知识解释和解决生活、生产中有关现象和简单的问题，从而体会到化学知识的价值。依据三维目标设计的教学目标，将学科知识与学科思维方法融合，结合教学情境，将其转化为素养化的教学目标，见图4-3。

2. 基于双向细目表的策略

双向细目表常用作考试命题的工具。考试命题者通过借助双向细目表，可以明确测试的内容、测试的目标，以及测验内容所占分数的比例。双向细目表具有直观性的特点。同样，借助双向细目表也可以帮助我们直观地明确教学内容和教学内容所对应的学科素养及水平。因此，借助双向细目表这一工具来进行教学目标的设计，具有很强的实操性。以"物质的量浓度"的教学目标设计为例。通过对鲁科版化学必修第一册第一章第3节"物质的量浓度"内容在教材中的编排分析，以及课程标准中内容要求和学业要求的解读，确定"物质的量浓度"教学内容对应的素养及水平由表4-8双向细目表直观明了地列出。这样，教师在进一步明确教学目标时就事半功倍了。

以表4-8中教学目标1的转化为例，说明基于双向细目表课时教学目标的转化：教学目标1是通过设计实验配制溶液，并基于实验讨论溶液组成的表示方法，建立"物质的量浓度"的概念，对应于双向细目表中第（1）、（2）条教学内容。针对第（1）、（2）条教学内容

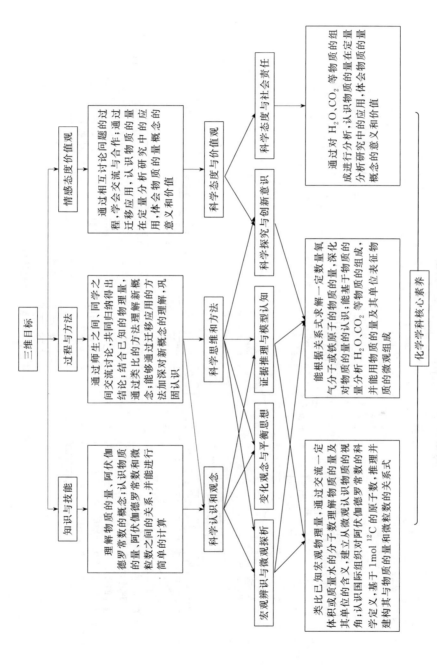

图 4-2 "物质的量及其单位——摩尔"三维目标素养化设计

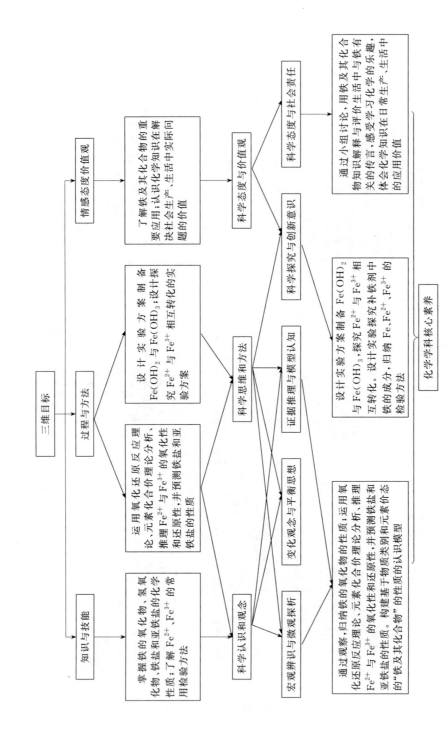

图 4-3 "铁及其化合物"素养化教学目标设计

的特点，及其对应的素养目标设计相应的教学情境。对第（1）条内容设计了"配制一定物质的量 NaCl 溶液"的具体问题情境；对于第（2）条内容，为引导学生类比已有的相似概念，从而更易于理解"物质的量浓度"的新概念，设计了"类比溶质的质量分数，讨论溶液组成的表示方法"的教学情境。教学内容融合教学情境，即得到表 4-8 中的教学目标 1。

表 4-8 "物质的量浓度"教学目标水平层级双向细目表

教学内容 \ 学科素养水平	素养1	素养2	素养3	素养4	素养5	教学目标
（1）设计实验配制一定物质的量浓度的溶液				1		（1）设计实验配制一定物质的量浓度的 NaCl 溶液，类比溶质的质量分数，结合实验配制溶液的过程讨论溶液组成的表示方法，建立"物质的量浓度"的概念
（2）基于实验讨论溶液组成的表示方法				2		
（3）归纳准确配制溶液实验操作流程和注意事项			2	1		（2）通过归纳准确配制 NaCl 溶液实验操作流程，交流点评实验方案的过程，掌握定量实验探究的一般方法，形成严谨求实的科学态度
（4）溶质的物质的量、溶液的体积和溶质的物质的量浓度之间的关系			2			（3）能够应用物质的量浓度解读血液检验单的数据，通过交流废水中硫酸溶液总量的测定方案，认识溶质的物质的量、溶液的体积和物质的量浓度之间的关系，能应用其关系式分析锌与稀盐酸反应的物质变化，体会"物质的量浓度"在生活、生产中的应用
（5）分析溶液的组成和化学反应中物质的变化	3	2			3	

3. 基于板块与任务的策略

郑长龙提出素养化的教学设计应该是基于教学板块和学习任务的教学设计❶。即将一节课按一定的教学逻辑分为若干个教学板块，对每个教学板块以及板块间的连接进行素养功能定位，规划学习任务，确定教学目标。而教学逻辑则是依据教学内容的特点、学科素养的内涵及水平、化学课程标准的内容要求及学业要求，并结合考虑学生实际而确定。基于板块任务设计的一般流程如图 4-4 所示：

图 4-4 基于板块与任务的素养化教学目标设计流程

例如，"摩尔质量和气体摩尔体积"位于鲁科版必修第一册第一章第三节中，基于对学生已有基础、教学内容的特点和课标中相关的学业要求的综合考虑，板块设计的教学逻辑定位为：收集证据—分析推理—建构模型—应用模型。四个板块呈递进式逻辑关系，分别着重发展学生证据推理思想、科学探究能力和在真实而复杂的情境中解决问题的能力。因此，"摩尔质量和气体摩尔体积"板块与任务设计如图 4-5 所示。

依据板块任务的设计，将教学目标确定如下。

① 通过基于对数据的观察，发现 1mol 物质的质量和同温同压下 1mol 气体体积数值的规律，能够分别从宏观和微观的视角分析影响固、液、气体体积的因素，初步形成从宏观与微观结合认识和分析物质的视角；

② 能基于观察和分析数据获得的证据进行归纳，建立摩尔质量和摩尔体积的概念，建

---

❶ 郑长龙，孙佳林. "素养为本"的化学课堂教学的设计与实施 [J]. 课程·教材·教法，2018，38（04）：71-78.

构其与物质的量、物质的质量、气体体积的关系式模型,并能基于关系式分析 Cl_2 质量、体积和分子数;

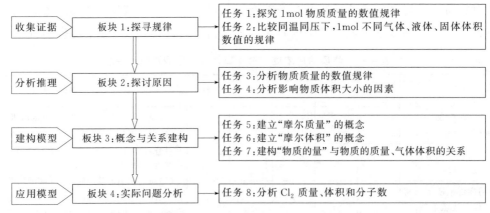

图 4-5 "摩尔质量和气体摩尔体积"板块与任务设计

③ 通过基于摩尔质量、摩尔体积,及其相关关系式分析 Cl_2,体会物质的量是怎样把宏观的量与微观的量联系起来的,深化对物质的量应用和价值的认识。

可以看出,依据教学板块和教学任务的素养化教学目标设计,从教学内容的实施途径,学科观念与思维方法的渗透,再到知识实际应用价值的认识,环环相扣,层层深入。

此外,对于素养水平的确定,课标中指出学业质量水平 2 为化学学业水平合格性考试的要求,以必修课程要求为准,学业质量水平 4 是化学学业水平等级性考试的依据,以必修课程和选择性必修课程要求为准。这意味着对于诸如"化学中常用的物理量——物质的量"这样只在必修课程中体现的内容,我们在教学实施过程中,在充分考虑课标和教材的基础上,也应适当关注和考虑部分学生将来选科及升学的需求。因此,我们在制定教学目标时也不可过于绝对地控制在水平 2 及以下,应具体内容具体分析,做必要且适当的调整。毕竟,教学目标是在综合考虑课标、教材,以及学情等因素的基础上进行设计的。因此,这部分课程内容在考虑设计教学目标时,可适当有水平 3 或 4,但在必修内容学习期间其评价目标设计时可暂不对水平 3 或 4 作要求。

又例如,"金属的电化学腐蚀与防护"位于人教版选修 4"化学反应原理"第四章第四节中,通过对学生已有基础、教学内容的特点和课标中相关的学业要求的综合考虑,板块设计的教学逻辑定位为:证据推理—实验探究—问题解决。三个板块呈递进式逻辑关系,分别着重发展学生证据推理思想、科学探究能力和在真实而复杂的情境中解决问题的能力。因此,"金属的电化学腐蚀与防护"板块任务设计如图 4-6 所示。

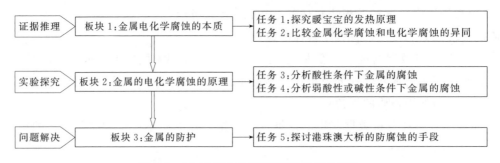

图 4-6 "金属的电化学腐蚀"板块任务设计

依据板块任务的设计,将教学目标确定如下。

① 探究"暖宝宝"暖贴的主要成分和发热原理,比较电化学腐蚀与化学腐蚀的异同,认识电化学腐蚀的本质;

② 实验探究金属在不同酸碱性环境下腐蚀的现象,分析比较析氢腐蚀和吸氧腐蚀的异同,归纳析氢腐蚀和吸氧腐蚀的条件和联系;

③ 通过对港珠澳大桥防腐蚀措施的探讨,感受化学知识对生活的价值和学会综合运用化学知识解决复杂的实际问题。

以上是确立和正确表达素养化的教学目标,而如何在课堂教学中真正落实素养化的教学目标,需要教师进行教学活动的精心设计和组织,比如以真实情境和实际问题促进素养的落地,需要广大一线教师不断实践、探索和总结。此外,通过不同的教学活动,可以发展学生不同的学科素养,因此,在设计教学目标时应注意均衡性,在同一主题内容的不同课时可设计不同的教学活动。正如人之三餐,也需不时变化口味,补充不同的营养。

(三) 素养化评价目标的设计策略

1. 评价目标三要素解析

首先应认识到:如果是说明将要学会什么,那么这就是教育目的。如果是描述已经学到了什么,这就是评估。

其次应认识到:"学习"是学习者内在知识的变化,而"学业表现"是学习者在完成某一任务中运用知识的表现。根据学习者的学业表现,我们能够判断其内在知识是否发生了变化。

再者应认识到:化学学科核心素养是与化学学科内容密切相关的。不同的学科内容中蕴含着不同的化学学科素养的视角。

基于以上认识,教学评价目标应该是一种描述学生已经学到了什么的评估。并且这种评估是基于学习者的"学业表现"来进行的。根据教学中教、学、评一体化的原则,教学评价目标的设计应包括以下三个要素:一是要设计需要完成的任务;二是要明确任务中体现的具体化学学科核心素养的功能;三是要对不同的化学科学核心素养功能划分出不同的学业水平层次;四是要根据任务、素养功能要求及水平层次组织学习活动。其相互关系如图4-7所示。

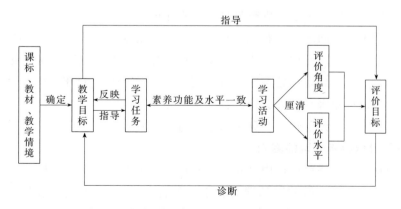

图4-7 教学目标、任务、活动、评价目标的关系

化学学科核心素养的5个方面包含了对学生思维层面、实践层面和价值层面的要求。我们可以分别从这3个维度思考每个维度对应的评价角度和评价水平。

思维层面的评价维度包含认识角度、认识进阶、探究思维和思路结构化4类评价角度。对于认识角度，其评价水平有单角度水平和多角度水平，单角度水平是指学生仅能单一地从宏观、微观、变化观、平衡观等某个角度认识物质及其变化；多角度水平是指能够从宏观与微观结合或变化观与平衡观结合等角度对物质及其变化进行分析。认识进阶是指对物质及其变化或化学核心概念的认识由宏观到微观，由物质到元素，再到分子、原子等微粒水平逐步递进的过程，故其评价水平有物质水平、元素水平、微粒水平。探究思维是指认识的具体思路和方法，对化学学科来说，学生学习新知识可以基于经验进行认识，也可以基于已有概念进一步认识，还可以基于证据推理和实验的方式进行探究，故该评价角度的评价水平可以有基于经验水平、基于概念原理水平及基于推理和实验水平。思路结构化对应的评价水平有孤立水平、系统水平、视角水平和内涵水平。思路结构化的孤立水平和系统水平是指是否认识到知识之间的层次和内在逻辑联系，以及头脑中是否对事物的认识探究过程加以概括化，形成一般的思路和方法，即认知模型。思路结构化的视角水平是基于某一个视角认识概念或者物质，并构建其认知模型，如仅从元素化合价的视角认识氧化还原反应，又或者仅从电子转移的视角认识氧化还原反应，但任何两种单一的视角都没有认识到化合价升降和电子转移之间的关系。思路结构化的内涵水平则是能够抓住不同视角之间的关联，从而透过现象表面认识到事物的内在本质，是对事物本质及其认识过程的进一步抽象，即核心观念的结构化，形成具有统摄性的化学学科核心观念。例如，对于氧化还原反应的认知模型可以从元素化合价视角和电子转移视角结合的角度进行构建，认识到元素化合价的变化其实是电子转移的结果，化合价的升降只是氧化还原反应的特征，而电子转移才是氧化还原反应发生的本质。

实践层面评价维度包含探究方案设计水平和探究水平两类评价角度。探究方案设计水平有单一水平和综合水平，探究水平有定性水平、定量水平、定性与定量结合水平、机械水平及创新水平。由学生设计实验方案时，根据其是从单一角度，还是能够综合各因素考虑实验方案的设计，诊断学生的实验方案设计水平。探究水平评价角度下的机械水平是指仅基于已有的经验和理论，对简单的化学问题提出假设，依据假设设计探究方案；而创新水平是指学生不仅能够根据常规思路设计探究方案，而且能够根据对实际问题的讨论和评估，提出新的研究课题，或能够对实验中的"异常"现象进行分析，提出新的质疑、设想和新的探究方案。探究水平的定性或者定量水平则较易理解，不作阐述。

价值层面评价维度从问题解决和化学价值两类评价角度进行分析。首先根据有无结合真实情境分为化学问题和实际问题，而依据真实情境的复杂程度，将实际问题分为简单实际问题和综合实际问题，进而确定问题解决评价角度下的评价水平。对于化学价值的认识水平，则可以分为学科价值视角水平、社会价值视角水平和二者综合视角水平。

以上关于评价维度、评价角度和评价水平的梳理如图4-8所示。

2. 基于评价目标解析模型的案例分析

以鲁科版教材化学必修第一册中"化学中常用的物理量——物质的量"教学单元第一课时"物质的量及其单位——摩尔"的课时教学评价目标设计为例，说明教学目标、学习任务、学习活动到评价目标的转化。

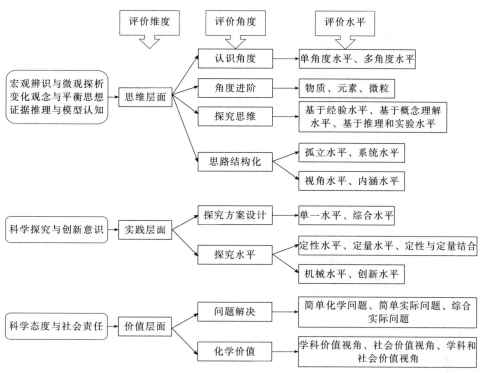

图 4-8 评价目标三要素解析模型

（1）学习任务功能化设计　化学学习任务是指在化学教学中为实现一定的化学教学目标、落实一定的化学教学内容，由教师和学生共同完成的学习课题，对于同一化学学习内容可以设计多样化、素养化的学习任务。其表达方式通常为：行为动词＋短语。如，探究食品脱氧剂的作用。学习任务的设计方法并不唯一，关键的是要明确教学内容的素养功能定位。同时，还要思考学习任务与学习任务之间的关联和衔接，也就是学习任务之间的逻辑关系。通过对课标、教学情境，以及课时教学所承担的素养要素的分析，课时教学目标的确定如表 4-9 中所示（其具体形成过程可见化学教育已录用文章）。三个课时教学目标中体现出的教学逻辑是：形成概念—建立概念间的关系—知识应用。"物质的量及其单位——摩尔"课时中包含"物质的量"和"阿伏伽德罗常数"两个概念。因此，可由学习任务 1、2 分别探究和形成两个概念，由任务 3 建立两个概念与微粒数之间的关系，由任务四应用知识定量分析物质的组成。学习任务 1、2 的功能在于探究和形成两个概念的过程中发展学生探究新知识的思维和建立基于"微观"和"定量"研究物质的视角。学习任务 3 的功能是建立关系式，发展学生"模型认知"素养。学习任务四通过知识的应用，发展学生问题解决能力和化学价值的认识。四个学习任务之间的逻辑关系和素养功能与教学目标的教学逻辑相一致。学习任务的设计见表 4-9。

表 4-9 "物质的量及其单位——摩尔"课时学习任务设计

教学目标	教学逻辑	学习任务
(1)类比已知宏观物理量，通过交流一定体积或质量水的分子数理解物质的量及其单位的含义，建立从微观认识物质的视角；认识国际组织对阿伏伽德罗常数的科学定义，基于 1mol ^{12}C 的原子数，推理并建构其与物质的量和微粒数的关系式	形成概念	任务 1：探讨物质的量及其单位的含义
		任务 2：认识阿伏伽德罗常数的科学定义
	建立概念间的关系	任务 3：建立物质的量 n、阿伏伽德罗常数 N_A 与微观粒子数 N 的关系式

续表

教学目标	教学逻辑	学习任务
（2）能根据关系式求解一定数量氧气分子或铁原子的物质的量，深化对物质的量的认识；能基于物质的量分析 H_2O、CO_2 等物质的组成，并能用物质的量及其单位表征物质的微观组成	知识应用	任务4：应用关系式解决简单的化学问题
（3）通过对 H_2O、CO_2 等物质的组成进行分析，认识物质的量在定量分析研究中的应用，体会物质的量概念的意义和价值		

（2）学习活动层次化设计　化学学习活动是指学生在教师的组织引导下，为顺利地完成化学学习任务而采取的一系列学习步骤。其表达方式通常为：行为条件＋行为动词＋短语。如通过实验或查阅资料探究食品脱氧剂的作用。学生的化学学科核心素养最终是通过一系列连续的、具体的学习活动来发展和表现的。因此，学习活动也应有明确的素养功能及水平指向，学习活动的素养功能及水平应与课时教学目标和学习任务相一致，依据每个学习任务所承担的素养功能设计相应的学习活动。对于同一学习任务的学习活动设计可以不尽相同，多样化、多形式的学习活动更能激发学生的兴趣和思考。此外，一个学习任务对应的各项学习活动应有一定的层次性，通过层次性的学习活动可以有效地诊断和发展学生不同的素养水平。教师应充分挖掘教学资源，充分考虑学生的个性特征和能力基础，设计适合学生的学习活动。

在学习之前，学生对描述的一些宏观物理量相对熟悉，但对微粒本身的大小、质量、个数及微粒反应等的认识相对模糊，更难以想象并建立宏观物质质量与微观微粒个数之间存在的某种定量关系。从学生的认知逻辑顺序考虑，学习活动的设计"从宏观到微观、从定性到定量"逐步过渡与递进。任务1中通过活动1类比宏观物质量的经验，探讨一定质量或体积水分子的量，类比宏观迁移微观，探究物质的量及其单位的含义，再通过活动2由学生表述物质的量及其单位的含义，诊断学生对概念属性的理解。通过活动1、2诊断学生对新概念的探究和理解是基于经验认识水平和基于概念理解水平。通过任务1的学习，学生能理解物质的量是一个集合，但对物质的量的表达会缺乏一定的严谨性，不能理解物质的量的适用范围，会错误地用物质的量表示宏观物质或仅认为只能表示分子与原子。任务2活动3进一步结合化学史料了解阿伏伽德罗常数的测定，而活动4通过1mol CO_2、H_2O、NO_3^- 微粒及数目的分析，建立物质的量与微观粒子数量的联系，从而准确理解物质的量是衡量一定微粒集体所含粒子数量的物理量，阿伏伽德罗常数则是单位物质的量微粒的基准值。任务3对应的活动五通过梳理归纳，形成纯净物微观组成分析模型，使认识思路结构化。任务4对应的活动6通过分析计算物质组成，用图示呈现结果的活动，使问题解决思路方法外显，促进知识的迁移。活动7通过师生之间的交流，诊断学生化学知识价值的认识。可见，活动任务的设计是逐步递进，层层深入的。学习活动设计，及其对应的素养功能及水平见表4-10。

表 4-10 "物质的量及其单位——摩尔"课时学习活动设计

学习任务	素养功能及水平	学习活动
任务1:探讨物质的量及其单位的含义	宏观辨识(水平1)	活动1:类比宏观物质的计量,迁移探讨一定质量或体积水的微观粒子的计量和表示
		活动2:类比长度、时间、质量等宏观物理量,理解和说出物质的量的含义及其单位
任务2:认识阿伏伽德罗常数的科学定义	微观探析(水平3)	活动3:结合化学史料1mol ^{12}C 原子数的测定,认识阿伏伽德罗常数的定义
		活动4:基于物质的量和阿伏伽德罗常数的认识,探讨1mol CO_2、H_2O、NO_3^- 所含的微粒及其数目
任务3:建立物质的量 n、阿伏伽德罗常数 N_A 与微观粒子数 N 的关系式	模型认知(水平2)	活动5:梳理归纳物质的量与阿伏伽德罗常数、微粒个数之间的关系,用数学关系式表示
任务4:应用关系式解决简单的化学问题	科学态度与社会责任(水平3)	活动6:应用关系式分析物质的组成,以及进行简单的计算,用图示呈现分析及计算结果
		活动7:请学生结合问题的解决,谈谈物质的量和阿伏伽德罗的意义

(3) 评价目标的转化及表述

① 明确评价要素 在设计评价目标时分析单元学业质量标准,明晰课时学业质量水平,可帮助我们明确课时评价目标的落脚点。表 4-11 为与"物质的量"相关的学业质量水平。其中,第一课时"物质的量及其单位——摩尔"在必修阶段的学业质量水平目标为:应用物质的量分析计算物质的组成,认识物质的量在化学定量研究中的作用。在之前的学习中,学生对物质组成的认识主要是基于元素的视角进行分析,而学生本课时将进一步从"微粒"的角度"定量"认识物质组成。由此可知,认识物质组成的角度进阶(元素、微粒)和探究物质的水平(定性、定量)是本课时应重点关注的两个评价角度。根据学习活动对应的素养功能及水平锁定对应的评价角度和评价水平,如表 4-12 所示。

表 4-11 "化学中常用的物理量——物质的量"教学单元学业质量水平

学业质量水平	(1)认识物质的量在化学定量研究中的重要作用,能结合实验或生产、生活中的实际数据,并应用物质的量计算物质的组成和物质转化过程中的质量关系 (2)能依据化学问题解决需要,选择常见的实验仪器、装置和试剂完成简单的物质性质、物质制备、物质检验等实验(配制一定物质的量浓度的溶液) (3)能应用质量守恒定律分析物质转化对资源利用的影响(基于物质的量分析化学反应中物质质量的变化)

表 4-12 "物质的量及其单位——摩尔"课时评价角度和评价水平

学习任务	学习活动	素养功能	评价角度	评价水平
任务1:探讨物质的量及其单位的含义	活动1:类比宏观物质的计量,迁移探讨一定质量或体积水的微观粒子的计量和表示	宏观辨识(水平1)	探究思维	基于经验水平、基于概念理解水平
	活动2:类比长度、时间、质量等宏观物理量,基于理解说出物质的量的含义及其单位			

续表

学习任务	学习活动	素养功能	评价角度	评价水平
任务2：认识阿伏伽德罗常数的科学定义	活动3：结合化学史料1mol ^{12}C原子数的测定，认识阿伏伽德罗常数的定义	微观探析（水平3）	角度进阶	元素、微粒
	活动4：基于物质的量和阿伏伽德罗常数的认识，探讨1mol任何物质所含的微粒及其数目		探究水平	定性水平、定量水平
任务3：建立物质的量n、阿伏伽德罗常数N_A与微观粒子数N的关系式	活动5：梳理归纳物质的量与阿伏伽德罗常数、微粒个数之间的关系，用数学关系式表示	模型认知（水平2）	思维结构化	孤立水平、系统水平
任务4：应用关系式解决简单的化学问题	活动6：应用关系式分析物质的组成，以及进行简单的计算，用图示呈现分析及计算结果	科学态度与社会责任（水平3）	问题解决	简单化学问题、简单实际问题
	活动7：请学生结合问题的解决，谈谈物质的量和阿伏伽德罗的意义		化学价值	学科价值、社会价值

② 信息整合与叙写评价目标 经过上述分析，明确了评价的方向角度和水平。还需要整合学习活动及其对应的评价角度和评价水平，凝练准确、规范的评价目标。一般而言，一条评价目标对应一条学习任务。以学生为主体，结合具体的学习活动、评价角度和评价水平，以"学习活动＋评价角度＋评价水平"的格式进行描述。对于包含多条学习活动的学习任务，还需对学习活动进行有机整合提炼，以简洁的语言表达出其关键的意思。"物质的量及其单位——摩尔"课时教学评价目标设计如表4-13中所示。

表4-13 "物质的量及其单位——摩尔"课时教学评价目标设计

学习活动	评价角度	评价水平	评价目标
活动1：类比宏观物质的计量，迁移探讨一定质量或体积水的微观粒子的计量和表示	探究思维	基于经验水平、基于概念理解水平	（1）通过对水的微观粒子计量方法和物质的量含义及单位的探讨过程，诊断学生探究新知识的思维水平（基于经验水平、基于概念理解水平）
活动2：类比长度、时间、质量等宏观物理量，基于理解说出物质的量的含义及其单位			
活动3：结合化学史料1mol ^{12}C原子数的测定，认识阿伏伽德罗常数的定义	角度进阶	元素、微粒	（2）通过对1mol ^{12}C原子数测定的化学史料和1mol任何物质所含微粒及其数目的分析讨论，诊断并发展学生对物质组成的认识进阶（元素、微粒）和探究物质组成的水平（定性水平、定量水平）
活动4：基于物质的量和阿伏伽德罗常数的认识，探讨1mol任何物质所含的微粒及其数目	探究水平	定性水平、定量水平	
活动5：梳理归纳物质的量与阿伏伽德罗常数、微粒个数之间的关系，用数学关系式表示	思维结构化	孤立水平、系统水平	（3）通过归纳物质的量与阿伏伽德罗常数、微粒个数之间关系，诊断并发展学生思维结构化水平（孤立水平、系统水平）
活动6：应用关系式分析物质的组成，以及进行简单的计算，用图示呈现分析及计算结果	问题解决	简单化学问题、简单实际问题	（4）通过对物质组成的分析和表征，以及对物质的量和阿伏伽德罗的意义的交流，诊断并发展学生问题解决的能力水平（简单化学问题、简单实际问题）和对化学价值的认识水平（学科价值、社会价值）
活动7：请学生结合问题的解决，谈谈物质的量和阿伏伽德罗的意义	化学价值	学科价值、社会价值	

评价目标是有效评价的前提，为教学评价指明方向。而评价能否准确地诊断学生的学习结果，或促进学生核心素养的发展，还需要教师精心思考评价方式的选择和评价问题的设计，要充分发挥课堂提问对即时性评价的作用。除此之外，评价还需及时获得有效反馈才能起到较好的效果。

四、教学重点和难点确定

作出基于教学设计背景分析基础上的教学目标的同时，我们要进一步明确教学的重点与难点。

那么，什么是教学重点？学科教学的目的就是发展学生学科核心素养，学科核心素养是学科育人价值的集中体现，是学生通过学科学习而逐步形成的正确价值观、必备品格和关键能力。所以它既是目的，也是重点，它应该成为我们思考教学重点的一个角度。

另一方面，今后的学业水平考试要求考查学生"必备知识、关键能力、学科素养、核心价值"，所以教师在教学设计过程中必须要明确这些问题，换句话说，也应该是我们思考教学重点的又一个角度。

所谓难点，就是学生难以理解和掌握的内容。主要种类有：知识抽象、内容复杂、生疏难懂、基础薄弱、容易混淆等。学习难点形成的原因，一般说来，主要有以下几个方面：①学生没有知识基础或者知识基础很薄弱；②学生学习和生活经验中很少注意或未接触过的问题，难以纳入原有的知识结构或学生原有的经验是错误的；③知识内容本身相近或相似，学生容易混淆或误解；或与学生已有的知识很相似，内容学习需要转换思维视角（如从宏观到微观）；④内容抽象、过程复杂、综合性强。具有上述一个或多个特点的内容，都可能成为教学的难点。一般教学中，重点不一定是难点，难点也不一定是重点，但有时两者是统一的。任何一节教学内容都有其重点，但却不一定有难点。在分析教材内容时，要在统观全局的基础上，根据课标的最低要求确定教学重点，要依据教学内容的重点和特点及教学对象的基础知识和基本技能来确定教学难点。只有准确分析和把握教材内容的重点、难点，感悟和领会教材内容背后所蕴含的思想、观点，紧紧围绕重点内容和科学方法进行情境创设和活动设计，并运用各种教学媒体和手段，才能在教学中重视过程和方法、突出教学重点、突破教学难点，提高教学成效。

案例研讨

"分散系"隶属于人教版高中化学（必修1）第一章第一节"物质的分类与转化"，教材将其安排在"根据物质的组成和性质的分类"内容之后，在介绍初中所学分散剂和分散质基础上，从分散质粒子大小的角度出发引出"胶体"，进而介绍气、液、固溶胶，通过实验，更为直观地介绍丁达尔效应，并通过资料卡片对丁达尔效应进行知识拓展。所涉及的有关胶体知识点主要为分散系的概念以及丁达尔效应。课标对该内容的知识要求为"认识胶体是一种常见的分散系"，学习活动及建议为：通过实验及探究活动认识胶体具有丁达尔效应。学业要求为：举例说明胶体的典型特征。本节课的教学重点如下。

　　必备知识：分类思想及光的衍射和散射原理。

　　关键能力：通过激光笔奇妙的功能探究溶液、胶体和浊液颗粒大小。

　　学科核心素养：发展学生基于宏观现象的辨识到微观尺寸的探析素养。

　　核心价值：能够对生活、生产、自然界中有关胶体事件作出合理的解释。

　　按照分散质颗粒大小将分散系分为溶液、胶体和浊液。三种分散系中的分散质可以在时间和空间维度上进行演化（图4-9），这样就把的孤立的溶液、胶体和浊液有序统一起来了。该内容较为晦涩，需要学生具有较强的演绎能力和想象思维，能够从宏观现象思辨到微观本质。

$$\text{离子（溶液）} \xrightleftharpoons[\text{分散}]{\text{聚集}} \text{较小颗粒（胶体）} \xrightleftharpoons[\text{分散}]{\text{聚集}} \text{较大颗粒（浊液）}$$

图 4-9　分散系颗粒生长与分散过程

　　因此本节课的教学难点为运用实验手段和想象思维感受分散质粒子在时间和空间维度上的演化过程，感悟通过合适的方法，将胶体中的分散质进一步转化为浊液或进一步分散变成溶液。

案例研讨

　　"燃烧与灭火"这一知识内容位于2012年修订的人教版九年级化学教材上册第七单元第一节。《义务教育课程标准（2011）》中涉及"燃烧与灭火"的材料有：①内容标准：认识燃烧、缓慢氧化和爆炸发生的条件，了解防火灭火、防范爆炸的措施；②活动与探究建议：燃烧条件的实验探究；交流对日常生活中常见的燃烧、缓慢氧化和爆炸等现象的认识；③可提供的情境材料：不同材料燃烧引起的火灾与自救。

　　本节课的教学重点如下。

　　关键能力：安全用火，防火，灭火。

　　必备品格：安全用火。

　　价值观念：尊重生命。

思考与交流

　　（1）分别运用教材中三种学科核心素养目标设计的策略设计以下三个教学内容的教学目标与评价目标。

　　①乙烯；②盐类水解；③化学平衡

　　（2）运用合适的策略设计以下不同阶段（必修，选择性必修）教学内容的教学与评价目标。

　　①乙醇；②化学反应速率；③原电池

　　（3）调查中学化学教师教学目标设计的现状，感知一线教师教学目标与评价目标设计的文本材料。

阅读指南

[1] 赖增荣. 基于课程标准的教学目标叙写研究——高中化学"离子反应"为例 [J]. 化学教育，2016，37（21）：21-24.

[2] 吴星. 从三维目标走向核心素养 [J]. 化学教学，2017（01）：3-7.

[3] 喻平. 发展学生学科核心素养的教学目标与策略 [J]. 课程·教材·教法，2017，37（01）：48-53，68.

[4] 蒋永贵. 指向核心素养的学习目标研制 [J]. 课程·教材·教法，2017，37（09）：29-35.

[5] 陈进前. 基于化学学科核心素养发展制订教学目标 [J]. 化学教学，2018（07）：8-12.

[6] 曹宝龙. 基于素养发展的课堂教学目标体系 [J]. 课程·教材·教法，2018，38（01）：49-53.

[7] 孙宽宁. 我国教学设计研究40年审思与展望 [J]. 课程·教材·教法，2018，38（11）：39-45.

[8] 顾建辛. 关于化学核心素养培育的微观思考——"宏观辨识与微观探析"素养培育中的目标与行为分析 [J]. 化学教学，2019（01）：3-7，37.

[9] 杨玉琴，倪娟. 学科核心素养视域下的教学目标：科学研制与准确表达 [J]. 化学教学，2019（03）：3-7.

[10] 朱志江. 基于课程标准制定课时目标的路径与方法 [J]. 化学教学，2019（10）：3-7.

[11] 马愿愿，许华，王伟，等. 基于学科核心素养的化学教学目标生成研究 [J]. 天津师范大学学报（基础教育版），2019，20（04）：51-55.

第五章
化学教学内容与教学情境设计

思维源于直接经验的情境

——[美] 杜威

痛苦的功课使人感到知识的讨厌，而愉快的功课会使知识吸引人。那些在恐吓和惩罚中得到知识的人日后很可能不继续钻研；而那些以愉快的方式获得知识的人们，不只是因为知识本身是有趣的，而且许多快意和成功的体验将促使他们终身进行自我教育。

——[英] 赫伯特·斯宾塞

思维导图

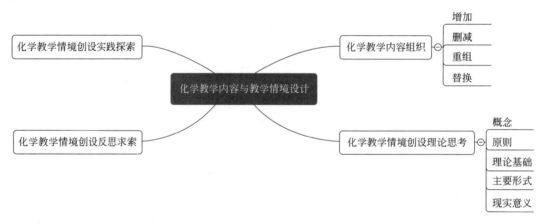

按照我们设计的"素养为本"的教学设计过程模式（详见第二章），在教学目标确定后，接下来要做的工作便是教学内容的组织和教学情境（景）的设计了。

课程内容、教材内容、教学内容是相互联系而又有区别的三个重要概念。课程内容一般指特定形态课程中学生需要学习的事实、概念、原理、技能、策略、方法、态度及价值观念等❶。这就为教材编写提供了指南。

教材是课程标准的物化形态，课程标准描述的是学生的学习结果，没有限定教师的教学

---

❶ 俞红珍. 课程内容、教材内容、教学内容的术语之辩. 课程·教材·教法 [J]，2005（8）：49-53.

内容,因而它不直接规范教学材料,而是通过描述学生的学习结果间接影响材料的编写❶。教材的主要表现形式为教科书,教科书是一门课程的核心教学材料。同时所有的教学内容和教学过程也都要以教学内容为基准,不能轻易改变。

教学内容不仅包括教材内容(素材内容),而且包括了引导作用、动机作用、方法论指示、价值判断、规范概念等。教材是教学内容的重要成分,但它仅是一种成分❷。

课程内容、教材内容、教学内容是相互联系而又有区别的三个重要概念,它们与教学目标及课程目标紧密相连,"三种内容"关系如表 5-1 所示。

表 5-1 "三种内容"的区别与联系

	课程内容	教材内容	教学内容
领域	属于课程论研究范畴	属于教材论研究范畴	属于教学论研究范畴
确定主体	国家确定,体现了国家意志	各出版社组织有关人员编写	教师确定
要求层次	是国家对学生科学素养发展的最基础的学习要求	体现课程目标要求	可以是基础要求,也可以是较高要求
特点	静止的,一旦确定,则相对稳定	相对静止和稳定,规范、标准、有序	动态的,教师可根据实际情况随时进行调整
功能	规范作用	资源、工具和手段	教学目标的内容载体

由此可见,教材内容是实现课程目标的载体,教学目标是对课程目标的细化。教师通过组织教学内容直接落实教学目标,最终要直指课程目标。

一、化学教学内容组织

化学教学内容是承载化学教学目标的重要载体。化学教学内容是指教师根据一定的化学教学目标和学生化学学习特点,在有效利用和开发化学教学资源的基础上,经过对化学课程内容和化学教科书内容的重新选择和组织,所提供给学生的各种与化学学习有关的经验❸。要成功地完成一节化学课的教学,不仅要用到化学教科书,还要用到其他化学教学资源。化学教学内容就是多种化学教学资源的整合和重新选择。要想发挥教学内容对于促进学生科学素养主动、全面发展的最大效益,就要根据化学教学的实际情况,充分利用和开发化学教学资源。

施良方教授指出"学生在教学中的认知加工,是由学生认知加工系统与课程和教学的相互作用而组成的"。可见,课堂教学有效性的一个重要指标是教师在传授课程信息时要把教学内容加工整合,变成易于觉知的方式呈现出来,提高学生认知加工的质量和水平。化学新课程改革明确提出教师不仅是教学活动的组织者和实施者,而且是教材内容的研究者和开发者。在新课程背景下,如何依据课程标准和学生的实际需要,创造性地对教材内容进行必要的补充、删减和加工处理,以尽量合理的方式组织和呈现教材内容,促进学生认知结构的构建和科学素养的全面提高,这是一个值得广大化学教师认真思考和研究的问题。

---

❶ 沈兰. 关于制订课程标准的建议 [J]. 外国教育学刊, 2000 (5): 21-24.
❷ 郭晓明, 蒋红斌. 论知识在教材中的存在方式 [J]. 课程·教材·教法, 2004 (4): 3-7.
❸ 孙小媛, 郑长龙. 化学教学内容含义辨析 [J]. 中学化学教学参考, 2005 (6): 5-6.

化学教学设计与案例研讨

   知识超链接

教材"二次开发"主要是指教师和学生在课程实施过程中依据课程标准对既定教材内容进行适度增删、调整和加工,合理选用和开发其他教学材料,从而使之更好地适应具体的教育教学情景和学生的学习需求。❶

假如课程和学科专家以及出版单位编制教材是教科书的一次开发,那么教师对教科书的创造性使用就是教科书的二次开发。高中化学教科书的二次开发,主要指师生在实施高中化学课程时,依据《普通高中化学课程标准(2017年版)》对高中化学教科书的内容进行适度增删、重组和替换,合理选用和开发化学教学材料,从而更好地适应具体的教育教学情景和高中生的学习需求。主要从三个方面展开:一是对教科书灵活地、创造性地、个性化地运用;二是对其他教学资源的选择、整合和优化;三是自主地开发新的教学资源。

教学内容设计是教师在分析教材的基础上进行的一种加工过程,即依据课程标准,以教材为基础,领会课程目标与教材内容;分析本节课中教材的直观信息,包括文字信息与栏目信息等,重温教材编者经历的路径;推断蕴含于直观信息中的编写理念;明确教材的目的要求、结构以及各部分之间的关系,然后以学生的需要再来组织相应的教学内容,对教学内容进行"量"的控制和"序"的调整,这是对教学资源"重构"的过程,包括增删、更换、改编乃至创生。

案例研讨   苯的性质

三种版本的高中教材在呈现"苯的物理性质和苯在空气中不完全燃烧"这些课程内容时,分别采用了:用文字叙述和图片展示的方式呈现知识内容;用实验探究的方式来引导学生获取有关知识;用文字叙述和问题探究的方式呈现有关知识。教师可根据学生实际和具体教学情境加以充分利用,来改变教材的呈现方式和教学活动方式。

铁及其化合物的性质

"铁及其化合物的性质"是必修模块的重要内容,教材按照氧化铁、氢氧化亚铁和氢氧化铁、铁离子氧化性和铁离子检验的思路组织材料,教学时间只有1课时。怎样在有限的时间内完成教学任务?解决的办法只有将教材内容重新组合,改变知识的呈现方式,围绕铁及其化合物的氧化性与还原性,通过实验来设计教学活动。这样既学习了铁及其化合物的性质,也巩固和深化了对氧化还原反应的认识,更获得了研究物质性质的新思路(过程与方法),实现了单一教学内容的多种教育功能。

这种变"教教材"为"用教材教"的行为,并不意味着教师可以随意地改变教材的编排意图,而是需要更深入地研究教材所包含的知识、方法和情感价值,创造性地使用教材。

在化学教学设计和实施中,教师在科学制定具体可行、基于化学学科核心素养发展的教学目标的基础上,要挖掘教学内容在化学学科核心素养发展方面的独特价值,设

---

❶ 俞红珍. 教材的"二次开发":涵义与本质 [J]. 课程·教材·教法, 2005 (12): 9-13.

计和开展多种形式的实验探究活动，有目的、有计划地引导学生运用化学科学思维方式和方法学习化学知识，注重引导学生在化学知识结构化的自主建构中理解化学核心观念，设计基于真实情境的问题解决任务，使学生在解决问题的活动中逐步发展化学学科核心素养。

化学教学内容的组织，应有利于促进学生从化学学科知识向化学学科核心素养的转化，而内容的结构化则是实现这种转化的关键。内容的结构化主要有以下三种形式：

（1）基于知识关联的结构化　它是按照化学学科知识之间的逻辑关系组织起来的，如化学键知识的逻辑关系如图5-1所示。

（2）基于认识思路的结构化　它是从学科本原入手对物质及其变化的认识过程的一种概括，如元素"位""构""性"的关系，如图5-2所示。

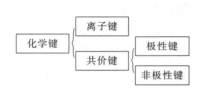

图 5-1　化学键知识的逻辑关系

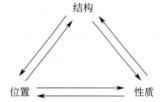

图 5-2　元素"位""构""性"的关系

注："位置"指在元素周期表中的位置

（3）基于核心观念的结构化　它是对物质及其变化的本质和其认识过程的进一步抽象，以促使学生建构和形成化学学科的核心观念。例如，对元素"位""构""性"三者的关系，从学科本原入手可进一步概括出"结构决定性质，性质反映结构"这一化学学科的统摄性观念，这一观念是"宏观辨识与微观探析"等化学学科核心素养的具体体现。

教师在组织教学内容时应高度重视化学知识的结构化设计，充分认识知识结构化对于学生化学学科核心素养发展的重要性，尤其是应有目的、有计划地进行"认识思路"和"核心观念"的结构化设计，逐步提升学生的化学知识结构化水平，发展化学学科核心素养。

知识超链接

化学教学内容的组织流程见图5-3。

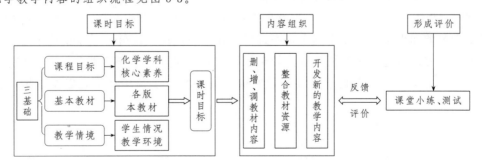

图 5-3　化学教学内容的组织流程 ❶

---

❶ 姜建文，杨小丹. 化学教材"二次开发"：层次与误区[J]. 化学教学，2015(11)：18-22.

二、化学教学情境创设理论思考

（一）情境及相关概念的界定

在我国教育、教学研究文献中，"情境"与"情景"及"教学情境"与"教学情景"两组词常常混淆，它们之间有什么区别和联系呢？现进行比较和分析。

文献资料中对于以上概念有不同的表述：

1. 从词源上分析

《韦伯斯特词典》对情境的定义是指与某一事件相关的整个情景、背景或环境❶。《辞海》中对情境的定义是指一个人在进行某种行动时所处的社会环境，是人们社会行为产生的具体条件❷。杨清主编的《简明心理学辞典》中描述：情境是指某一段时间和空间许多具体情形的概括。心理学认为情境是对人有直接刺激作用，有一定的生物学意义和社会意义的具体环境，情境在激发人的情感方面有特定作用❸。教育学家熊川武认为情境是指由特定要素构成的有一定意义的氛围或环境❹。

由上述情境的定义，可以看出情境是与参与的事件相关的整个情景、背景和环境。情境是进行某种活动所必需的，是由一定物质因素和精神因素构成的外部环境，即活动所需要的氛围。

《现代汉语规范词典》对"情境"和"情景"的注释：

情境：情况，境地。情景：某个场合的具体情形与景象。情境指某一段时间和空间许多具体情形的概括。情景指某一特定的时间和特定空间中的具体情形❺。从词典的解释来看，"情境"一词所指的时空范围比"情景"要大，"情境"比"情景"包含着更多的情形，即"境"中有"景"。

2. 心理学家和化学教育界的阐述

美国心理学家林格伦（H. C. Lindgren）认为教育中有 3 个要素或焦点区域同教育心理学家和教师有关，这就是学习者、学习过程和学习情境。学习情境是指学习者认识自己和学习过程得以实现的环境。学习情境是指任何影响学习者或者学习过程的因素或条件❻。林格伦指的学习情境是一个学习的大环境，包括了影响学习的所有因素。

《化学教学论》一书认为：教学情境是指知识在其中得以存在和应用的环境或活动背景，学生所要学习的知识不但存在于其中，而且得以在其中应用。此外，教学情境中也可能含有社会性的人际交往。过去人们往往认为教学情境就是"教学的情感环境"，只要在讲授新课之前设置某种情景、引发有利于后继教学的情感就是实行了情境教学，以至于把"教学情

---

❶ Webster's Dictionary. 1972：307.
❷ 夏征农. 辞海. 上海辞书出版社，2000：1193.
❸ 杨清. 简明心理学辞典. 吉林人民出版社，1985：307
❹ 熊川武. 教育实践学 [M]. 上海：华东师范大学出版社，2001：17.
❺ 李行键. 现代汉语规范词典 [M]. 北京：外语教学与研究出版社，语文出版社，2004.
❻ H. C. Lindgren，章志光，张世富，等，译. 课堂教育心理学 [M]. 昆明：云南教育出版社，1983：9-11.

景"作为"教学情境"的同义词,对两者不加以区分❶。

《化学新课程理念与实施》一书认为:学习情景实质上是一种优化的、特定的学习环境。学习情景中既有"情"又有"景","情"是情感体验、动机培养,"景"是学习环境、知识文化背景和各种活动❷。而《化学探究学习论》认为:化学学习情境是与一定的化学知识内容相关的文化、环境和活动等。化学学习情境的"情境"是既有"情"又有"境",是"情""境"互融的❸。这两本不同的著述中分别使用了"情境"和"情景",从中可以看出,"情景"与"情境"应该是同义词了。《高中化学课程标准与教学大纲对比分析》一书指出:化学教学"情景"是指在化学教学中能激起学生积极、主动参与化学学习过程的各种景物。这里的景物就是我们所说的情景素材,指的是与化学学习主题相关的、能够激起学生化学学习积极性和主动性的背景知识和学习材料❹。

3. 课程标准的阐述

《普通高中化学课程标准(2017年版)》在关于学科课程标准的说明中提到:本次课标修订,更新了教学内容。进一步精选了学科内容,重视以学科大概念为核心,使课程内容结构化;以主题为引领,使课程内容情境化;促进学科核心素养的落实。在其课程基本理念中又指出:要重视开展"素养为本"的教学。倡导真实问题情境的创设,开展以化学实验为主的多种探究活动;重视教学内容的结构化设计,激发学生化学学习的兴趣,促进学生学习方式的转变,培养他们的创新精神和实践能力。课程内容中的每一个主题,都建议把情境素材作为教学提示之一❺。

通过查阅文献发现:教育界没有严格的定义,各专家在化学教学"情境"和化学教学"情景"的名称使用上没有达成统一的认识。有的专家认为"教学情境"与"教学情景"是有区别的,有的专家认为"教学情境"就是"教学情景"。在实际教学中,"教学情境"与"教学情景"无异。因为无论是创设"教学情境"还是创设"教学情景",其目的都是使学习在与现实情境相类似的情境中发生,以解决学生在现实生活中遇到的问题为目标。创设"教学情境"或创设"教学情景"都能够激发学生的学习动机,调动学生参与探究学习的积极性和主动性;都能够为学生提供丰富多彩的学习素材,促进学生对知识的理解,提高学生解决实际问题的能力。

(二)教学情境创设的理论基础

1. 国内外教育流派对教学情境的论述

教学情境能对教学过程起引导、定向、调节和控制作用。生理学和心理学研究表明,良好的情境能使人产生愉快的情绪,提高大脑的活动效率。我国古代有"孟母三迁"、"断织教子"的故事,民间传授技艺有"易子为徒"或"子承父业"的风习。这些都说明,教育是需要情境的。杜威在《我们怎样思维》一书中,用实例提出"思维起源于直

---

❶ 刘知新. 化学教学论[M]. 第3版, 北京:高等教育出版社, 2004:124.
❷ 毕华林. 化学新课程理念与实施[M]. 济南:山东教育出版社, 2004:134-135.
❸ 毕华林, 刘冰. 化学探究学习论[M]. 济南:山东教育出版社, 2004:112.
❹ 郑长龙. 高中化学课程标准与教学大纲对比分析[M]. 长春:东北师范大学出版社, 2005:224.
❺ 中华人民共和国教育部制定. 普通高中化学课程标准(2017年版)[S]. 北京:人民教育出版社, 2018.

接经验的情境"。

2. 教学情境创设的心理学基础

（1）行为主义心理学　美国教育心理学家桑代克创立了学习的联结说又称尝试与错误说（简称试误说）。桑代克通过对动物和人类的研究，认为学习就是形成一定的联结。所谓"联结"，是指某种情境仅能唤起特定反应，而不能唤起其他反应的倾向。这里的情境，也可称之为刺激，"情境"包括外界情境（学生所接触的环境）和内部情境（学生的思想、感情等）。这也是情境在学习心理学上的明确论述。

（2）操作性条件反射学习理论　斯金纳是当代新行为主义学派代表人物，他继承和发展了桑代克联结主义的学习理论，提出了刺激-反应-强化的学习模式。他指出，在操作性学习条件下，强化刺激和反应的形成是关联的，其中，操作性学习条件，就是创设的情境。

3. 教学情境创设的现代认知学习理论基础

现代认知学习理论的代表人物是布鲁纳和奥苏贝尔。他们认为，学习是通过认知、获得意义和意向形成认知的过程，学习是认知结构的组织与重新组织。他们都强调学习者原有认知结构的作用和学习材料本身结构的作用，都重视内在的学习动机与学习活动本身带来的内在强化作用。但对于获得新知识的过程，他们强调的重点却有所不同，布鲁纳强调发现，而奥苏贝尔强调接受。

（1）发现法学习理论　布鲁纳的发现法学习理论认为学习是通过认识形成认知结构的过程。认知结构是个体认识事物或学习知识时，在人们头脑中采取认识模式时所形成的认识模式系统。他强调教师应当制定和设计各种方法，创设有利于学生发现、探究的学习情境，使学习成为一个积极主动的"索取"过程，即"要我学"变为"我要学"，充分发挥学生主体自我探究、猜测、发现的倾向。

（2）有意义学习理论　美国教育心理学家奥苏贝尔提出的有意义学习理论，不像布鲁纳的学习理论那样强调发现学习，而是强调有意义的接受学习。他认为，学习过程是在原有认知结构的基础上，形成新的认知结构的过程，原有的认知结构对于新的学习始终是一个最关键的因素，一切新的学习都是在过去学习的基础上产生的。新的概念、命题等总是通过与学生原有的知识相互联系、相互作用进而转化为主体的知识结构。学生在学校里的学习，主要是通过言语理解知识的意义，接受系统的知识。因此，他提出了一个"有意义学习"的概念。

奥苏贝尔提出的有意义学习理论中的"先行组织者"就包含了教学情境，并强调客观存在是帮助学生通过旧知识形成新概念的有力支柱。

（3）建构主义学习理论　建构主义认为：知识不是通过教师传授得到的，而是学生在一定的情境即社会文化背景下，借助学习过程中其他人（包括教师和学习伙伴）的帮助，利用必要的学习资料，通过意义建构的方式而获得的。建构主义学习理论认为"情境""协作""会话"和"意义建构"是学习环境中的四大要素。学习环境中的"情境"必须有利于学生对所学内容的意义建构。这就对教学设计提出了新的要求。在建构主义学习环境下，教学设计不仅要考虑教学目标，还要考虑有利于学生意义建构而创设的情境问题，并把情境创设看作是教学设计的最重要内容之一。

（三）化学教学情境创设的原则

学生由知识被动吸收者转变为知识主动建构者，关键是教师要"深谋远虑"地创设教学情境，促进学生的认知活动和探究活动。而化学教学情境的创设必须符合一定的原则。

1. 真实性原则

创设真实且富有价值的问题情境，是发展学生学科核心素养的重要手段。真实、具体的问题情境是学生形成和发展化学学科核心素养的重要平台，为学生形成和发展化学学科核心素养提供了真实的表现机会。因此，教师在教学中应重视创设真实而有价值的问题情境❶。

化学来源于生活同时又反映生活。因此化学教学情境创设越真实，学习主体意义建构学习就越轻松，在真实生活中迁移应用也越主动。教学情境需贴近社会实际，培养学生社会责任；贴近生活实际，激发学生学习热情；贴近生产实际，提高学生实践能力等。

案例研讨 离子反应❷

【导课情境】铜元素是动物机体必需的微量元素之一，适量的铜可刺激动物生长，因此在饲养猪的过程中需要向饲料中添加硫酸铜作为添加剂。一些养殖户对添加剂过于迷信，认为添加的越多越好，因此有时饲料员会向饲料中加入过量的硫酸铜，而猪则会短期内摄入过量的硫酸铜，由于铜离子能够破坏蛋白质的性质，因此易造成中毒。如果中毒情况严重，则需要采用一种化学试剂对猪进行洗胃。从反应原理看你觉得这种化学试剂应该具有怎样的功能才能解毒。

教学中，以猪发生铜中毒情境引入，要求学生从反应原理的角度思考解毒试剂应该具有怎样的功能才能解毒。这一问题情境既真实，又富有价值，引导学生形成离子反应的概念。而在本节课的最后，介绍实际生活中采用亚铁氰化钾溶液$[K_4Fe(CN)_6]$对猪进行洗胃解毒，既呼应上课开始的引入，又是离子反应所学知识的应用，同时还能够使学生感受离子反应的社会价值。

2. 发展性原则

发展性原则是指教学情境的设计不仅要尊重学生的现有认知水平，还要考虑学生能不能接受，更为重要的是要贴近学生的最近发展区。创设"由浅入深""由近至远"的先行组织者，引导学生进行"渐进分化""统整调合"的螺旋向上式学习。

案例研讨 活化分子和有效碰撞❸

[情境1] 运用多媒体微观动画，呈现化学反应中分子的碰撞及新分子形成的课件。（略）

---

❶ 中华人民共和国教育部. 普通高中化学课程标准（2017年版）[S]. 北京：人民教育出版社，2018.
❷ 朱鹏飞，等. 发展学生化学学科核心素养的课例研究 [J]. 化学教育，2018，39（23）：37-42.
❸ 王后雄. 高中化学新课程教学中问题情境创设策略研究 [J]. 化学教学，2008（7）：27-32.

[情境2] 科学发现的数据及分析。（略）

[文字] 在1标准大气压、500℃时，对于 $0.001\text{mol}\cdot\text{L}^{-1}$ 的HI气体，单位体积、单位时间内分子碰撞高达 3.58×10^{28} 次，如果每次碰撞都发生反应，那么反应速率约为 $58.0\text{mol}\cdot\text{L}^{-1}\cdot\text{s}^{-1}$，但实验证明实际反应速率为 $1.20\times10^{-8}\text{mol}\cdot\text{L}^{-1}\cdot\text{s}^{-1}$。

在这里动画的引用恰好能为学生搭建起认知的桥梁，使微观事物直观化，化抽象为具体，体验感强，大大降低了教学的难度，同时增强了课堂的趣味性，学生相互讨论，很自然地就得出了有效碰撞的概念。继而老师又给出三组数据，学生分析得出"浓度增大——单位体积的分子总数增加——单位体积的活化分子数目增大——单位时间有效碰撞次数增多——化反应速率增大"的结论。

3. 全面性原则

一个良好的情境，不仅应该包含着促进学生智力发展的知识内容，帮助学生建构起良好的认知结构，而且应该蕴含着促进学生非智力品质发展的情感内容和实践内容，能营造促进学生全面发展的心理环境、群体环境和实践环境，富有思想内涵。

案例研讨　燃烧与灭火

[情境] 多媒体播放埃德在野外求生时取火的视频。

[文字] 伴随着直升机起飞的声音，野外求生专家埃德·斯塔福特被投放到一片荒原中，他将什么也不带，在野外独处十天。埃德说道："点火是首要任务，有了火我就可以做饭，还能控制猖獗的蚊子。"埃德奋斗的一天开始了，他找到了一块干枯的木头，并解说到："这块木头可以说是最棒的木头，非常轻，而且相当干燥，应该能当很棒的生火钻板。"此时，埃德有手摇钻，也有钻板，还有刀子，只需要一些极为干燥的易燃物用来做引火物助燃，于是埃德收集了一些枯草。在做好准备工作后，埃德用手摇钻在枯木上打转，产生的余烬将枯草引燃了，然后埃德对着冒烟的干草轻轻吹气，干草开始剧烈燃烧，这时，埃德再将燃着的枯草放进枯枝堆里，终于成功生起了一个火堆。生完火后，埃德担忧地说："我现在最大的忧虑，就是这里非常干燥，我可不能引起火灾。"夜幕降临了，埃德在火堆的旁边开始休息，并谈到："一提到非洲，人们就会想到一些大型动物，河马，大象，狮子，花豹……"终于到了第十天，埃德感慨到："我只想赶快回家。"他点燃的火堆已经熄灭。直升机在上空盘旋的声音告诉埃德，他成功地完成了任务，可以回家了。

[提问] 播放完视频后，老师提出了两个问题：①荒岛上取火的目的是什么？②埃德利用了火的哪些特性？

埃德在荒野求生中取火的视频非常切合本课的主题内容，首先，体现了燃烧的三大条件，并且展示了火对人生存的重要性，突出了化学的学科价值。其次，埃德在荒野求生的各种操作，能够极大地引起学生的兴趣，符合学生的认知需求，成功地将学生带入"燃烧与灭火"的情境中来。最后，埃德对于火堆可能引起火灾的忧患，能够提高学生对火灾的防患意识，培养学生的社会责任感，体现出化学学科的立德树人的教育价值。

氯及其化合物

[投影1] 播放高速公路上运输液氯的槽罐车，简要解释槽罐车身化学符号的含义。

[设疑] 为什么要运送这么多液氯？

[投影2] 氯的各种用途：制PVC塑料、橡胶、药物、漂白粉、颜料，用于自来水消毒、冶炼金属等。

[过渡] 既然氯有那么多的用途，那我们是不是需要对它作进一步了解呢？让我们一起来学习氯的性质。

[探究] 展示1瓶氯气，通过动手实验探究氯气的颜色、气味、溶解性等物理性质。

[投影3] 播放江苏淮安发生液氯泄漏事故的救援与处理。

[教师] 根据有关情境组织学生讨论探究以下两个问题：①有关人员为什么用浸有稀石灰水的毛巾或口罩捂住口鼻进行救援或疏散？还可以应用日常生活中的哪些物质？②消防战士为什么要用土包搭成围堰？围堰内物质的主要成分是什么？

（注：这样的设计不仅加深了学生对氯气与碱反应的理解，而且增强了学生的环保意识和掌握应用日常生活中常用物质来应对一些突发事件的能力。）

4. 多样性原则

教学情境应是丰富和多样的。情境创设可根据不同的学习对象、不同的教材内容、不同的教学手段、不同的教学过程来选择和组织。实物情境、实验情境、科技情境、新闻情境、故事情境等都可以为学生更好地学习提供保障。

案例研讨

讲授《氯及其化合物》投影照片：浩瀚美丽的大海、资源丰富的大海、我国海盐产量最大的盐场——长芦盐场晒盐的过程。新闻回放：重庆天原化工总厂氯气泄漏事件。实验探究：氯气会不会与水发生化学反应？播放实验录像"氯水受光照的反应"（实验用时较长）等。

5. 趣味性原则

独具匠心地设计"丰富动人的情"和"兴趣盎然的境"，让学生沉浸在充满"认知冲突"的乐学情境之中，激发学生的内隐学习动机，促使学生主动探究学习，享受成功的喜悦，体验成功学习的过程。

案例研讨

讲授金刚石、石墨、C_{60}等碳单质都由碳元素组成时，教师用多媒体课件展示一个"脑筋急转弯"——富贵之人多钻石，纯朴之人多石墨，你莫笑话我，我不羡慕你，钻石和石墨本是同根生。

（四）化学教学情境的主要形式

1. 问题情境

这是最常见、应用最广泛的一种情境。创设"问题情境"就是在教材内容和学生求知心理之间制造一种"不协调"，把学生引入一种与问题有关的情境中的过程。这个过程也就是"不协调——探究——深思——发现——解决问题"的过程。"不协调"必须要质疑，把需要解决的课题，有意识地、巧妙地寓于各种各样符合学生实际的知识基础之中，在他们的心理上造成一种悬念，从而使学生的注意、记忆、思维凝聚在一起，以达到智力活动的最佳状态❶。教师根据学生情况和教材内容而创设的问题情境能诱发学生的好奇心和求知欲，点燃思维的火花。

创设问题情境宜围绕教学目的，注意培养学生发散性思维与创新意识且问题要难度适中。问题情境使学生处于良好的智力背景中，可以引起学生的认识兴趣和认识矛盾，激起学生探究的愿望，产生解决问题的自觉意向。因此教师应设法创设质疑问难的情境，提高学生探究和解决问题的兴趣。良好的问题情境在激发学生思考、引起认知需要、促进思维发展方面有着十分重要的作用❷。

2. 具体事实情境

通过生动具体的事实或问题来呈现学习情境。其中包括日常生活中与所学内容有关的物品、现象、事件和经验；与化学有关的社会热点问题、工农业生产问题以及能体现化学与社会、经济、人类文明发展有关的事实和材料，还有重要的化学史实、发明发现的故事等。创设具体事实情境，让学生亲临现场，在工厂、田间、野外等真实的生活与工作场景中学习知识，运用所学知识解决实际问题。在真实情境中进行现场范例教学是理论联系实际的一种方法，可以使所学的知识得以运用，并在运用中加深对知识的理解，在积极思考中提高解决实际问题的能力。如与生活、生产密切相关的一些化工知识（炼铁、化肥生产、肥皂等日用品制作等），可利用地方资源，带领学生实地参观、调查、实践探究……

3. 化学实验情境

化学实验既是化学课程重要的学习内容，又是进行科学探究的重要途径，也是设置、呈现学习情境的基本素材和方法。通过化学实验可以创设许多真实、生动、直观而又富有启发性的学习情境，使学生通过动手、动脑的有机结合获得全面的发展❸。

4. 模拟情境

抓住学习对象的主要特征，运用拟人化的手段模拟出特定的情境。模拟情境不仅与真实事物有很大的相似性，而且可融入丰富的情感，它比真实的事物更有启发性，更能激发学生的情感体验和充分联想，学生在角色效应的影响下自觉地融入到学习情境中。卡通图片、流程图示、模型、角色扮演等，都可用于创设这样的学习情境。一些危险性、不易或不宜真实接触的必修教学内容与学习内容可以用创设模拟现实情境来满足教与学的需求。

5. 其他形式的情境

化学课堂教学中还有许多其他形式的教学情境，如利用化学史实创设的情境，著名化学家傅鹰说过："化学给人以知识，化学学史给人以智慧。"苯的结构的发现、元素周期律的发现、原子模型的建立等一系列化学史上的重要事件无不闪烁着科学家们高尚的科学品质、孜孜不倦的探索精神和良好的科学素养。再如利用一些小故事和新闻事件等创设教学情境。从一些有趣又蕴含着化学知识的小故事和一些电视、报纸、杂志、互联网等媒体的报道新闻中

---

❶ 张发新.化学课堂教学问题生成三环节［J］.中学化学教与学，2007（4）.
❷ 王祖浩.化学教育心理学［M］.南宁：广西教育出版社，2007：220-229.
❸ 郑长龙.化学实验教学情景及其创设策略研究［J］.化学教育，2006（10）.

获取素材创设化学教学情境。

（五）化学情境教学的特点及现实意义

1. 化学情境教学的特点[1]

苏联著名教育学家、心理学家赞可夫认为：教学法一旦触及学生的情绪和意志领域，触及学生的精神需要，它就能发挥高度有效的作用。所谓情境教学，是指在教学过程中为了达到既定的教学目标，从教学需要出发，引入、制造或创造与教学内容相适应的具体场景或氛围，引起学生的情感体验，帮助学生迅速而正确理解教学内容，促进他们的心理机能全面和谐发展，提高教学效率。它具有如下鲜明特点：

（1）彰显"素养为本"的教育理念 经济合作与发展组织（OECD）在"素养界定与遴选"项目中指出：传统的教学以知识点的掌握为核心，忽视知识学习过程中真实情境的创设和知识应用于真实情境的问题解决能力的培养，不能有效培养学生的核心素养。2017年版课标强调真实情境的创设，强调以化学知识为工具来解决基于真实情境的实际问题，发展和评价学生的核心素养。因此，教师在教学中应重视创设真实且富有价值的问题情境，促进学生化学学科核心素养的形成和发展。

（2）实现课程内容回归生活世界 在情境中教学，使课程内容向自然回归，向生活回归，向社会回归，向人自身回归，拓展化学视野。变"教科书是学生的世界"为"世界是学生的教科书"。真实的STSE问题，就是有价值的情境素材。

（3）实现学生学习方式的变革 学生化学学科核心素养的发展是一个自我建构、不断提升的过程，教师结合具体的化学教学内容的特点和学生的实际，设计真实情境下不同复杂程度的问题解决活动，能引导学生通过小组合作、实验探究、讨论交流等多样化方式解决问题，设计多样化的实验探究学习任务，能引导学生开展分类与概括、证据与推理、模型与解释、符号与表征等具有学科特质的学习活动。

2. 化学情境教学的现实意义

（1）情境教学使教学目标更易于落实 学习的过程不只是被动地接受信息，更是理解信息、加工信息、主动建构知识的过程。这种建构过程需要新旧经验，通过新旧经验的相互作用来实现，适宜的情境可以帮助学生重温旧经验、获得新经验，可以提供丰富的学习素材和信息，有利于学生体验知识的发生和发展过程，有利于学生主动探究和发散思维，从而有利于学生认知能力、思维能力的发展，使学习达到比较高的水平。

（2）情境教学有助于学生知识与技能的迁移 认知是一种错综复杂的过程，它有赖于学生已有的知识、经验和所需解决的问题等。在学习中学生原有的知识是新学习的起点，在多种方法创设的接近实际的情境下进行学习，可以有效地激发联想，唤醒长期记忆中的有关知识，原有认知结构中的有关知识与经验起到先行组织者的作用，帮助学生去同化或顺应当前学习到的新知识，赋予新知识以某种意义，对原有认知结构进行改造与重组。

（3）情境教学有助于加强学科知识的实践应用 学习化学的目的不是为了单纯地学习学

---

[1] 姜建文，等. 教学有"情""情"可有源 [J]. 化学教育，2011（5）：33-35.

科知识,而是希望学生能够将学到的化学知识加以应用,解决实际生活问题,推动社会的进步与发展。而情境的创设更强调知识的应用性和实践性,更强调通过知识的学习过程提高学生综合应用知识的能力。

(4)情境教学有助于学生的主体地位和教师的主导作用　在情境创设中进行教学,把学生看作具有主观能动性且有可能参与教学活动的主体,是教学活动复合主体的重要构成部分。在教师引导下,置身情境中的学生很容易产生探究的愿望和解决问题的热情和责任感,这些学习的动力促使学生主动寻找、评价、开发信息要素,自主建构认知的路径。这样有利于开发学生的潜能,有利于学生个性的发展,有利于培养学生良好的心理素质、良好的社会责任感和初步的创新精神与实践能力。

(5)情境教学有助于实现教学的艺术性和科学性　教学是一种有目的、有计划的活动,好教师注重"具体的""特定的"情境教学,并在教学中体现出各自的"个性",使教学有科学性同时更具艺术性。情境创设就是一个教学艺术化的过程。情境教学改变了传统单一的教学模式,改变了课堂教学中沉闷的气氛,改变了学生单一的接受式学习方式,让教学变得更加生动活泼。同时情境创设也符合教学基本规律,既有利于促进智力发展,完善认知结构,又有利于促进非智力品质发展,提供良好的心理环境、群体环境和实践环境。

三、化学教学情境创设实践探索

在教学中创设教学情境要以培养学生的学习兴趣为前提,诱发学生学习的主动性;以观察、感受为基础,强化学生学习的探究性;以发展学生的思维为中心,着眼于培养学生的创造性;以陶冶学生的情感为动因,渗透教育性;以解决问题为手段,贯穿实践性。❶

教学要有"情"——教学过程中需要创设最佳的教学情境,而"情"是有源可循的。❷

(一)"情"可有"源"之一

基于新课程观理念,创设生活情境。新课改确立起新的课程观,使新课程回归生活世界。学校、教室、教材、教师并不是知识的唯一源泉,大自然、人类社会、丰富多彩的生活世界同样是很好的百科全书。

案例研讨　饮食中的有机化合物:乙酸

[问题] 谁是第一个吃醋的人呢?中国汉字"醋"又是怎么创造出来的呢?

[投影]"醋的来历":传说夏朝时期,有位酿酒高手杜康,其儿子黑塔也学会了酿酒技术。一天,黑塔将酿完酒后的酒糟浸泡在水缸内,到了第二十一日的酉时(17:00~19:00),一开缸,一股浓郁的香气扑鼻而来。黑塔忍不住尝了一口,酸酸的,味道鲜美。烧菜时放一些,味道特别美味,便贮藏着作为"调味酱"。"醋"字的写法:二十一日酉。

---

❶ 王后雄. 高中化学新课程教学中问题情境创设策略研究 [J]. 化学教学, 2008 (7): 27-32.
❷ 姜建文, 等. 教学有"情""情"可有源 [J]. 化学教育, 2011 (5): 33-35.

[引导思考] 醋，想必大家并不陌生，它的主要成分"乙酸"又为何物？有何性质？我们来探其"庐山真面目"。

铁盐和亚铁盐的性质

[播放视频] "黄金搭档"广告，强调主题语——维生素C和铁搭档效果更好。

[问题] 1. 黄金搭档中铁是什么形式的？是单质还是化合物？

2. 是 Fe^{2+} 还是 Fe^{3+} ？

[学生活动] 观看，思考，讨论。

[投影] 黄金搭档说明书。

[课件展示] 人体中血红蛋白质结合 Fe^{2+} 。

[过渡] 今天这节课就来探究其中的奥秘。

真正成功的导课是第一锤就敲在学生的心上。

化学是工农业生产和生活实践经验的科学总结，理论联系实际是优化教学的有效方法。通过创设生活情境，凿开书本世界和生活世界的壁垒，架设书本世界和生活世界的桥梁。学生身临其境，感悟 STSE 的密切联系，学以致用，用以促学。

（二）"情"可有"源"之二

基于新教学观理念，创设乐学情境。新课改确立起新的教学观，以学生为主体，以个性为特点，以能力为核心，以发展为目标。化学教学不再是"一支苍白粉笔＋一张深沉脸庞"，教师应该以创设乐学情境为己任，让学生获得"最大实惠"。

案例研讨　氧化物和过氧化物

[播放视频] 生活中物质着火，我们一般用水灭火。

[魔术实验] 滴水生火：用脱脂棉包住少量 Na_2O_2 粉末放在石棉网上，滴加几滴水，观察发生的现象。

[探究] 为什么脱脂棉会燃烧？

爱因斯坦曾说："没有特别的天赋，只有强烈的好奇心。"创设乐学情境，以境为前导，以情为纽带，以思为核心。学生畅游在浓郁的趣味情境、多元的激励情境中，将产生强烈的内驱动力，以渴望和愉快的心情轻松地获取化学知识。

（三）"情"可有"源"之三

基于新知识观理念，创设史实情境。新课改确立起新的知识观，走出了单一的知识技能取向。传统教学过分强调知识技能的确定性，把知识技能视为普遍的、僵化的"科学成品"，由此导致"灌输主义"教学倾向，严重缺失了对学生"发现性精神、创造性思维"的培养。

案例研讨　芳香烃：苯的结构与化学性质

[课件展示] "苯的发现历史"。

[图片1] 19世纪初,欧洲国家城市普遍用煤气照明。

[图片2] 生产煤气时剩余的一种油状、臭味、黏稠的液体却长期无人问津。

[图片3] 英国科学家法拉第从这种油状液体中分离出一种新的碳氢化合物。

[图片4] 法国化学家日拉尔将分子量为78,分子式为C_6H_6的物质取名为"苯"。

[新课导入] 今天我们重温历史,大家一起沿着科学家的足迹,共同探讨"苯的结构与化学性质"。

化学包含丰富的科学史实和传记趣闻。化学史蕴含着对化学科学的孕育、产生、发展过程的动态描述。教师用心创设史实情境,寓史于教,让学生置身于人文历史的背景下,感受生动而富有生命力的化学知识,更能唤起学生体验的欲望和学习的兴趣,促进知识的意义建构。

(四)"情"可有"源"之四

基于新学生观理念,创设交流情境。新课改确立起新的学生观,要正确处理学生与自我、学生与他人和社会、学生与自然的关系,促进学生全面、可持续发展,重视"生生互动、师生互动"的多边互动关系,让学生最大限度地参与教学。

案例研讨　难溶电解质的溶解平衡

[思考与交流] 如何划分电解质难溶、易溶等的界限?谈谈书中溶解性表的"溶与不溶"的理解?如何利用溶解度来表示呢?

[分组探究实验一] 在温度不变、溶剂量不减少的情况下,如何使NaCl从其饱和溶液中结晶出来呢?

[分组探究实验二] 向一定量的$0.1mol·L^{-1}$的NaCl溶液中滴加几滴等浓度的$AgNO_3$溶液,观察现象。继续向上述溶液中滴加几滴等浓度的Na_2S溶液,该溶液有什么现象?为什么呢?

[分组讨论] 以AgCl的溶解平衡为例分析外界因素对溶解平衡的影响。

[思考与交流] 通过今天的学习,举出有关难溶电解质溶解平衡的有关实例。怎么去解释?例:龋齿的形成原因?

原电池

[思考与交流] 这节课同学们都积极参与,解决了不少问题,请你来告诉大家,你都学到了什么?

创设交流情境,变"个体学习"为"集体学习"。学生在渲染着"智慧火花、认知冲突"的学习氛围中,相互欣赏借鉴,相互拨动启发,形成立体交互的发散思维网络,灵活了学生思维,开阔了学生思路。从而实现共享团队智慧,增强交流能力,促进个性健康发展。

(五)"情"可有"源"之五

基于新学习观理念,创设探究情境。新课改确立起新的学习观,倡导自主学习、合作学习、探究学习,学生在学习过程中"被探究撞了一下腰",更加主动掌握学习方法,帮助学生形成终身学习的意识和能力,为终身发展奠定基础。

案例研讨　离子反应及其发生条件

[引课] 播放视频素材：三国演义关于"哑泉"的片段。

[实验探究] 从化学的角度看哑泉，它实际上就是一些溶有 $CuSO_4$ 的泉水，其真正有害的就是溶液中的 Cu^{2+}。若现在有 $CuSO_4$ 溶液，为了除去 Cu^{2+}，应选什么试剂呢？请同学们自行设计方案，动手实验。

[结课] 播放视频素材：三国演义关于"安乐泉"的片段。

[思考与交流] 蜀军饮用"哑泉"水中毒后，经高人指点，饮用"安乐泉"水解毒，从化学的角度来分析，"安乐泉"水中含有什么物质呢？请同学们课后查找资料分析其解毒原理是什么？

无疑不思，无思不悟，无悟不进。探究情境以问题为载体，以学生自主合作学习为前提，学生运用已有知识技能，充当新知识的探索者、研究者、发现者。形成"获取知识、应用知识、迁移知识"的良好科学态度，从而培养主体的思维能力、创造能力、实践能力。

知识超链接

互动历史小品（interactive historical vignettes，简称 IHV）是由美国 Wandersee 等开发的将科学史融合到科学课程中的一种教学技术。

该技术主要是结合相关化学概念，改编相应化学史为戏剧小品（约 15 分钟）。

案例研讨　课题：氯气的发现

演员职员表：A 同学（舍勒）、B 同学（戴维）、C 同学（贝托雷）、D 同学（炼金术士）、E 同学（旁白）、F 同学（效果展示）。

开场白：同学们好，接下来请大家欣赏话剧《氯气的发现》。众所周知，氯元素在我们的生产以及生活中都是非常重要的，但大家所不知道的是，最早接触氯这种元素的其实是古代的炼金术士。

（炼金术士上场）

炼金术士：没错，我就是一位炼金术士，莫得感情，也莫得钱。前几天我的一位同行告诉我有一种叫做王水的东西，只要把金子放在里面就能提炼出很多的金子。这是我从他那里借来的一些王水，今天，我就要用它炼制出很多的金子，这样我就有钱娶老婆啦！哈哈！嘭……（特效刺激性烟雾）哇……这是什么味道，我要窒息啦！嗯？我的金子呢？可恶，他竟然骗我！

旁白：古代的炼金术士们用王水溶解金子．当他们在实验室里加热王水的时候，便会产生一种刺激性很强的烟雾，当时他们还不知道这种烟雾就是氯气，然而至少可以说，古代的炼金术士们就已经接触过氯这种元素了。但是氯气的发现应归功于瑞典化学家舍勒。舍勒是 18 世纪中后期欧洲的一位相当出名的科学家，他从少年时代起就在药房当学徒，他迷恋实验室工作，在仪器、设备简陋的实验室里做了大量的化学实验，涉及内容非常广泛，发明也非常多。他以其短暂而勤奋的一生，对化学做出了突出的贡献，赢得了人们的尊敬。

舍勒发现氯气是在1774年。

（舍勒上场）

舍勒：最近我发现用软锰矿与浓盐酸混合并加热时，会产生一种奇怪的东西。现在我就来试一下。（舍勒进行实验）咦……（特效展示黄绿色气体），这是什么东西，好难受啊……

旁白：舍勒制备出氯气以后，把它溶解在水里，发现这种水溶液对纸张、蔬菜和花都具有永久性的漂白作用；他还发现氯气能与金属或金属氧化物发生化学反应。从1774年舍勒发现氯气以后，到1810年，许多科学家先后对这种气体的性质进行了研究。这期间，氯气一直被当作是一种化合物。1785年法国人贝托雷最早利用氯气做漂白剂。

（贝托雷上场）

贝托雷：最近我发现把舍勒先生发现的那种氯气溶解在水中，这种溶液便具有了漂白作用。那我可以把这种东西做成漂白剂，然后产业化。这种溶液我要命名为贝托雷水。

旁白：在这之后直到1810年，戴维经过大量实验研究，才确认这种气体是由一种化学元素组成的物质。

（戴维上场）

戴维：我是戴维，这瓶子里的气体是什么颜色呢？没错，黄绿色！这是我通过研究贝勒手稿发现的一种气体，是不是非常的有趣？在我不断的实验整理之后我发现这种气体我从未见过，特别是将它溶于水之后更是神奇，它产生了一种我们认识的物质和一种不认识的物质，而经过大量的实验比对，现在我可以确定，这是一种全新的气体，是的，它还没有被我们命名，所以我想给它起一个有趣的名字，看它的颜色是黄绿色的，要不就叫他chlorine吧，后面发音和green相同，既形象又生动，非常好！

旁白：戴维将这种元素命名为chlorine。这个名称来自希腊文，有"绿色的"意思。中国早年的译文将其译作"绿气"，后改为氯气。

四、化学教学情境创设反思求索[1]

伦理常与道德相提并论，西方的伦理（ethics）是指风俗、习惯、传统惯例；道德（morality）是指个人的品性、气质与传统风俗习惯。在中国，伦理的字义在许慎的《说文解字》中被解释为"伦犹类也"，人群间的关系叫做"伦"，"理"就是道理，因而人群间的生活关系中规范行为的道德法则就叫做"伦理"。伦理也指在处理人与人，人与社会的相互关系时应遵循的道理和准则。它不仅包含着对人与人、人与社会和人与自然之间关系处理中的行为规范，而且也蕴含着依照一定原则来规范行为的深刻道理。

化学作为一门自然科学，是为人类社会服务的，必须从伦理角度来审视化学教学。新课程倡导创设生动活泼的教学情境，激发学生学习化学的情趣，促使学生主动学习。开展情境教学有助于学生理解并掌握化学知识与技能，有助于启迪学生的科学思维，有助于学生形成

---

[1] 姜建文. 试论化学教学情境创设的伦理视角 [J]. 化学教学，2010（5）：3-6.

良好的情感态度和价值观。目前，化学教师已然清晰地认识到情境教学的强大功能，也越来越广泛地开展情境教学，形式也越来越多样化，情境教学成为化学教学的基本手段之一。教师在创设情境时应时刻保持谨慎，防止和避免富丽堂皇、牵强附会、呆板僵化、缺乏和谐的情境充斥我们的课堂❶。本文试从伦理学的视角审视化学教学情境创设应当体现生命伦理、培植师生伦理、坚守环境伦理和弘扬学科伦理。

（一）通过创设以人为本、尊重生命的教学情境来体现生命伦理

生命伦理学，又称生物伦理学，它是 20 世纪 70 年代产生的生物学、医学、伦理学的边缘学科，主要探讨生命学科（研究生命体和生命过程）和卫生保健领域内的人类行为中的道德问题。1979 年，贝奥切普和查德里斯的《生命伦理学的基础》，提出自主、有利、不伤害、公正的四原则。四原则是生命伦理的四种基本价值，也是生命伦理评价的四项基本标准。贯穿四原则的更终极的价值、更高的标准是什么呢？是尊重生命的原则。生命伦理学所有的理论和实践都是在论证、倡导、贯彻、推行尊重生命的道德观念。尊重生命是生命伦理学的根本宗旨或主旨❷。

案例研讨

2010 年 6 月 17 日晚 11 时左右，陕西省咸阳市一废品回收公司一废旧氯气瓶（高 1.6 米，直径 0.5 米）发生泄漏。事故发生后，市委书记立即作出批示，要求公安、消防和有关部门迅速赶赴现场，开展处置救援工作，确保群众和救援人员安全。市长第一时间赶赴事发地，现场指挥处置和救援工作，看望部分中毒人员。公安、消防等部门采用消防用水与碱液持续稀释，经过两个多小时的共同努力，泄漏的氯气已基本被稀释，情况得到有效控制。

此次事故造成 10 余人轻度中毒，均已及时送往附近医院救治，送治人员生命体征正常。通过此情境素材，彰显以人为本，热爱生命的理念。

案例研讨

有一选手在一次教学比赛中用实验创设教学情境时，用两条鲜活的小鱼分别放入一瓶氧气和一瓶氯气中，一会儿后取出放回水中，看到放入氧气瓶中的小鱼仍能在水中游动，而放入氯气中的小鱼却不能游动，该选手以此来说明氯气的毒性。

案例研讨

人教版初三教材　第十单元酸和碱　课题 2 第三部分溶液的酸碱度的表示法——pH，有老师以问题并辅以实验导入新课——"金鱼在水里自由自在地游动，如果改变金鱼生存的水环境，

---

❶ 黎冬梅，罗庆康. 中学化学情境教学的误区及其思考［J］. 广西教育学院学报，2009（2）：79-80.
❷ 严英刚. 高中生物课堂中生命伦理教育的探索与实践［D］. 华中师范大学，2007：3.

比如往水里滴加盐酸，那么金鱼将会出现怎样的反应呢？"随着盐酸逐滴加入，金鱼将不再游动，以此激疑，引发学生的探究意识。

应该说以上两个实验情境都有利于学生对学科知识的掌握，但没有考虑到对生命的敬畏和尊重，应当禁用！

（二）通过创设展现良好师生关系的教学情境来培植师生伦理

所谓师生伦理，是以人道来树立师道，然后以此为准则来导正学生的为人之道。荀子认为人道的实现有待礼义师法的主导，而就"礼"与"师"之间的关系而言，"礼者，所以正身也；师者，所以正礼也"（《荀子·修身》），由此可见师道的重要性，故其有"国将兴，必贵师而重傅"（同上《大略》）之说。孟子也认为善政不如善教。师生关系是通过诵经习礼，实践人伦之道而成。学生所学为礼法，老师自然就应成为体现礼法的人格典范。

在目前的某些地方师生关系存在疏离，师生伦理式微，"师"不再像过去那样为学生所尊敬，"道"亦不再被教育所重视的处境下，为了改进师生关系，在化学教学中，深感有重新提振尊师重道观念的必要。

通过创设教学情境培植师生伦理具体体现在以下几个方面。

1. 关爱与尊重是师生交往的坚实基础

案例研讨　鲁科版选修　化学反应原理：化学能转化为电能——电池

教师当众送给一个要过生日的同学一张奇特的音乐卡，并说它的奇特在于它的电池部分由一枚西红柿、两根导线、一根铜丝、一根铁丝组成，当教师接通电路，生日歌那美妙的音乐在教室内响起时，学生们震惊了，立即展开了激烈的讨论。同学们的一致看法是：西红柿、导线、两根金属丝的共同作用相当于电池。可是它们是如何发挥电池作用的呢？学生们既好奇又迷茫。教师又将西红柿改成一杯稀硫酸，接通电路，音乐再次响起，这引起了同学们的极大兴趣，也产生了对深入学习的极度渴望，正是探究的好时机。

2. 民主与平等是师生伦理关系的核心内容

"一个不会欣赏别人身上优点的人注定是一个没有太多优点的人。"学生是不同的个体，来自于不同的生活背景，他们有着不同的实践经验和体会、知识与兴趣；一个问题的解决，不同的学生有着不同的思维习惯及见解。学生的差异是一种很好的资源，我们应当将学生的差异当作一种资源来开发，创设一种民主平等和谐的教学情境。

案例研讨　人教版初三第三单元　自然界的水　课题1《水的组成》

【教师】已知：水是由氢、氧2种元素组成的，那么你认为水在通电的条件可能会生成哪些物质呢？

【学生1】水蒸气。

【学生2】过氧化氢和氢气。

【学生3】氢气和氧气。

【教师评价】的确有气体放出，学生1观察实验很细致，这就是优秀科研工作者应该具备的最重要的素质，这位同学已经具备了啊！学生2和学生3都很厉害啊！尤其是学生2还知道过氧化氢呢！（教师显出惊讶的神情）并且这种猜想也完全符合我们以前所学的知识，实践是检验真理的唯一标准，我们开始实验吧！

3. 公正与信任是师生伦理关系发展的保障

案例研讨　硫酸的工业制取

某教师上公开课，内容是"硫酸的工业制取"，为了能够激发学生的学习兴趣和热情、创设了这样一个情境：经学校研究决定，下周将组织大家去我市硫酸工厂参观，为了明确参观内容，搞好此次参观，我们要先来学习以下问题……

听到这个消息，教室里顿时一片欢呼声，学生们精神一振，兴趣盎然，热情很高，学生们认真听讲、积极思考，还特别热烈地讨论了参观时的注意事项。但下课后教师回答学生的追问时说"根本没这回事，这是为了教学需要设计的"，学生大失所望。

在化学教学中，像上述虚设情境失信于学生情感的事也许并不多，试想如果教师失去了学生的信任，那根本谈不上健康的师生伦理关系。

（三）通过创设保护环境实现可持续发展的教学情境来坚守环境伦理

伦理学博士李爱年认为："所谓环境伦理，就是在以人类相互的社会关系为中介的人与自然关系的框架中，人的行为以及相互关系的价值观念、伦理规范和道德精神的总和❶。"它是指人对自然的伦理，涉及人类在处理与自然之间的关系时何为正当、合理的行为以及人类对自然界负有什么样的义务的问题❷。

案例研讨　鲁科版化学1　第三章第二节　硫的转化——酸雨及其防治

让学生阅读酸雨造成经济损失的数据及空气污染指数的说明及图示；观看新闻视频——2007年无锡蓝藻事件；研讨生活中使用的化学合成材料——塑料袋的利与弊；了解化学实验及教学活动中利用各种简易、低成本材料或者废旧包装材料来制作各种化学仪器和装置的实验，要求学生在学校和家庭动手实验开展制作，渗透绿色环境保护意识；等等。

通过以上情境教学让学生切实体会化学在社会可持续发展中的地位和作用。

（四）通过创设尊重学科事实正确运用学科知识的教学情境来弘扬学科伦理

所谓学科伦理就是人们对学科的伦理，包括对学科的认识和态度以及运用学科知识解决社会与人类发展问题的方式。

"化学——人类进步的关键"，没有化学，现代社会是无法想象的。然而，近年来，化学的成就被那些以化学为基础的领域所产生的成就掩盖了，甚至在个别地方化学被妖魔化了。

---

❶ 李爱年. 环境伦理——环境保护的灵魂 [J]. 湖南社会科学，2001（1）：14-16.
❷ 钱易，唐孝炎. 环境保护与可持续发展 [M]. 北京：高等教育出版社，2003.

全世界莫名其妙地滋生了一种淡化化学的思潮。因此，使公众客观、准确、全面地了解化学及它在社会发展中的作用是化学工作者义不容辞的责任❶。

化学是实践性很强的学科，离开了实验，化学的生命无从谈起。尽管由于各方面的重视，实验条件的改善，在黑板上做化学实验的现象已不多见，但由于强调或部分教师迷信多媒体教学，在教学中也出现了运用多媒体动画演示实验来代替实验教学的倾向，动画演示只有在表现微小的（或抽象的）、危险的、遥远的、宏大的以及太快太慢等场景时，才有它的现实意义，否则就缺乏科学性。

案例研讨　最简单的有机化合物——甲烷

有教师用 flash 动画演示"甲烷与氯气的取代反应实验"代替教材中的科学探究，这是不可取的。然而用 flash 动画演示"甲烷与氯气的取代反应"的原理则是可行的。

即使电脑动画在模拟实验、演示实验现象和反应过程、揭示原理或概念的本质和内涵等方面有着得天独厚的优势。但也要保证教学内容的科学性，稍不注意，忽视了某个方面，就容易出现科学性错误和疏忽，误导学生。

正面宣扬化学，引导学生欣赏和享受化学，培养学生积极的化学情感是化学学科伦理的中心任务。化学品在使用过程中会有安全事故发生，给化学教学创设问题情境提供了丰富的教学资源，很多教师也全然不顾这些情境可能对学生造成心理伤害，经常在教学中选用食物中毒、甲醛中毒、瓦斯爆炸、化工厂爆炸、腐蚀、污染等问题情境，甚至故意夸大、渲染事故的严重程度，使得学生一想到化学，就想到不安全、可怕。因此教师在创设化学教学情境时，要努力挖掘情境中的积极因素。

"从生活走进化学，从化学走向社会"是新课程的理念，弘扬学科伦理还体现在正确运用学科知识解决现实问题。

案例研讨

在汶川地震中，当在废墟中伤者被救出时，医疗救护队对他们进行各种急救，医护人员有的用过氧化氢的稀溶液或者碘酒对获救者伤口进行消毒，有的给他们注射一些葡萄糖溶液补充体能，有的给贫血者进行治疗。

案例研讨

地震之后要开展疾病预防工作，每天喷洒大量 84 消毒液的稀溶液。84 消毒液是由次氯酸钠和表面活性剂混合配制而成的。由于 84 消毒剂有一定的腐蚀性，将其稀释成 0.2%～0.5%，浸泡时间为 10～30 分钟。同时，灾区的生活用水也是经过漂白粉消毒的。

创设这样的情境有助于学生理解并掌握学科知识，并感悟化学知识的社会价值。

---

❶ Lucy Pryde Eubanks，段连运等译. Chemistry in Context：Applying Chemistry to Society. 化学与社会［M］. 北京：化学工业出版社，2008：5.

案例研讨

2008年9月16日，国家质检总局发布消息，三鹿、伊利、蒙牛、雅士利等22家奶粉中检测出三聚氰胺，其中三鹿奶粉含量最高。

创设这样的情境，有助学生了解添加三聚氰胺能够提高蛋白质含量的检测值的原因。帮助学生建立这样的意识：科学是一把双刃剑，防止此类事件发生的根本是要提高人们的道德素质。

总之，教学情境是无形的"情"和有形的"境"的有机融合，教学情境的创设应该符合伦理要求。科学教育不仅要教给学生实用的知识，更应帮助他们形成道德责任感和义务感，建构人与人、人与社会和人与自然之间的和谐关系。

知识超链接

教学情境的本真意蕴[1]

教学情境的本质属性：蕴含学科问题。

教学情境的核心内涵：引导知识建构。

教学情境的深层价值：促进知识迁移。

教学情境的情感取向：弘扬学科价值。

思考与交流

（1）《普通高中化学课程标准（2017年版）》"实施建议"中有这样一段话：

教师应尽可能设计多样化的实验探究学习任务，应结合具体的化学教学内容的特点和学生的实际，引导学生开展分类与概括、证据与推理、模型与解释、符号与表征等具有学科特质的学习活动，应注意设计真实情境下不同复杂和陌生程度的问题解决活动，引导学生通过小组合作、实验探究、讨论交流等多样化的方式解决问题。

结合以上材料，简要回答下列问题：

① 中学化学教学中，创设教学情境的作用和意义。

② 中学化学教学中，创设教学情境的素材和方法有哪些？

（2）请设计一个IHV并在小组中实施。

参考课题内容：

① 燃烧理论的发展（关键人物：波义耳、普利斯特里、舍勒、拉瓦锡；关键词：火素说、燃素说、氧气说）。

② 氯气的发现（关键人物：舍勒、戴维）。

③ 元素周期律的发现，等等。

（3）观摩中学化学教学，试分析其教学情境线索，并从"功能特征"和"构成特征"等方面作出评价。

---

[1] 杨玉琴，王祖浩. 教学情境的本真意蕴[J]. 化学教育，2011（10）：30-33.

阅读指南

[1] 郭晓明，蒋红斌．论知识在教材中的存在方式［J］．课程·教材·教法，2004（4）：3-7.

[2] 俞红珍．教材的"二次开发"：涵义与本质［J］．课程·教材·教法，2005（12）：9-13.

[3] 姜建文．试论化学教学情境创设中的人文精神渗透［J］．化学教育，2009（11）：8，34.

[4] 姜建文等．教学有"情""情"可有源［J］．化学教育，2011（5）：33-35.

[5] 姜建文．试论化学教学情境创设的伦理视角［J］．化学教学，2011（5）：3-6.

[6] 杨玉琴，王祖浩．教学情境的本真意蕴［J］．化学教育，2011（10）：30-33.

[7] 姜建文，杨小丹．化学教材"二次开发"：层次与误区［J］．化学教学，2013（1）：9-11.

[8] 沈芹，王后雄．化学教材"二次开发"：特点与途径——以人教版"物质的量"为例［J］．化学教学，2013（1）：9-11.

[9] 张小菊，王祖浩．化学课堂教学情境的评价研究——基于化学"优质课"教学情境的分析［J］．化学教育，2013，34（03）：27-32.

[10] 李松林．论教师学科教材理解的范式转换［J］．中国教育学刊，2014（1）：52-56.

[11] 申大魁，田建荣．教师教材理解：概念、类型及转向［J］，教育理论与实践，2014，34（22）：55-58.

第六章
化学教学方法、模式与策略设计

自然科学的实验课是实施全面科学教育的有效教学形式。

——戴安邦

在基础教育新的一轮改革的实践中,在重视实施探究式的同时,仍应坚持积极实行启发式和讨论式教学。

——刘知新

思维导图

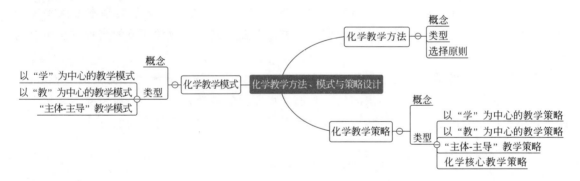

化学教学模式、策略、方法的设计都是重点研究如何教、如何学,如何实现学习目标的一类问题。是教学设计要回答的三个重要问题之一,也是当前研究的热点之一。

化学教学模式、策略、方法的设计都要以学习理论为依据,既要符合教学目标、教学内容的要求,适合教学对象的特点,又要考虑教学条件的可能性,因而是一项需要系统考虑诸多因素、在总体上择优的、富有创新性的工作。已颁布的《高中化学课程标准(2017年版)》,在其教学与评价建议中明确提出,教师在化学教学与评价中应紧紧围绕"发展学生化学学科核心素养"这一主旨,优化教学过程,有效提高教学质量,发展素质教育,落实立德树人的根本任务。

要"深刻领会化学学科核心素养的内涵,科学制定化学教学目标;准确把握学业质量标准，合理选择和组织化学教学内容；充分认识化学实验的独特价值，精心设计实验探究活动；创设真实问题情境，促进学习方式转变；实施'教、学、评'一体化，有效开展化学日常学习评价。"因此，把握不同课程模块的特点，合理选择教学策略和教学方法，无疑应成为教学设计的重点。本章在梳理有关化学教学模式、教学策略、教学方法内涵的基础上，试图对它们进行分类，探讨它们在化学教学中的应用。

一、化学教学方法

（一）教学方法的概念

关于教学方法的概念，有广义和狭义之分。广义的教学方法是指为达到预定的教学目标和完成相关的教学任务，而采取的一切手段、工具、途径和办法的总称（既包括各种教学手段、工具、方法，也包括各种教学原则的运用）。这一概念比较宽泛，甚至把教学原则也包括在内。狭义的理解则认为教学原则是教学方法的指导思想，而教学方法是指为达到预定的教学目标，完成预定的教学内容，在教学原则指导下所采用的师生互动方式和有关措施——既包括教师教的方法，也包括学生学的方法，是教法和学法的统一。❶

教学目标、教学内容、教学方法和教学组织这四者在动态交互作用中融为一体就是教学过程，而教学方法是教学过程中最灵活的因素。教学方法被看做是反映一定的教学思想、教学原则、学科特征和师生相互作用关系，为实现教学目标而借用一系列中介手段的动态之和。❷

教学方法经历了由单一的教授方法到复合的教导-学习方法，由简单的基本方法到复杂的综合方法乃至综合方法体系，由知识传承的方法覆盖，到各个教学环节的多种方法组合的发展过程。

本书所涉及的教学方法就是指这种狭义的理解，如讲授法、演示法、实验法、练习法、讨论法、角色扮演法等。需要指出的是，我们这里所说的教学方法，在一般情况下和教学工具或教学手段是有区别的——教学方法也包括对工具和手段的选择与运用的方法。

（二）化学教学方法的选择

化学教学方法按江家发教授的总结，可用图 6-1 概括。❸

对于化学教学方法的选择，一般要从教学系统的六个要素（教学目的、教学内容、教学方法、教学环境、教师、学生）去考虑。❹

1. 根据教学具体的目的、任务优选

教学有法，但无定法。正如巴班斯基所说，每一种教学方法都可能会有效解决某些问

---

❶ 何克抗，吴娟. 信息技术与课程整合的教学模式研究之一 [J]. 现代教育技术，2008（7）：5-8.
❷ 王后雄. 新理念化学教学论 [M]. 北京：北京大学出版社，2009.
❸ 江家发. 化学教学设计论 [M]. 济南：山东教育出版社，2004：70.
❹ 商继宗. 教学方法现代化的研究 [M]. 上海：华东师范大学出版社，2001：256-262.

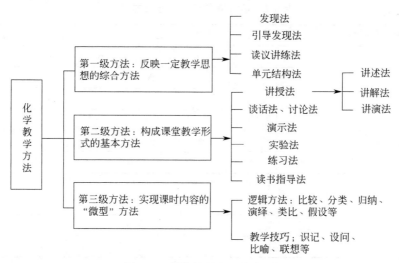

图 6-1　化学教学方法分类图

题，而解决另一些问题却无效，每种方法都可能会有助于达到某种目的，却妨碍达到另一些目的。关于教学目标与教学方法的关系如表 6-1 所示。❶

表 6-1　教学目标与教学方法的关系

	记忆事实	记忆概念	记忆程序	记忆原理	运用概念	运用程序	运用原理	发现概念	发现程序	发现原理
讲授	△	★	○	★	★	○	□	□	○	□
演示	★	○	○	○	○	★	○	○	★	○
谈话	△	★	□	★	★	○	○	○	○	□
讨论	□	△	△	□	★	□	★	○	△	□
练习	○	□	★	★	□	★	□	△	○	△
实验	★	△	□	○	△	★	□	□	○	★

评判：

最好	较好	一般	不定
★	□	△	○

2. 根据教学内容的特点优选

我们知道，不同学科本身就具有不同的抽象性和形象性的特点，以及在知识内容、智力操作、态度等方面的不同特征。不同学科在教学内容上的差别，又必然会引起学生在掌握这些教学内容时的心理过程的不同。因此，不同的学科往往需采用不同的教学方法，才能有效地被表达和被理解。关于学科特点与教学方法的关系如表 6-2 所示。❶

---

❶　乌美娜. 教学设计［M］. 北京：高等教育出版社，1994：178-179.

表 6-2　学科特点与教学方法的关系

	数学	物理	化学	生物	体育	艺术	哲学	教育学	建筑	机械
讲授	★	△	△	△	×	×	★	★	□	□
演示	×	□	□	□	★	★	×	×	★	★
谈话	△	△	△	△	×	△	□	□	×	×
讨论	□	△	△	△	×	△	★	★	△	△
练习	★	□	□	□	★	★	△	△	□	□
实验	×	★	★	★	×	×	×	×	□	□

评判：

最好	较好	一般	较差
★	□	△	×

此外，即使在同一学科里，教学内容也有不同的特点，如化学基本概念和理论、元素化合物知识、有机化学、化学实验和化学计算等。显然，不同的化学内容必然要选用不同的教学方法才能取得预想的效果，如表 6-3 所示。❶

表 6-3　各种教学方法的应用效果比较

教学方法	形成			发展							教学速度
	化学理论性知识	化学事实性知识	实验操作技能	逻辑思维	形象思维	思维的独立性	记忆	兴趣	意志	情绪	
口述法	★	★	△	★	△	△	□	□	□	□	快
直观法	□	★	□	△	★	□	★	★	□	★	中
实际操作法	△	□	★	△	□	★	□	★	□	★	中
再现法	□	★	★	□	★	△	★	□	★	□	快
探索法	★	□	△	★	△	★	□	★	★	★	慢
归纳法	□	★	★	★	□	★	□	★	□	★	慢
演绎法	★	□	△	★	□	△	□	□	★	□	快
独立学习法	□	★	★	□	□	★	★	★	★	★	中
教学讨论法	★	□	△	★	□	★	★	★	★	★	慢
口头检查法	★	★	□	★	△	□	★	□	★	★	中
书面检查法	★	□	□	★	□	□	★	□	★	□	中
实验室检查法	△	△	★	△	△	△	□	□	□	★	慢

评判：

最好	较好	一般
★	□	△

---

❶ 刘知新，王祖浩．化学教学系统论［M］．南宁：广西教育出版社，1996：124.

3. 根据教学方法的职能适用范围和使用条件优选

任何一种教学方法都有特定的职能、适用范围和使用条件，也有一定的优点和缺点。例如，讲授法可以在较短的时间内传授大量的系统知识，并能促使学生抽象思维的发展，但不利于学生的主动性、独立性、积极性、实践性、创造性的发挥，也不利于学生技能技巧的培养；而目前备受推崇的探究法、研究性学习等，虽然有利于发挥学生的主体作用，并对发展学生的潜能，培养学生独立学习的能力起积极作用，但也要受到很多因素的制约，如学生的思维能力、已有的知识经验、教学内容的难度及实验室条件等。所以说，教学方法"只有更好，没有最好"。各种教学方法的适用范围如表 6-4 所示。❶

表 6-4 各种教学方法的适用范围和条件比较

	口述法	直观法	实际操作法	再现法	探索法	归纳法	演绎法	独立学习法
（1）该方法用来解决哪些任务特别有效？	形成理论和事实性知识	发展观察力，提高对所学问题的注意	发展实际操作的技能和技巧	形成知识、技能和技巧	发展思维的独立性，培养研究技能和创造性态度	发展概括能力和进行归纳推理的能力	发展演绎推理能力和分析现象的能力	发展学习活动中的独立性，形成学习技巧
（2）该方法特别适用于哪些教材内容？	教材内容以理论性，信息性为主	教材内容可用直观形式表达	课题内容包括实际练习，进行实验和从事劳动	内容太复杂或很简单	内容具有中等的复杂程度（或深度）	内容在教材中是用归纳方式阐述的，或用这种方式更合理	内容在教材中是用演绎方式阐述的，或用这种方式更合理	教材适合于进行独立学习
（3）该方法适合于具有何种特征的学生？	学生有掌握语言信息的准备	直观教具能为该班学生所接受	学生有完成实际操作方面作业的准备	学生对该课题进行问题研究还无准备	学生对课题进行问题研究已有准备	学生能够进行归纳推理，但对演绎推理感到困难	学生能够进行演绎推理	学生有独立学习该课题的准备
（4）使用该方法教师必须具备什么条件？	教师掌握口述法胜于其他方法	教师有必要的直观教具，或能自制教具	教师具备组织实际操作练习的物质、设备和教学材料	教师没有时间用研究问题的方法组织教学	教师有时间用研究问题的方法组织教学，并且很好地掌握了探索教学法	教师已较好地掌握了归纳教学法	教师已较好地掌握了演绎教学法	教师已具备组织学生独立学习所必须的教学材料和时间

4. 根据教学环境的可能条件优选❷

一般来说，教学环境就是指教学活动的各种外部条件。教学环境对教学方法的重要意义在于：教学环境为教学方法提供了一定的物质和信息基础，对教学方法具有制约作用。因此，教学方法的选择和运用就必须从现有的教学环境出发，根据教学环境的可能条件来优选。例如实验法对学校相应的设备和实验室条件要求较高，因而不是所有的学校都能开展。这已成为我国农村中学以及经济欠发达地区、学校，推广普及国家新课程标准的制约因素之一。

---

❶ 刘知新，王祖浩．化学教学系统论［M］．南宁：广西教育出版社，1996：122．
❷ 江家发．化学教学设计论［M］．济南：山东教育出版社，2004：74．

但另一方面，教学方法的选择也并非只是消极地服从，受制于特定的教学环境，教学方法与教学环境之间应该是一种积极的相互影响，相辅相成的关系。因为根据系统论的观点，环境也是系统运行的产物，这些产物不仅影响环境状况，而且通过相互作用成为环境的一个组成部分。因此，在一定条件下产生和运用的教学方法，往往又会反过来对教学环境提出新的要求，从而促进教学环境的改进和发展。

5. 根据教师自身的素养条件优选

在教学实践中我们往往可以发现，有些教学方法虽然本身很好，但由于教师不能正常使用，仍然不能在教学中产生好的效果，甚至可能适得其反。而有些被认为是"不好"的甚至"糟糕"的教学方法，在一些教师手里有时会运用得恰到好处。这就要求教师在选择教学方法时，不能单凭教学方法本身的特点，还应从教师自身的素养条件出发，扬长避短，发挥个人优势，选择与自己个性、特点相适应的教学方法，这样才能更好地发挥教学方法的作用。例如，有的教师形象思维能力较强，就可以采用生动形象的语言把问题的现象、事实描绘得生动具体，然后从事实出发，由浅入深揭示事物的内在规律；而有些教师不善于做具体形象的语言描述，却善于运用直观教具的演示与演讲相配合，引导学生学会仔细地、有目的地观察，也同样清晰地讲清了问题，扬长避短，从而发挥了个人优势。

此外，根据教师自身的素养条件来选择教学方法，也并不只是意味着单从教师自身的特点出发来选择适当的教学方法，还意味着教师要积极地学习，通过不断地总结经验，尽可能地掌握更多的与自身特点相匹配的教学方法，以努力提高使用教学方法的素养条件。总之，教师不能永远在自己已熟识的教学方法上"裹足不前"，而应创造性地根据自身特点和教材内容特点，对教材进行认真钻研，以探索有效的教学方法和手段，从而促进学生更好地发展。

6. 根据学生的准备状态优选

认知心理学家在研究学生学习的过程中提出了"准备状态"这一概念，它指的是学习者在从事新的学习时，他原有的知识水平和心理发展水平对新的学习的适应性。"准备状态"强调要使教学取得成功，教师就必须了解学生的准备状态，并根据学生的准备状态进行教学。为此，我们对教学方法的选择和运用还必须立足于学生的准备状态，充分考虑到学生的可接受性和适应性，从而使教学方法的运用能取得预期的结果。例如，当通过检查发现班级的整体化学成绩较低，大多数学生缺乏学习化学的兴趣时，应放慢教学进度，从激发学生学习动力和提高学习兴趣入手，制定教学方法改革的整体计划，在不加重负担的前提下，力求通过多种方法的交替运用，提高化学教学质量。

最后，我们还要了解化学教学方法的优选程序。

要实现教学方法的优化，除了需要根据一定的选择标准，还需要考虑适当的选择程序。苏联教育家巴班斯基指出，"有关选择一整套教学方法的总的决策还得再分为一系列的步骤，这些步骤乃是关于选择各个个别方法的中间的决定"。并且他把这些步骤，也即教师在最后确定选择何种教学方法时所经历的一系列思考过程，称为"选择教学方法的算法"，亦即教学方法的选择程序。

巴班斯基是通过经验总结的方法得出现代教学方法的优选程序的。他在对50位有名望的优秀教师的访问调查基础上，发现这些教师在拟定一堂课所要采用的教学方法时，考虑问题的大致顺序是：能否采用教师不讲解，由学生自行学习的方法来组织这一专题学习？能否采用探索法来组织这一专题的学习？能否用演绎法来组织这一专题的学习？能否在课堂教学中把口述法、直观法和实践法结合起来使用？在课上将采用哪些方法来激发学生的积极性？（认知性游戏，学习讨论等）在巩固新教材时，将采用哪些检查和自我检查的方法，以检查对新教材的掌握程度？据此，巴班斯基提出了以下教学方法优选的程序：决定在教师指导下的学习方法或学生独立学习的方法。决定以探索法或复现法学习这一专题。决定用演绎法或归纳法来学习这一专题。视可能情况配合使用口述法、直观法和实践法。选择激发学生积极性的方法。选择检查与自我检查的方法。选择在课堂上学习新教材中主要的、最本质的成分的一整套方法。

知识超链接

化学新课导入法见图 6-2。

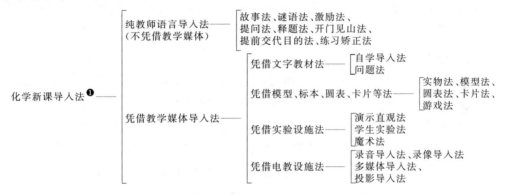

图 6-2 化学新课导入法

二、化学教学模式

（一）教学模式的内涵

虽然教学模式的概念很早就已存在，但教学模式真正成为教育研究中的一个独立范畴通常认为是从乔伊斯和威尔等的研究开始的（Bruce Joyce，Marsha Weil & Emily Calhoun，1999）。目前有关教学模式（也有个别学者称之为"教育模式"）的定义比较多，如：

乔伊斯和威尔等[2]在其专著《教学模式》（*Models of Teaching*）中给出的定义是："教学模式是构成课程（长时的学习课程）、选择教材、指导在教室和其他环境中教学活动的一种计划或范型。"

华东师范大学叶澜[3]教授给出的定义是："教学模式俗称大方法。它不仅是一种教学手

---

[1] 王彩芳. 化学新课导入方法研究[J]. 化学教育，2001(1)：16-18.
[2] Bruce Joyce，Marsha Weil & Emily Calhoun. Models of Teaching [M]. Boston：Allyn and Bacon，1999.
[3] 叶澜. 新编教育学教程 [M]. 上海：华东师范大学出版社，1993.

段，而且是从教学原理、教学内容、教学的目标和任务、教学过程直至教学组织形式的整体、系统的操作样式，这种操作样式是加以理论化的。"

中央教科所朱小蔓❶教授给出的定义是："教育模式是在一定的教育理念支配下，对在教育实践中逐步形成的、相对稳定的、较系统而具有典型意义的教育体验，加以一定的抽象化、结构化的把握所形成的特殊理论模式。"

北京师范大学何克抗❷教授认为：教学模式属于教学方法、教学策略的范畴，但又不等同于教学方法或教学策略；教学方法或教学策略一般是指教学过程中采用的单一的方法或策略，而教学模式则是指教学过程中两种或两种以上方法或策略的稳定组合与运用。

国内还有学者认为：

教学模式是在教学实践中形成的一种设计和组织教学的理论，这种教学理论是以简化的形式表达出来的❸。

教学模式是在一定教学思想或理论指导下建立起来的各类教学活动的基本结构或框架❹。

教学模式是在一定教学思想指导下建立起来的、完成所提出的教学任务的、比较稳固的教学程序及其实施方法的策略体系❺。

上述各种关于教学模式的定义不尽相同，它们分别从不同角度揭示了教学模式这一术语的含义。在此基础上，张武升教授归纳出教学模式至少具备如下一些特点：①有一定的理论指导；②需要完成规定的教学目标和内容；③表现一定的教学活动序列及其方法策略。总之，"一个完整的教学模式应该包含主题（理论依据）、目标、条件（或称手段）、程序和评价等五个要素"❻。这些要素各占有不同的地位，起着不同的作用，具有不同的功能，它们之间既有区别，又彼此联系，相互蕴含、相互制约，共同构成了一个完整的教学模式。

一直以来，我国教育界就十分重视对教学模式概念的研究，而很少探讨学科教学模式的概念。对化学教学模式的概念，国内一般都认同教学范型的观点，认为化学教学模式是在某种教学理论指导下，所构成的具有一定化学教学结构、教学活动程序和教学功能的一种教学范型❼。

（二）关于化学教学模式的类型

基于不同的教学指导思想来设计、实施化学教学活动，必然导致各种各样的教学程序和策略，从而产生出各类化学教学模式❽。

若依据教学活动中主客体的关系来划分，最基本也是最简明的化学教学模式分类是以学生为中心和以教师为中心的两种教学模式。但是在实际的课堂教学中，多数的化学教师都是

---

❶ 朱小蔓．小学素质教育实践：模式建构与理论反思［M］．南京：南京师大出版社，1999.
❷ 何克抗，吴娟．信息技术与课程整合的教学模式研究之一［J］．现代教育技术，2008（7）：5-8.
❸ 张武升．关于教学模式的探讨［J］．教育研究，1988（5）．
❹ 吴也显．我国中小学常用教学模式［M］．昆明：云南教育出版社，1993：2.
❺ 甄德山．教学模式及其管理浅议［J］．天津师范大学学报，1984（5）：35-40.
❻ 张武升．关于教学模式的探讨［J］．教育研究，1988（5）．
❼ 刘知新．化学教学论［M］．第2版．北京：高等教育出版社，1997.158.
❽ 刘知新，王祖浩．化学教学系统论［M］．南宁：广西教育．

采用混合式教学,力争取得最佳的教学效果。

赵华在《化学课堂教学模式重构的冷思考》一文中总结认为:化学课堂教学模式的发展呈现出典型的四个阶段:以教师主导为特征的精讲精授型,强调教师的授业解惑技巧;以教师主导、学生适当参与为特征的讲练结合型,关注教师的课堂容量;以教师主导、学生主体全面参与为特征的导学探究型,突出教师的问题情境设计;以"多主体""多元化"为特征的高效课堂设计型,强化教师对"三情"(知情、意情、学情)特征分析下的课堂结构创新。

自新课程改革以来,如今我国化学课堂教学的主流模式主要有两种:一是以创新情境为载体的问题或案例式;二是强化预习、学生展示、教师点拨循环推进的"高效课堂"式,它应该追溯到"江苏洋思中学"和"杜郎口中学"。❶

邓峰、钱扬义在《国内化学教学模式的研究进展述评》一文中认为:目前最受关注及具有代表性的模式有:化学网络化教学模式、化学研究性学习模式、实验探究模式与合作学习模式等。

不少学者分别从教学主体或师生角色的不同、教学目标的不同以及化学教学内容与教学任务的不同等方面对我国化学教学模式作不同角度的分类。然而,部分教学模式虽提法不同,但实质相似。❷

我们认为,新课程背景下的一些教师的实践探索,提出的诸如:"实验-探究"模式、"交往-合作"模式、"发现-创造"模式、"活动-探究"模式等,从教学活动中主客体的关系来划分都属于教师主导、学生主体的"双主"教学模式。

尽管化学课堂教学模式和化学教学模式从严格意义上来说有区别,但其类型的划分应该基本一致。

下面介绍几种典型的教学模式。

1. 活动单导学模式❸

(1)"活动单导学模式"的基本模型 "活动单导学模式"是完全建立在以学生为主体的一种教学设计,强调"将第一思考时间还给学生;将第一表达机会还给学生;将第一体验过程还给学生;将第一认知反思还给学生"的四个"第一"的生本观念。

图 6-3 是中学化学课堂教学中"活动单导学模式"的基本模型。该模型可以是一节课的教学模式,也可以是一个完整活动的教学模式。

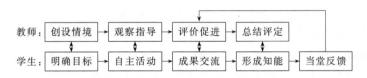

图 6-3 "活动单导学模式"的基本模型

(2)化学课堂"活动单"的基本结构与设计 "活动单"是由教师设计、学生拥有的学习、合作资料,它是"活动单导学模式"的技术关键,也是课堂教学质量高低的决定因素。其基本结构包括课题名称、学习目标、活动方案、当堂反馈四个部分的内容。

---

❶ 赵华.化学课堂教学模式重构的冷思考[J].中学化学教学参考,2010(6):3-8.
❷ 邓峰,钱扬义.国内化学教学模式的研究进展述评[J].中学化学教学参考,2007(6):11-14.
❸ 张红卫.新课程"活动单导学模式"研究[J].中学化学教学参考,2008(7):16-18.

案例研讨　探究一定物质的量浓度的溶液配制的实验方法

【学习目标】

（1）能够根据实验目的完成简单的实验设计，并能主动进行交流。

（2）认识容量瓶是一种容积精确的仪器；初步学会配制一定物质的量浓度的溶液。

（3）学会与同学合作完成实验，学会合作与分享。

【活动方案】

活动一：探究粗略配制一定物质的量浓度的溶液的实验方法。

实验室提供下列实验用品：NaOH固体、5mol·L^{-1} NaOH溶液、蒸馏水；托盘天平、小烧杯、250mL烧杯、玻璃棒、量筒。

（1）请你设计两套简单的实验方案，配制100mL物质的量浓度约为5mol·L^{-1}的NaOH溶液。

（2）通过上述实验方案所配制的溶液，其物质的量浓度是粗略的，试分析原因。

活动二：探究用固体精确配制一定物质的量浓度溶液的实验方法。

1. 认识容量瓶是一种容积精确的仪器。

展示实验室常见的容量瓶。

请你仔细观察，并回答下列问题：

（1）容量瓶上有哪些标记？

（2）实验室需要使用245mL的某浓度的溶液，配制时应选用何种规格的容量瓶？

（3）某同学用容量瓶配制溶液，加水时不慎超过了刻度线，他（她）把水倒出一些，重新加水至刻度线。这样会造成什么结果？

2. 精确配制100mL 1.00mol·L^{-1}的NaCl溶液。

实验用品：托盘天平、砝码、烧杯、量筒、100mL容量瓶、玻璃棒、药匙、胶头滴管、NaCl、蒸馏水。

（1）请你与同伴共同设计该实验方案，并完成实验。

（2）将你的实验过程与教材中的方案对照，有哪些不同？会引起什么误差？

活动三：探究通过稀释溶液精确配制一定物质的量浓度的溶液的实验方法。

实验室用密度为1.84g·cm^{-3}、溶质质量分数为98%的浓硫酸配制成100mL 1.00mol·L^{-1}的稀硫酸。请你协助完成实验方案的设计。

【当堂反馈】要有能反映学生活动结果的教学设计，从某种意义上说，诊断反思也是一种"活动"，也可列在"活动单"上。当堂反馈的形式应是多样化的，如知识应用、成果展示、纸笔测验等。纸笔测验是当堂反馈的重要形式，要注意处理好与"活动"的关系，既要起到检测的作用，又要对"活动"进行合理的补充，以完善学生的认知结构。

2. 连续性问题情境式教学模式❶

（1）设计和运行的依据　依据教学目标。"学生学会"是教师教学的最终目标。教师让学生被动听讲，学生可能听懂了，但是由于缺少思考和内化过程，并没有真正学会，若没有及时复习则会很快遗忘。教师若给学生创设问题情境，引发学生活动，学生进入主动的思考状态，认识不断深化。有了这样的内化理解过程，学生就有可能在课堂上学会。

---

❶ 任宝华. 创设连续性问题情境引导学生思维不断深入［J］. 化学教育，2010（10）：16-19.

依据教学理念。学生是课堂学习的主体，教师是学生课堂学习的主导。教师课前依据学生的认识发展设计学生活动，课堂上依据学生的实际状态调控课堂教学的进程，这样才能体现学生是课堂学习的主体，教师是学生活动的设计者、引发者和调控者。

依据学生认识发展的需要。学生的认识需要不断更新、深化。若学生被动听讲，认识也能不断更新，但难以形成自己独特的想法。若让学生完整表达自己的想法之后，再倾听他人的想法，学生会将他人想法中与自己不同的筛选出来，通过比较分析，形成新的想法。而这个从原有想法到新想法的变化过程，就是学生的认识在不断更新深化的过程。

（2）结构和运行程序　"连续性问题情境式教学"意味着在课堂教学中，教师依据学习内容的内在逻辑关系和学生已有的知识经验和学习能力水平，为学生设计若干个（一般不超过 5 个）有思维容量的问题情境，引发学生进行完整、深刻的思维活动。整节课的结构表现为：课的引入之后学生思维活动环环相扣、连续不断。其运行程序如图 6-4 所示。

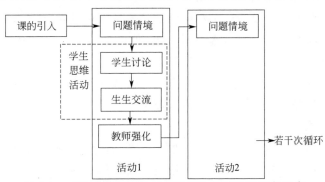

图 6-4　"连续性问题情境式教学"的结构和运行程序

案例研讨　化学反应速率

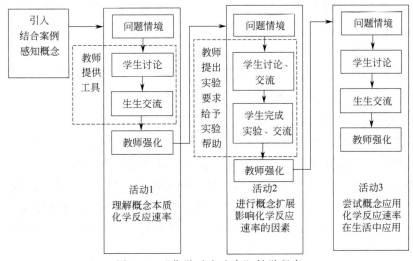

图 6-5　"化学反应速率"教学程序

在活动 1 中创设的问题情境是：不同的化学反应快慢千差万别，这是由反应物质的本性决定的。那么如何定量地描述化学反应速率的快慢呢？请你依据物理课中"速率"的概念，判断下列叙述能否表达化学反应速率？

表述：化学反应速率——通常用反应物物质的量的减少量或生成物物质的量的增加量来表示。

在活动 2 中创设的问题情境是：讨论对于同一个化学反应，哪些外部条件影响化学反应速率？请学生阅读实验报告、讨论实验目的和注意事项，同时提出实验要求。

在活动 3 中创设的问题情境是：影响化学反应速率的因素在生活和生产中都有哪些重要的应用？以下是一种牛奶的包装说明，请你分析它采用了哪些影响化学反应速率的因素？

纸盒：常温 6 个月	袋装：冷藏 2~6℃
"利乐砖"包装：由铝、塑料、纸组成 6 层包装，密封性很好，隔绝了细菌、空气、阳光的进入	一、四季度（春冬）72 小时 二、三季度（夏秋）48 小时

从图 6-5 可以看出，本节课共有 4 个环节，即课的引入和 3 个学生活动。其中活动 1 要导出"化学反应速率"概念，概念抽象难懂，是学生学习的难点；活动 2 要对"化学反应速率"概念进行扩展，学生需要用实验现象和结论作为证据，讨论影响化学反应速率的外在因素，这是学生学习的重点。所以活动 1 和活动 2 是本节课的关键环节，也是教师进行课堂教学设计的关键环节，这 2 个活动的质量由学生思维的深度、实验表现和生生交流情况来决定。所以教师在进行教学设计时，要给学生预留较大的思维空间，当学生活动遇到困难时，教师应及时给予支持（如提供工具）；学生开始实验操作之前，教师应及时提出实验要求。这样才能够保证学生更好、更快、更有效地完成活动。

3. "5E"教学模式

5E 教学模式强调科学探究与知识主动建构的统一，重视学生已有知识和经验的作用，是经实践证明的科学有效的教学模式和教学策略，对于国际科学教学中教育改革和课堂教学改进有着重要的指导作用。

5E 教学模式主要起源于美国科学课程改善研究（science curriculum improvement study，SCIS）项目开发出的一种"学习环"教学策略（Atkin&Karplus，1962），"学习环"包括初步探究、概念引入和概念应用 3 个环节。后经修改和完善，将教学过程划分为 5 个紧密相连的阶段，这 5 个阶段依序为引入（engagement）、探究（exploration）、解释（explanation）、精致（elaboration）、评价（evaluation），该教学模式 5 个阶段的首字母都是字母"E"，因此被称为"5E"教学模式。5E 教学模式在对学生新知识的建构和培养学生综合能力等方面有着独特的作用与价值。❶

5E 教学模式中"引入环节"的内涵是：创设问题情境，暴露学生的前概念，引发认知冲突，激起学生的学习兴趣与探究的积极性。情境中的问题与学生的生活经验相联系，并与学习内容密切相关，问题难度适中，学生通过努力能够获得探究结果。

5E 教学模式中"探究环节"的内涵是：根据学生在引入环节产生的认知冲突，给学生提供直接参与调查或实验研究的机会和条件，使学生全身心地投入对事件或情境的探究活动，以自主探究和合作探究为中心，给学生思考和想象的空间，通过一个或多个探究活动，获得对概念的感性经验。

5E 教学模式中"解释环节"的内涵是：引导学生在个体学习或小组合作学习活动中对不同的解释与结论展开讨论与交流，以保证对所探究问题的解释达成共识；学生通过探究对问题

---

❶ 胡久华，高冲. 5E 教学模式在我国的教学实践及其国外研究进展评析［J］. 化学教育，2017，38（1）：5-9.

进行解释；在学生探究和解释的基础上，教师明确概念、原理，阐释新知识；在教师的指导下，学生使用新知识回答最初提出的问题。

5E 教学模式中"精致环节"的内涵是：引导学生拓宽和加深对知识的理解，并与已有的知识建立起联系，用新构建的知识解释新的情境或新的问题。通过新的活动，将自己所获得的知识与技能灵活应用，解决实际问题。

5E 教学模式中"评价环节"的内涵是：鼓励学生自评，包括他们自己的知识理解、能力提升等方面，同时教师还会对学生是否达到教学目标以及学习过程进行评估。

4. 项目式教学

（1）项目式教学的含义　项目式学习（project-based learning，PBL），起源于美国教育家杜威的"做中学"教育理论。项目式学习是以建构主义理论为指导，以学生为中心的教学方式，强调学生在真实问题情境中通过小组合作进行项目规划及解决项目任务[1]。项目式学习在课堂中引用，使学生能逐步习得包括知识、可迁移技能、思维方式、价值观等在内的 21 世纪学生必备品格与关键能力。

（2）项目式学习的特点　项目式学习从问题的提出到解决问题的方案的设计、实施，结论的得出，研究成果的评判，均由学生自己完成，因而具有自主性和创新性。基于项目式学习的内涵可得出其有以下特点[2]：①体现多角度的开放性。这种开放性主要体现在项目式学习内容来源的多样性和学习方式的多选择性。②体现师生的交互行为。项目式学习是以学生为主体，教师为主导的学习方式。

（3）项目式学习的实施　项目式学习主要有明确主题、确定目标、设计方案、实施方案、整理反思、展示交流等六个环节[3]。项目式学习以项目的驱动性问题为出发点，以学生为项目的学习和执行主体，在教师的整体把握和指导下，将学生的学习置于有意义的问题情境里，使学生通过分析真实问题、完成项目任务来建构项目承载的科学知识和科学方法，同时提高学生处理、解决问题的综合能力。

项目式学习有利于促进学生化学学科核心素养的发展[4]，在常规课堂中实施项目式教学，能为学生的全面发展提供更为广阔的空间。

案例研讨　"探秘神奇的医用胶"项目学习流程

"探秘神奇的医用胶"项目学习流程见表 6-5。

表 6-5　"探秘神奇的医用胶"项目学习流程

第 1 课时				
环节	项目学习活动	驱动性问题	能力任务	教学目标
引入	创设情境,明确本节课的项目学习主题——探秘医用胶,项目学习成果——设计医用胶分子结构及合成路线			

---

[1] 巴克教育研究所. 项目学习教师指南——21 世纪的中学教学法 [M]. 北京：教育科学出版社，2008.
[2] 周业虹. 实施项目式学习发展学科核心素养 [J]. 中小学教师培训，2018.8.
[3] 宁燕丹，王磊，陈颖，等. 素养导向的高中化学项目教学中教师有效行为研究——以"探秘神奇的医用胶"项目教学为例 [J]. 化学教育（中英文），2018，39 (19)：15-22.
[4] 侯肖，胡久华. 在常规课堂教学中实施项目学习——以化学教学为例 [J]. 教育学报，2016.12.

续表

第 1 课时

环节	项目学习活动	驱动性问题	能力任务	教学目标
环节1	1. 从性能需求探秘医用胶的结构及黏合原理 1.1 从化学角度解读医用胶的黏合、固化等性能 1.2 建立性能与性质、结构的关联	医用胶为什么具有黏合人体组织的神奇功能	[分析解释]从性质、结构角度分析"黏结强度好""常温常压下迅速固化"性能的化学含义 [概括关联]归纳满足医用胶黏合性能需求的分子结构特征	应用性质与结构的关系分析解释性能,建立性能、性质及结构的关联;巩固碳碳双键等典型官能团的结构及性质
环节2	2. 基于性能需求设计改良医用胶分子结构	怎样设计满足性能需求的医用胶分子结构	[简单设计、说明论证]小组结合学案资料设计符合需求的医用胶的分子结构,依据结构、性质和性能的关系论证所设计结果的合理性	应用多角度分析有机物结构和多角度认识有机反应的思路方法解决有机物结构设计的问题

第 2 课时

环节	项目学习活动	驱动性问题	能力任务	教学目标
环节3	3. 设计医用胶的合成路线	怎样合成医用胶	[系统探究]回顾有机合成的基本思路;小组合作设计医用胶的合成路线并用海报展示,对不同组的合成路线进行优化完善	应用有机合成的一般思路设计、优化陌生有机物的合成路线;应用常见的有机物转化关系
环节4	4. 论证医用胶使用的安全性 4.1 探索医用胶在人体内的代谢 4.2 探讨医用胶分子结构与使用安全性的关系	我们设计的医用胶满足安全使用的需求吗	[分析解释、推论预测]小组合作依据资料分析医用胶在人体组织中的代谢条件、代谢产物等,据此进一步探讨医用胶可能存在的安全隐患,基于增强安全性探讨医用胶的结构改进方向	应用多角度认识有机反应思路论证人体内医用胶的代谢及使用安全性等实际问题;巩固重要的有机反应规律
小结	回顾医用胶性能、性质、结构、合成的探索之旅	梳理探索结构、性质、性能三者间的关联,体会科学家的研发思路		整合性能、性质、结构三者的关系,探秘实际应用领域的有机物的思路方法

三、化学教学策略

(一) 教学策略的内涵

《辞海》对"策略"一词的解释是"计策谋略",而在较为普遍的意义上,策略涉及的是为达到某一目的而采取的手段和方法。国内外学者对教学策略(teaching strategy)有很多界定,这些界定既有共性,又有明显的分歧,至今尚无统一的概念和定义。下面列举几个具有代表性的定义。

"教学策略是指教师在课堂上为达到课程目标而采取的一套特定的方式或方法。教学策略要根据教学情境的要求和学生的需要随时发生变化。无论在国内还是在国外的教学理论与教学实践中，绝大多数教学策略都涉及如何提炼或转化课程内容的问题。"❶

"所谓教学策略，是在教学目标确定以后，根据已定的教学任务和学生的特征，有针对性地选择与组合相关的教学内容、教学组织形式、教学方法和技术，形成的具有效率意义的特定教学方案。教学策略具有综合性、可操作性和灵活性等基本特征。"❷

"教学策略是为了达成教学目的，完成教学任务，而在对教学活动清晰认识的基础上对教学活动进行调节和控制的一系列执行过程。""一个成熟的有效的教学策略一般应包含以下几个要素：指导思想、教学目标、实施程序、操作技术。"❸

乌美娜教授认为，教学策略是对完成特定的教学目标而采用的教学活动的程序、方法形式和媒体等因素的总体考虑。❹

张大钧教授认为，教学策略是在特定教学情境中，为完成教学目标和适应学生学习需要而制定的教学程序计划和采取的教学措施。❺

皮连生教授认为，教学策略是教师采取的有效的、达到教学目标的一切活动，包括教学事件先后顺序的安排、传递信息的媒体的选择和师生相互作用的设计等。教学策略也可称为广义的教学方法。❻

刘知新教授、毕华林教授认为，教学策略是指教师采取的为有效达到教学目标的一切活动，包括教学事件先后顺序的安排、教学方法的选择和师生相互作用的设计等。❼

李晓文、王莹在其《教学策略》一书中，更是对教学策略做了比较全面的阐述：❽ 教学策略具有动态的教学活动过程维度和静态的内容构成维度。在动态的教学活动过程维度上，它指教师为提高教学效率而有意识地选择筹划的教学方式与灵活处理的过程。其明显特征是：①对教学目标的清晰意识和努力意向；②具有对有效作用于教学时间的一般方法的设想；③在目标实现过程中对具体教学方法进行灵活选择和创造。具体来说，在教学实践中教学策略往往表现为具体教学方法和技术的实施过程，但又不同于具体的方法和技能，不同之处主要在于：①策略性行为对于方法的施行是在明确的教学目标和教育理念支配和监控之下完成的，这就使方法带上了计谋的色彩；②教学策略性行为是教学过程中的有效行动。教学策略是对有效教学方式的概括和推理；③教学策略不是固定不变的，必须因地制宜，因人而异。由于具体的教学情境是复杂的，计划实施过程之中行动的变化和方法的灵活选择是必然的，所以，教学策略具有很大的创造性特征，它

---

❶ 施良方．课程理论——课程的基础、原理与问题［M］．北京：教育科学出版社，1996．
❷ 袁振国，等．当代教育学（试用本）［M］．北京：教育科学出版社，1998．
❸ 和学新．教学策略的涵义、结构及其运用［J］．教育研究，2000（12）．
❹ 乌美娜．教学设计［M］．北京：高等教育出版社，1994：156．
❺ 张大钧，余林．试论教学策略的基本含义及其制订的基本依据［J］．课程·教材·教法，1996（9）．
❻ 皮连生．智育心理学［M］．北京：人民教育出版社，1996：240．
❼ 刘知新．中学化学［M］．济南：山东教育出版社，1996：44．
❽ 李晓文，王莹．教学策略［M］．北京：高等教育出版社，2000：5-6．

是教师智慧和教学艺术的充分体现。

美国学者瑞奇鲁斯把教学策略分为三种：教学组织策略、教学传递策略和教学资源管理策略。其中教学组织策略是指有关教学内容应按何种方式组织、次序应如何排列以及具体教学活动应如何安排（即如何做出教学处方）的策略；教学传递策略是指为实现教学内容由教师向学生的有效传递，应如何选择、运用教学媒体和教学交互方式的策略，也就是有关教学媒体的选择、运用以及学生应如何分组的策略（教学交互方式可以是双人小组、多人小组、班级授课或是个别化学习等多种不同方式）；教学资源管理策略是指在上面两种策略已经确定的前提下，如何对教学资源进行计划与分配的策略。

教学策略静态的内容构成维度是动态的教学活动过程维度的反映。教学策略在内容构成上具有三个层次：第一层次指影响教学处理的教育理念和价值观倾向；第二层次是对达到特定目标的教学方式的一般性规则的认识；第三层次是具体教学手段和方法。

也有人对教学策略的定义做了如下小结，认为国内外有关教学策略定义大致有三类。❶

① 认为教学策略是一种教学思想，是教育观念和原则，通过教学方法、教学模式和教学手段来实现的。

② 认为教学策略是为实现教学目标而制定的教学实施的综合性方案。

③ 认为教学策略是教学步骤、教学模式和教学方法。教学策略与教学方法本来属于同一范畴，只是教学方法要比教学策略更具体一些，可操作性更强一些；在许多应用场合，对教学策略与教学方法往往不加区别。

尽管对教学策略的认识，仁者见仁，智者见智，但仍然具有一些共性的东西。我们认为，教学策略是在一定教学理念指导下和在一定教学实践经验的基础上，为有效达到教学目标而对教学活动的顺序安排、教学方法的选择、学习方式的确定等采用的所有具体的问题解决的行为方式。❷

（二）化学教学策略的分类

对化学教学策略进行分类，其目的在于对化学教学策略进行更为系统的、深入的研究，也在于为广大化学教师提供可供选择或对照的范式。

化学教学策略，从不同的角度可以有不同的分类方法。我们尝试依据不同的教学设计观（系统教学设计观和建构主义教学设计观）和化学教学模式的要求来探讨化学教学策略的分类。

① 以"教"为主的教学策略（以"教"为中心教学设计所采用的教学策略）的核心是强调教师主导作用的发挥。目前较流行的以教为主的教学策略有"先行组织者"策略、"五段教学"策略、"九段教学"策略和"假设-推理"策略、"示范-模仿"策略等。

② 以"学"为主的教学策略（以"学"为中心教学设计所采用的教学策略）如支架式教学策略、认知学徒教学策略、随机进入教学策略、抛锚式教学策略、社会建构教学策略

---

❶ 张学斌. 新课程教学设计概论 [M]. 大连：辽宁师范大学出版社. 2002：108.
❷ 江家发. 化学教学设计论 [M]. 济南：山东教育出版社，2004：67.

等。这些思想和学习策略，为构建建构主义教学设计模式奠定了很好的基础，建构主义教学设计强调学生是认知过程的主体，是意义的主动建构者，因而有利于学生的主动探索、主动发现，有利于创造型人才的培养，这是其突出的优点。但是，由于强调学生的"学"，往往容易忽视教师主导作用的发挥，忽视师生之间的情感交流和情感因素在学习过程中的重要作用；而且，由于忽视教师主导作用，当学生自主学习的自由度过大时，还容易偏离教学目标的要求，所以也受到过一些学者的批评。

③"主导-主体"教学策略（奥苏贝尔的"学与教"理论和建构主义的"学与教"理论二者的结合所采用的教学策略），从上面的分析我们可以看到，它越来越成为新课程课堂教学实践的重点。如教师主导下的自主学习策略、合作学习策略、探究学习策略，以及实现"双主"教学模式的其他有效策略。

当然，新课程发展学生学科核心素养目标提出后，也可将教学策略分为：化学核心教学策略和化学一般教学策略。

 知识超链接

教学策略的制定知识网络图❶见图6-6。

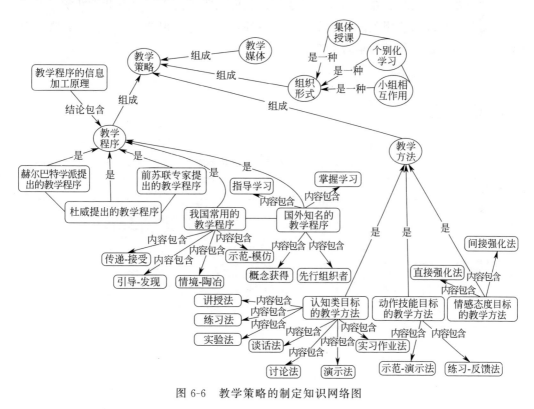

图6-6 教学策略的制定知识网络图

---

❶ 杨开诚. 以学习活动为中心的教学设计理论：教学设计理论新探索［M］. 北京：电子工业出版社，2005.

（三）化学教学策略的设计

1. 以"教"为主教学策略的设计

（1）"先行组织者"策略　奥苏贝尔认为，能促进有意义学习的发生和保持的最有效策略是利用适当的引导性材料对当前所学新内容加以定向与引导。这类引导性材料与当前所学新内容（新概念、新命题、新知识）之间在包容性、概括性和抽象性等方面应符合认知同化理论要求，便于建立新、旧知识之间的联系，从而能对新学习内容起固定、吸收作用。这种引导性材料就称为"组织者"。由于这种组织者通常是在介绍当前学习内容之前，用语言文字表述或用适当媒体呈现出来，目的是通过它们的先行表述或呈现帮助学习者确立有意义学习的心向，所以又被称为"先行组织者"。又由于原有观念和新观念之间有"下位关系""上位关系"和"并列组合关系"等三种不同关系，所以先行组织者又分成三类。

上位组织者——组织者在包容性和抽象概括程度上均高于当前所学的新内容，即组织者为上位观念，新学习内容为下位观念。新学习内容类属于组织者，二者存在类属关系。

下位组织者——组织者在包容性和抽象概括程度上均低于当前所学新内容，即组织者为下位观念，新学习内容为上位观念。组织者类属于新学习内容，二者存在总括关系。

并列组织者——组织者在包容性和抽象概括程度上既不高于、也不低于新学习内容，但二者之间具有某种或某些相关的甚至是共同的属性，这时在组织者与新学习内容之间存在的不是类属或总括关系而是并列组合关系。

　知识超链接

有意义学习的三种类型见表 6-6。

表 6-6　有意义学习的三种类型[①]

有意义学习类型	新旧知识	实例
上位学习	新知识	元素周期律 ← 初中O、H、C、Fe元素化合物知识；碱金属元素；卤族元素
	旧知识（下位组织者）	
下位学习	旧知识（上位组织者）	取代反应 → 烷烃与Cl₂光照取代；苯的卤化、磺化、硝化；卤代烃水解和醇的分子间脱水；酯化反应
	新知识	

续表

有意义学习类型	新旧知识	实例
并列结合学习	旧知识（并列组织者）	氧族元素
	新知识	氮族元素

①江家发.化学教学设计论[M].济南:山东教育出版社,2004:105.

(2)"先行组织者"策略的实施步骤　先行组织者教学策略的实施通常包括以下两个步骤。

第一步：确定先行组织者

只需要把"学习者特征分析"环节中已经选定的"原有观念"，用适当的语言文字表述出来或用某种媒体呈现出来（也可以文字表述和媒体呈现二者相结合）就是先行组织者。从中也可看出学情分析对"先行组织者"策略的运用的重要性。

第二步：设计教学内容的组织策略

由于有三类不同的先行组织者（上位组织者、下位组织者、并列组织者），所以对教学内容的组织相应地也有三种不同的策略。

①"渐进分化"策略　当先行组织者在包容性和抽象概括程度上均高于当前教学内容，即组织者为上位观念时，奥苏贝尔建议对教学内容的组织采用"渐进分化"策略。所谓渐进分化是指，应该首先讲授最一般的，即包容性最广、抽象概括程度最高的知识，然后再根据包容性和抽象程度递减的次序逐渐将教学内容一步步分化，使之越来越具体、深入。根据先行组织者教学策略的理论假设：认知结构中的知识按层次结构组织，抽象概括程度较高的知识处于较高层次，随着抽象概括程度降低，其所处层次也逐步降低。可以推知，若按这种渐进分化策略组织教学内容，则人们习得知识的顺序将和大脑认知结构中的组织层次、存储方式完全吻合。显然，对于学习者来说，为了建立新旧知识之间的实质性联系，这种情况所要求付出的认知加工量是最小的，因而最有利于知识意义的习得与保持。在贯彻这种策略时应注意的是，不仅整门课程的内容（即学科内容）要按渐进分化组织，课程内各个教学单元的内容以及各单元之内的各种概念也要按照包容性递减的次序渐进分化地组织。

案例研讨　氧族元素复习"渐进分化"策略

高三化学复习氧族元素这一章节时，教师可先展示一张包容整章知识结构的图（图6-7）作为先行组织者，引领学生有序复习：

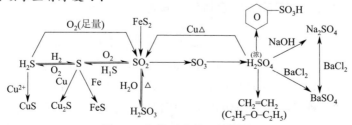

图6-7　氧族元素知识结构图

②"逐级归纳"策略　当先行组织者在包容性和抽象概括程度上均低于当前教学内容，即组织者为下位观念时，对于教学内容的组织可以采用"逐级归纳"策略。所谓逐级归纳是指，应先讲授包容性最小、抽象概括程度最低的知识，然后再根据包容性和抽象程度递增的次序逐级将教学内容一步步归纳，每归纳一步，包容性和抽象程度即提高一级。就某门课程或某个教学单元来说，当组织者为下位观念、教学内容为上位观念时，其教学内容只是在组织顺序上和第一种策略（即组织者为上位、教学内容为下位时的渐进分化策略）不同（二者相反），而内容本身则毫无差别；另外，正如前面所指出的，由先行组织者的理论假设可推论出：不管新知识是通过类属关系（即上下位关系）习得，还是通过总括关系（即下上位关系）习得，最后都要被归入到学习者原有认知结构的某一层次之中，并隶属于包容范围更广、抽象概括程度更高的知识系统之下。这就是说，不管是按第一种策略（渐进分化）还是按第二种策略（逐级归纳）组织教学内容，对于学习者来说，只是习得知识的顺序不同，而关于该知识所习得的意义则是完全一样的。事实上，"渐进分化"和"逐级归纳"正好是互为逆过程。

案例研讨　盐类水解本质的"逐级归纳"策略

为探索盐类水解的实质，教师以 Na_2CO_3 水溶液为例，让学生先通过实验测定其酸碱性，再设计实验方案来验证 Na_2CO_3 水溶液呈碱性的可能因素。组织学生讨论后作出猜想与假设，以及设计以下四个实验来验证这些猜想与假设。

（Ⅰ）水＋酚酞；（Ⅱ）碳酸钠水溶液＋酚酞；（Ⅲ）碳酸钠无水乙醇溶液＋酚酞；（Ⅳ）（Ⅲ）＋水。

把设疑提问、猜想与假设、实验验证作为先行组织者，学生不但融会贯通地理解了盐类水解的本质，还学会了探究问题的方法，提高了问题探索的能力。

③"整合协调"策略　当先行组织者在包容性和抽象概括程度上既不高于、也不低于当前教学内容，但二者之间具有某种或某些相关的甚至是共同的属性时，对于教学内容的组织可以采用"整合协调"策略。所谓整合协调是指，通过分析、比较先行组织者与当前教学内容在哪些方面具有类似的或共同的属性，以及在哪些方面二者并不相同，来帮助和促进学习者对认知结构中的有关要素进行重新整合协调，以便把当前所学的新概念纳入认知结构的某一层次之中，并类属于包容范围更广、抽象概括程度更高的概念系统之下的过程。

案例研讨　电解原理学习的"整合协调"策略

在讲解电解原理时，由于学生是在原电池的基础上学习电解内容，原电池知识可以作为先行组织者，所以可以寻找原电池与电解池的区别与联系，引导学生逐步实现新、旧知识的同化顺应，建构新的认知结构，使新知识得到掌握。原电池与电解池的对比图如图6-8所示。

应当指出，上述三种教学内容组织策略之所以能有效地促进有意义学习的发生和习得意义的保持，从根本上说是因为它们都能符合皮亚杰的认知同化理论。对于第一种策略（渐进

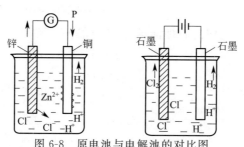

图 6-8 原电池与电解池的对比图

分化）来说，由于先行组织者是上位观念，当前教学内容是下位观念，二者之间无须做其他的认知加工（认知结构只作简单扩充而无需重组）就可以直接建立起实质性联系，所以先行组织者所体现的"原有观念"可以作为同化、吸收新知识的可靠"固着点"，使认知结构的同化过程很容易完成。对于第二种策略（逐级归纳）来说，由于先行组织者是下位观念，当前教学内容是上位观念，二者之间也无须作其他的认知加工（认知结构也是简单扩充无须重组）就可以直接建立起实质性联系，所以和第一种策略中一样，由于有可靠的"固着点"，认知结构的同化过程也很容易完成。对于第三种策略（整合协调）来说，由于先行组织者和当前教学内容之间不存在上下位（或下上位）关系，缺乏同化、吸收新知识的固着点，因而不能直接进行认知结构的同化，只能通过认知结构的"顺应"引起原有认知结构的改造和重组来吸纳新知识。可见这种学习本来是相当困难的（因为没有"固着点"），但是由于采用了整合协调的内容组织策略，使得学习者能够从与新知识相关的或具有公共的属性的上位概念中找到同化、吸收当前新知识的固着点。这样，就相当于把"顺应"过程（比较复杂的认知结构的改造重组过程）转化为"同化"过程（认知结构的简单扩充过程）。这就是整合协调策略能有效地促进有意义学习的发生与保持的秘密所在。

还要指出的是：先行组织者是促进学生有意义学习的一种教学策略，教师在实际实施中要灵活使用先行组织者的多种策略。同时，先行组织者的运用并不完全等同于引课。引课即课堂教学的引入，好比乐曲的引子，戏剧的序幕，具有酝酿情绪、集中学生注意力、渗透主题和带入情境的任务。精心设计的引课，能抓住学生的心理，促成学生学习情绪的高涨，步入求知欲的振奋状态，有利于学生获得良好的学习效果。而先行组织者的运用除了要考虑上面这些之外，还在于帮助学生架设一座使新、旧知识发生联系的桥梁，促进学生主动、有意义的学习。因此，在设计、选用组织者时，教师应分析学生已有认知结构及深刻剖析新、旧知识间的联系，而后对新、旧知识进行加工、提炼或延伸，最后形成组织者。

（3）五段教学策略 这种教学策略的主要步骤是：激发动机──→复习旧课──→讲授新课──→运用巩固──→检查效果。它源于赫尔巴特学派的"五段教学法"（预备、提示、联系、统合、应用），后经苏联凯洛夫的改造而传入我国。其优点是，能使学生在较短时间内掌握较多的系统知识，能体现"教学"作为一种简约的认识过程的特性，所以在实践中长盛不衰，至今仍是学校教育中的主要教学策略之一。其缺点是，学生在这种教学过程中往往处于被动地位，不利于他们学习主动性的发挥，为此，多年来在这方面一直受到批评与指责。

（4）九段教学策略 这是美国著名教育心理学家 R.M.加涅将认知学习理论应用于教学过程的研究而提出的一种教学策略。加涅认为，教学活动是一种旨在影响学习者内部心理过程的外部刺激，因此教学程序应当与学习活动中学习者的内部心理过程相吻合。根据这种观点他把学习活动中学习者内部的心理活动分解为九个阶段，相应地教学程序也应包含九个步骤，如图 6-9 所示。

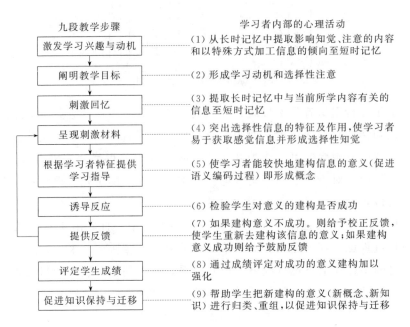

图 6-9　加涅"九段教学策略"

"九段教学策略"由于有认知学习理论作基础，所以不仅能发挥教师的主导作用，也能激发学生的学习兴趣，在一定程度上调动学生的学习主动性、积极性。另外，由图 6-7 可见，"九段教学策略"的实施步骤具体明确，可操作性强，便于编程实现，因此比较适用于 CAI（计算机辅助教学）系统。

（5）假设——推理教学策略　这是一种着眼于培养学生逻辑思维能力的教学策略。它的主要步骤是：问题—假设—推理—验证—结论。

在"问题"阶段，教师应提出难易适中的问题，并使学生明确问题的指向性；在"假设"阶段，教师应运用问题情境引导学生通过分析、综合、比较，努力提出各种假设，并围绕假设进行"推理"，从而逐步形成当前教学目标所要求掌握的概念；在"验证"阶段，应由教师或学生自己进一步提出事实来说明刚刚获得的概念；在"结论"阶段，由教师引导学生回顾教学活动，分析思维过程，总结学习收获。

这种策略的优点是有利于发展学生的逻辑思维能力；不足之处在于比较局限于数理学科的教学内容。

（6）示范——模仿教学策略　这种策略特别适合于实现动作技能领域的教学目标。它的主要步骤是：定向—参与性练习—自主练习—迁移。

在"定向"阶段，教师既要向学生阐明动作要领和操作原理，还要向学生做示范动作；在"参与性练习"阶段，教师指导学生从分解动作开始做模仿练习，并根据每次练习结果给予帮助、纠正和强化，使学生基本掌握动作要领；在"自主练习"阶段，学生由单项动作与技能的练习转向合成动作与技能的练习，并可逐步减少甚至脱离教师的现场指导；在"迁移"阶段，要求学生不仅能独立完成动作技能的操作步骤，还能将习得的技能应用于其他类似的情境。

2. 以"学"为主教学策略的设计

在建构主义的教学模式下，目前已开发出的、比较成熟的教学策略主要有以下几种。

（1）支架式教学策略（scaffolding instruction）　　根据欧共体"远距离教育与训练项目"的有关文件，支架式教学被定义为："支架式教学应当为学习者建构对知识的理解提供一种概念框架（conceptual framework）。这种框架中的概念是为发展学习者对问题的进一步理解所需要的，为此，事先要把复杂的学习任务加以分解，以便于把学习者的理解逐步引向深入。"很显然，这种教学思想是来源于苏联著名心理学家维果斯基的"最邻近发展区"理论。维果斯基认为，在儿童智力活动中，对于所要解决的问题和原有能力之间可能存在差异，通过教学，儿童在教师帮助下可以消除这种差异，这个差异就是"最邻近发展区"。换句话说，最邻近发展区定义为，儿童独立解决问题时的实际发展水平（第一个发展水平）和教师指导下解决问题时的潜在发展水平（第二个发展水平）之间的距离。可见儿童的第一个发展水平与第二个发展水平之间的状态是由教学决定的，即教学可以创造最邻近发展区。因此教学绝不应消极地适应儿童智力发展的已有水平，而应当走在发展的前面，不停地把儿童的智力从一个水平引导到另一个新的更高的水平。

建构主义者正是从维果斯基的思想出发，借用建筑行业中使用的"脚手架"（scaffolding）作为上述概念框架的形象化比喻，其实质是利用上述概念框架作为学习过程中的脚手架。如上所述，这种框架中的概念是为发展学生对问题的进一步理解所需要的，也就是说，该框架应按照学生智力的"最邻近发展区"来建立，因而可通过这种脚手架的支撑作用（支架作用）不停地把学生的智力从一个水平提升到另一个新的更高水平，真正做到使教学走在发展的前面。

知识超链接

化学教学支架类型[1]

① 范例支架　　范例即举例子，它是符合学习目标的学习成果（或阶段性学习成果），往往包含了特定主题的学习中最重要的探究步骤或最典型的成果形式。如教师在要求学生通过制作某种电子文档来完成学习任务时，他可以展示往届学生的作品范例。也可以从学生的视角出发制作范例来展示。好的范例在技术和主题上会对学习起到引导作用，同时避免拖沓冗长或含糊不清的解释，帮助学生较为轻松地达到学习目标。

范例并不一定是电子文档等有形的实体，还可以是老师操作的技巧和过程。教师在展示这种非实体的范例时，可以边操作边用语言指示说明，对重要的方面和步骤进行强调。

② 问题支架　　所谓问题是指在一定情境中人们为了满足某种需要或完成某一目标所面临的未知状态。它是学习过程中最为常见的支架，相对"框架问题"而言，支架问题的系统性较弱，有经验的教师会在学生的学习过程中自然地、应急地提供此类支架。同时，在特定主题的学习中，"支架问题"往往比"框架问题"更具结构性，更加关注细节和可操作性。当教师可以预期学生可能遇到的困难时，对支架问题进行适当设计是必要的。

---

[1] 张炳林，宁攀．支架式教学法及其在高中化学教学中的应用[J]．中学化学教学参考，2007（4）：5-7．

③ 建议支架　当学生在独立探究或合作学习遇到困难时，教师提出恰当的建议，以便于学习顺利进行。当问题支架的设问语句改成陈述语句时，"问题"支架就成为了"建议"支架。与问题支架相比，建议支架的建议少了一些系统性和整体的逻辑性，但它更直白，往往能直截了当地指出问题的关键所在。

③ 工具支架　在以学为主的教学活动中，为了保证学生学习过程的顺利实施，提供的认知、会话、协作、展示平台、共享平台等都可以算是工具支架，如知识库、语义网络、专家系统、概念图、BBS、电子白板、新闻组、PPT等。

高中化学学习中往往涉及一些微观世界的粒子。比如分子、原子、离子都是很难触及的一些微观粒子，我们可以借助多媒体工具加以展示。当然这仅仅是支架式教学中工具支架的一种形式，工具支架的形式是多样的。

③ 图表支架　图表包括各种表格和图式。它可以直观地表达事物之间的联系，系统地把握复杂问题的脉络。它用可视化的方式对信息进行了描述，尤其适合支持学生的高级思维活动，如解释、分析、综合、评价等。图表的形式也是多元化的，常用到的如表格、流程图、概念图、韦恩图、时间线以及统计学里的比较矩阵等。

（2）抛锚式教学策略（anchored instruction）　这种教学要求建立在有感染力的真实事件或真实问题的基础上。确定这类真实事件或问题被形象地比喻为"抛锚"，因为一旦这类事件或问题被确定了，整个教学内容和教学进程也就被确定了（就像轮船被锚固定一样）。建构主义认为，学习者要想完成对所学知识的意义建构，即达到对该知识所反映事物的性质、规律以及该事物与其他事物之间联系的深刻理解，最好的办法是让学习者到现实世界的真实环境中去感受、去体验（即通过获取直接经验来学习），而不是仅仅聆听别人（例如教师）关于这种经验的介绍和讲解。由于抛锚式教学要以真实事例或问题为基础（作为"锚"），所以有时也被称为"实例式教学"或"基于问题的教学"。

知识超链接

化学教学"锚"类 ❶

① 抛认知冲突式的"锚"　认知冲突是指在智能发展过程中原有概念（或认知结构）与现实情境不符时，在心理上产生的冲突现象。认知冲突的结果导致个人原有概念的改变。认知冲突在教学中经常出现，这时，我们就要利用学生的认知冲突有效地组织学生开展探讨。

② 抛陷阱式的"锚"　陷阱原指表面覆盖伪装的坑穴，比喻害人的圈套。陷阱式的"锚"指教师利用学生知识结构中的含糊点、易错点或盲点制造出相应的知识陷阱，引诱学生落入其中，再将学生从中"救起"或引导学生进行"自救"。这种制造陷阱的做法，对于厘清学生的模糊认识，防止学生错后再错，是非常有效的教学手段。

③ 抛开放式教学的"锚"　开放式教学理念倡导师生共同营造开放的教学和学习环境，即教学内容不局限于教科书，教学和学习的空间不局限于教室和实验室，教学方法不局限于粉笔

---

❶ 沈峥. 化学抛锚式教学中的"锚"怎么抛 [J]. 中学化学教学参考，2009（7）：19-20.

和黑板，极力营造开放式教学和学习的环境，培养学生自主学习的积极性，将知识传播与能力培养结合起来。在化学教学中我们可以以开放性问题为"锚"，为每个学生提供主动积极的活动保证，让每个禀性、天赋不同的学生都获得成功的机会。

④ 抛问题解决式的"锚"　问题解决式就是在一个或多个真实事例或问题的基础上，将学生引导到学习目标上来的一种探究式教学。

抛锚式教学的关键在于你怎样抛出这个"锚"，"锚"抛得好，学生学习的积极性就高，主观能动性就强，学习的效果也最佳，这个"锚"要抛到点子上，要抛到要害上。我们教师要做好这个工作，尽可能设计好教学中的"锚"，使学生紧紧围绕这个"锚"进行探究学习。

（3）随机进入教学（random access instruction）　由于事物的复杂性和问题的多面性，要做到对事物内在性质和事物之间相互联系的全面了解和掌握，即真正达到对所学知识的全面而深刻的意义建构是很困难的，往往从不同的角度考虑可以得出不同的理解。为克服这方面的弊病，在教学中就要注意对同一教学内容，要在不同的时间、不同的情境下、为不同的教学目的、用不同的方式加以呈现。换句话说，学习者可以随意通过不同途径、不同方式进入同样教学内容的学习，从而获得对同一事物或同一问题的多方面的认识与理解，这就是所谓"随机进入教学"。显然，学习者通过多次"进入"同一教学内容，将能达到对该知识内容比较全面而深入的掌握。这种多次进入，绝不是像传统教学中那样，只是为巩固一般的知识、技能而实施的简单重复。这里的每次进入都有不同的学习目的，都有不同的问题侧重点。因此多次进入的结果，绝不仅仅是对同一知识内容的简单重复和巩固，而是使学习者获得对事物全貌的理解与认识上的飞跃。

随机进入教学的基本思想源自建构主义学习理论的一个新分支——"认知灵活性理论"（cognitive flexibility theory）。这种理论的宗旨是要提高学习者的理解能力和他们的知识迁移能力（即灵活运用所学知识的能力）。不难看出，随机进入教学对同一教学内容，在不同时间、不同情境下、为不同的目的、用不同方式加以呈现的要求，正是针对发展和促进学习者的理解能力和知识迁移能力而提出的，也就是根据认知灵活性理论的要求而提出的。随机进入教学主要包括以下几个环节。

① 呈现基本情境　向学生呈现与当前学习主题的基本内容相关的情境。

② 随机进入学习　取决于学生"随机进入"学习所选择的内容，而呈现与当前学习主题的不同侧面特性相关联的情境。在此过程中教师应注意发展学生的自主学习能力使学生逐步学会自主学习。

案例研讨　"金属钠的性质"内容的教学[1]

教师给学生演示观察钠在水中反应的实验现象，引导开展随机进入教学，学生从物质的状态、能量、性质等不同方面，以不同途径、不同方式进入主题内容，自主地获得不同的结论："钠放入水里浮在水面，说明钠的密度比水小""钠与水反应立即熔化成光亮的小球，说明反应

---

[1] 陈素余，蔡亚萍. 论随机进入化学教学［J］. 化学教学，2008（7）：17-19.

放热，钠的熔点低""钠球在水面四处游动，说明有气体产生并推动钠球游动""钠球很快与水反应并消失可以看出反应非常剧烈"等，从而促使学生的高级学习产生连贯性与类推性，帮助学生对同一概念的多维度理解，达到对金属钠的性质内容较全面而又深入的掌握。

③ 思维发展训练　由于随机进入学习的内容通常比较复杂，所研究的问题往往涉及许多方面，因此在这类学习中，教师还应特别注意发展学生的思维能力。其方法是：a. 教师与学生之间的交互应在"元认知级"进行（即教师向学生提出的问题，应有利于促进学生认知能力的发展而非纯知识性提问）；b. 要注意建立学生的思维模型，即要了解学生思维的特点（例如教师可通过这样一些问题来建立学生的思维模型："你的意思是指？""你怎么知道这是正确的？""这是为什么？"等）；c. 注意培养学生的发散性思维（这可通过提出这样一些问题来达到："还有没有其他的含义？""请对 A 与 B 作出比较？""请评价某种观点"等）。

案例研讨　**炼铁的教学**

教师可以引导学生从以下不同角度切入思考。① 历史角度：人类早在 6000 年前就开始利用铁，2000 年前人类发明了从矿石里冶炼铁的方法，那么人类最早利用的单质铁与现代生活中的铁制品的来源相同吗？② 化学分析的角度：生铁中含有哪些元素？不同的元素质量百分比对铁的硬度、熔点等物理性质、化学性质有什么影响？③ 地矿、冶金的角度：工业上冶炼铁的原料是什么？冶炼场地、工具、设备是什么，有什么要求，冶炼过程所需的温度、化学反应原理是什么？④ 环保的角度：工业上冶炼铁的最终副产物是什么，该如何处理？⑤ 艺术审美的角度：生铁硬而脆，可铸不可锻吗？学生通过对问题的不同看法和了解，全面而深刻地掌握炼铁的有关化学方程式，及在高温下用还原剂（CO）从铁矿石里把铁还原出来的原理等有关方面的知识。

④ 小组协作学习　围绕呈现不同侧面的情境所获得的认识展开小组讨论。在讨论中，每个学生的观点在和其他学生以及教师一起建立的社会协商环境中受到考察、评论，同时每个学生也对别人的观点、看法进行思考并作出反映。

⑤ 学习效果评价　包括自我评价与小组评价，评价内容与支架式教学中相同。由以上介绍可见，建构主义的教学策略尽管有多种不同的形式，但是又有其共性，即它们的教学环节中都包含有情境创设、协作学习（在协作、讨论过程中当然还包含有"对话"），并在此基础上由学习者自身最终完成对所学知识的意义建构。这是由建构主义的学习环境所决定的。如前所述，建构主义的学习环境包含情境、协作、会话和意义建构等四大要素。既然上述各种教学策略都是在建构主义学习环境下实施的，那就不能不受到这些要素的制约，否则将不称其为建构主义理论指导下的教学过程。

3. "主导-主体"教学策略的设计

（1）自主学习的教学策略设计　自主学习是指学习者根据学习能力和学习任务，自主地选择学习策略和努力程度，在自我探索、自我监控和自我强化的过程中实现学习的一种方式。自主学习是新课程提倡的三种基本学习方式之一，它不仅是探究学习和合作学习的基础，另外对于发挥学生的主体作用，培养学生的主体意识，形成具有独特个性和全面发展的人，具有不可替代的作用。

自主学习相对的是"被动学习""机械学习"和"他主学习"。综合国内外学者的研究成果，相当一部分学者比较认同我国学者肖川的观点，他认为"自主学习"具有以下几个方面的特征。

① 学习者参与确定对自己有意义的学习目标的提出，自己制订学习进度，参与设计评价指标。

② 学习者积极发展各种思考策略和学习策略，在解决问题中学习。

③ 学习者在学习过程中有情感的投入，学习过程有内在动力的支持，能从学习中获得积极的情感体验。

④ 学习者在学习过程中对认知活动能够进行自我监控，并作出相应的调适。

这里所说的自主学习是指教学条件下学生的高品质学习。所有的能有效地促进学生发展的学习，都一定是自主学习。

通常学生要实现自主学习，必须以一定的心理发展水平为基础——"能学"，以学生的内在动机为前提——"想学"，以学生掌握一定的学习策略做保障——"会学"。自主学习既是一种能力（从他主演变为自主），也是一个过程（这过程中少不了老师的参与）。

① 自主学习方式的基本程式❶ 自主学习方式是主动地有主见地学习，它不是放任自流地学习，也不是自由散漫地学习。它是强调预期性、参与性、自控性和创新性等主要特征的学习方式。

该学习的基本程式为：生疑—质疑—释疑—拓展。

生疑：教师组织学生进行自学，让学生在自学中发现自己能力范围所不能解决的问题。

质疑：教师引导学生质疑，在互相交流过程中提出疑难问题，简单的问题立即解决，不能解决的重难点问题认真筛选，让全体学生参与讨论，筛选问题的形式不仅是选择，还可以是完善、合并、修正表述。

归纳释疑：对知识本身作深入探讨，领悟它们之间深层的联系，并对学习方法进行归纳、改进，提出独特见解。

巩固拓展：巩固是对学习知识的尝试记忆，尝试记忆不仅是单一形式的练习，更重要的是在实践中运用，在反思中调整，并结合现实问题深化发展。

② 自主学习的教学策略❷ 创设民主、融洽、和谐的教学氛围。民主、融洽、和谐的教学氛围是学生自主学习能力发展的前提，这种氛围的基础是民主平等的师生关系。这就要求教师尊重学生的主体地位，让学生生动、活泼、自主地发展，即要尊重学生的个性、人格与权利。

创设有利于学生自主学习的情境，如选取一些富有趣味性，挑战性的化学学习素材，采取阅读、讨论、网络搜索、调查、访问等学习形式。

培养学生的自主学习能力。教学中要注意培养学生自主参与的主体意识和自我监控能力，加强对学生自主学习活动的引导和帮助，让学生在自主学习活动中不断获得成功的体

---

❶ 金伯明，江再富．科学课程标准下学生学习方式的研究［J］．中学化学教学参考，2005（8-9）：30-33．
❷ 江家发．化学教学设计论［M］．济南：山东教育出版社，2004：97．

验，以此增强学生自主学习的动力和信心。

需要注意的是，自主学习不是说不要教师的指导，而是在教师指导下的能动地学习，这是与自学的根本区别。而且这种指导贵在动机的激发、方法的导引、疑难的排除，但也不能把教师的指导变成对学生主动参与教学的控制。否则，任何自主学习的教学策略都将失去意义。

案例研讨　他知道了如何去学习❶

某学生接触了金属的一些用途后，想知道金属具有哪些共同的物理性质。在老师的鼓励下，他准备约几个好朋友一起去寻找答案。他（们）从周围社区及化学实验室中收集了一些常见的金属，如铜丝、铁钉、不锈钢、铝、镁条、锌片、水银、镍币等，在实验室做了下面的实验。

① 观察金属外表，发现大部分金属表面有锈斑；
② 观察颜色与状态，发现颜色并不相同，但擦去锈蚀后，都有光泽；除水银是液体外，其余都是固体；
③ 依据物理学测定密度的方法，粗略地比较密度大小，发现铜、锌等密度较大，镁、铝等的密度较小；
④ 他们想测一下这些金属的熔点，发现有些金属在加热时很容易燃烧，而另一些在实验室的条件下不会熔化；
⑤ 进行导电、导热性实验，发现绝大多数是热和电的良导体；
⑥ 用实验测定金属是否都具有磁性，发现只有铁和镍具有磁性。

综合以上实验，他（们）认为，金属共同的物理性质是：通常情况下，除水银外都是固体，具有金属光泽，容易锈蚀，是热和电的良导体。然后他又从参考资料上查找正确答案，并向老师求证，发现金属的锈蚀属于化学变化。

（2）合作学习的教学策略设计　合作学习通常是由教师分配学习任务和控制教学进程；是让学生在小组活动中，根据一定的学习目标，通过共同学习讨论研究，每个学生都达到一定目标的学习活动；是学生在小组或团队中为了完成共同任务，有明确的责任分工的互助性的学习活动。

合作学习是以现代心理学和教育学等为基础，以师生、生生合作为基本动力，以小组活动为基本方式，以标准参照评价为基本手段，以学生发展为根本目标的学习方式。艾丽斯和威琳指出，合作学习模式具有两个共同的本质特征：一是积极的相互依赖，合作学习需要小组的成员积极进行分工协作，个体的学习成功依赖于小组的学习成功。二是个体的可依赖性，学习小组的成员各负其责，各尽其力。

① 合作学习方式的基本程式❷　该学习模式的基本程式为：选定课题—小组设计—实践活动—总结评价。

---

❶ 吴俊明. 新课程理念与初中化学课程改革［M］. 长春：东北师范大学出版社，2002：97-98.
❷ 金伯明，江再富. 科学课程标准下学生学习方式的研究［J］. 中学化学教学参考，2005（8-9）：30-33.

a. 选定课题　确定要学习的内容或任务。教师创设目标情境，学生通过阅读明确学习目标，在目标的驱动下积极思考知识的纵横向之间的联系。

b. 小组设计　研究小组学习的规模、划分学习小组，并承担相关的学习责任。

c. 实践活动　学习小组的成员面对面交谈、讨论学习材料。在小组内交流和研究，发表意见，筛选最佳的意见和建议或解决问题的方法，参与全班交流。

d. 总结评价　向全班提交小组的学习结果，完成形成性评价训练题，自评，分析错误的原因，及时反思纠正。或进行组内互评，交流解题方法，共享最佳成果。教师总结、评价各组的学习，必要时对学习内容进行补充讲解。

如"基于学习专题的课堂合作学习方式：盐类的水解和原电池等""基于实验-探究的合作学习方式：在氢氧化亚铁制备实验中，如何对实验重新设计从而防止氢氧化亚铁被氧化等""基于复习课的合作学习方式：教师在课后布置学生对这一章的教学目标、各个知识点、重点和难点进行精心概括，梳理成知识网络，从而形成有特色的复习专题""以科研全过程训练为目的的合作学习：设计从海带中提取碘的实验"等。

② 合作学习的教学策略[1]

a. 学习小组是合作学习活动的基本单位　传统的班级授课制是以八级群体为教学活动的基本单位。与此不同，合作学习的基本单位不是班级群体而是学习小组。以学习小组为教学活动的基本单位提高了单位教学时间内学生参与教学活动的概率。建立学习小组的关键是"组间同质，组内异质"。所谓组间同质是指班级内部的若干学习小组在整体学习能力上相当。组间同质使以小组整体活动效果为主要评价指标的合作学习教学评价成为可能。所谓组内异质是指学习小组内成员之间在学习能力，知识水平等方面存在一定的层次结构。组间异质使小组成员之间具有学习上的互补性。总之，具有一定层次结构的学习小组是合作学习活动的基本单位。

b. 小组合作目标是组内成员合作的动力和方向　小组合作目标是凝聚组内成员的巨大力量，是推动小组成员积极活动的动力，也为小组成员的活动指明了方向。严格地说，没有共同目标作为合作基础的学习小组只能被称为有若干个体组成的群体。这样的群体既不可能激发群体中个体的力量，也不可能通过规范个体行为使群体中的个体的力量汇集成一股强大的力量指向一定的目的、方向。因此，共同努力的目标可以说是学习小组的关键因素。它具有凝聚、定向、规范的功能。

c. 组内成员之间的分工协作是合作学习的基本活动形式　学习小组是建立在一定的共同努力目标的基础上的，这为组内分工协作提供了基础。小组内成员在学习能力、知识水平上的差异使成员之间的分工协作成为必要。分工是建立在对共同目标的合理分解上的，通过对共同目标的分解，使目标实现的难易程度与承担相应目标的小组成员的知识能力水平相适应。协作是分工基础上的协作。适当的分工既有利于培养学生对小组共同目标的责任感，也有利于学生通过努力实现自己所承担的目标进而体验成功的快乐。协作有利于培养现代社会所必须具有的团队精神。

---

[1] 江家发. 化学教学设计论［M］. 济南：山东教育出版社，2004：98.

d. 小组活动的整体效果是合作学习活动的主要教学评价指标 从一定意义上说，教学评价是评定教学活动是否实现教学目标及实现教学目标的程度的过程。学习小组是建立在一定共同目标之上的学习集体，共同目标的实现与否及其实现的程度与小组成员的努力程度分不开。因此，对学习小组学习效果的评价也主要是对小组全体成员通过努力实现小组共同目标的评价，而不是对小组内每个组员实现各自所承担的目标的完成情况的评价。这种以小组活动的整体效果为主要指标的教学评价，不仅是将共同目标作为建立学习小组的基础这一事实的符合逻辑的推导，也是增强学习小组凝聚力，通过合作学习培养学生合作性竞争意识及团队精神的需要。

案例研讨 日用洗涤剂的研究

本课学习的目的是使学生对洗涤剂的去污原理、肥皂及合成洗涤剂的制备、洗衣粉对环境影响等知识有所了解；在社会调查活动中增强学生的社会实践能力；在收集资料、制备肥皂、洗涤剂的活动中，培养学生正确的科学态度，并初步了解和学会科学研究的一般方法。

［创设情境］洗涤剂知识背景介绍（略）

［问题研究］、［合作学习］

探究活动一——调查身边的常用洗涤剂

过程：

① 确定分组，各组选定一名组长；

② 分组讨论，初步拟定商场调查的内容和计划（洗涤剂的种类、品牌、价格等）；

③ 确定分工（具体落实到个人）及调查的超市；

④ 根据调查的内容制定调查表格；

⑤ 开汇总会，分析调查结果。

探究活动二——肥皂、合成洗涤剂的制备

过程：

① 分组查阅资料、学习洗涤剂去污原理；

② 各组查资料、讨论确定实验方案；

③ 实施实验：实验药品的准备，实验溶液的配制，实验实施；

④ 实验小结会：实验成功的小组可以介绍成功经验，实验失败的则可以与成功的小组共同分析、总结出本实验的关键。

实验产品成果展示、评价（可以从外观、实用效果等方面）。

探究活动三——测定肥皂的pH值、肥皂和合成洗涤剂的性能比较

过程：

① 设计实验数据表格；

② 测定肥皂的pH值；

③ 查资料、调查肥皂酸碱性对人皮肤的影响；

④ 汇总、讨论。实验成功的小组可以介绍成功经验，实验失败的则可以与成功的小组共同分析、总结出本实验的关键。

实验产品成果展示、评价（可以从外观、实用效果等方面）。

（3）探究学习的教学策略设计　探究学习是从学科领域或现实生活中选择和确定研究主题，在教学中创设一种类似于学术研究的情境，通过学生独立、自主地发现问题、实验、操作、调查、信息搜集与处理、表达与交流等探索活动，获得知识与技能，发展情感与态度（特别是探索精神和创新能力）的学习方式和学习过程。

① 探究学习方式的基本程式　提出问题；猜想与假设；制定计划；进行实验；收集证据；解释与结论；反思与评价；交流与表达。

② 探究式学习类型　按场所可分为课堂探究和课外探究；按内容可分为理论探究和实验探究。

课内探究是在教师的指导下，学生进行类似科学探究的学习，通过合作、讨论来分析课题，搜集资料，确定方案，实施研究直到课题解决。课内探究的基本策略为以学生为主体，以活动为载体，以课题研究为基本形式，以探究为核心，以感悟科学方法和培养探究能力为宗旨。如"K_2O 与 H_2O 反应是否也只生成 KOH 呢""氯气与水的反应、氯水的成分"等都适合于课内探究学习。

课外探究是以课题研究为主要形式的自主探究活动，学生在教师的指导下，根据各自的兴趣、爱好和条件，选择不同的研究课题，组成课题组，像科学家那样独立自主地开展课题研究。在研究过程中获取知识、感悟方法、体验情感、培养创新精神和创新能力。其学习程式为具有问题意识、确定研究课题、制定研究方案、课题研究实施、研究结果表达、总结以及交流。如"铁与补铁""日用洗涤剂的研究"等都适合于课外探究学习。

③ 科学探究学习的教学策略❶

a. 创设问题的情境要与学生的生活实际相联系，从学生熟悉的、感兴趣的现象、事实（包括实验）或经验出发。

b. 要尽量发散学生的思维，使他们能提出尽可能多的假设。对于学生已有的认识的正误，不立即给予评价反馈，只是作为一种观点。

c. 教师要为学生的探究活动提供尽可能多的帮助。例如，提供实验仪器和药品，围绕问题情境的相关素材或资料，适时的点拨诱导等。

d. 学生探究活动结束后，教师要给学生机会进行讨论，总结归纳，然后再进行小组间的汇报交流，最后得出一致性的结论。

案例研讨

《化学1》（必修）人教版教材第三章第一节"铁及其化合物"内容的探究教学设计和组织的学习活动如下❷。

"一个好的教学情境，应该能够不断地产生驱动性问题，驱动学生层层深入分析问题，解决问题，从而获得知识与方法。"本节课充分发挥情境的教育价值和迁移价值，从"暖宝宝"这一

---

❶　江家发. 化学教学设计论［M］. 济南：山东教育出版社，2004：95.
❷　刘妍，王秀红，张冬华. 基于化学学科核心素养的"铁盐和亚铁盐"教学设计［J］. 化学教育，2019，40（7）：33-37.

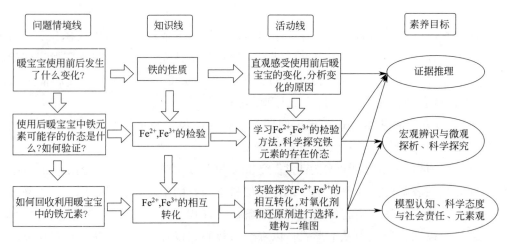

图 6-10 铁及其化合物知识体系

个情境出发，衍生出 3 个学科问题：①暖宝宝使用前后发生了什么变化？②使用后暖宝宝中铁元素可能存在的价态是什么？如何验证？③如何回收利用暖宝宝中的铁元素？成功将 Fe^{2+}，Fe^{3+} 的检验及 Fe^{2+}，Fe^{3+} 的相互转化等核心知识（图 6-10）蕴含其中，通过情境活动，搭建知识与素养之间的桥梁，帮助学生建构完整知识体系，形成看待问题的化学视角，发展学生的化学学科核心素养。

4. 化学核心教学策略的设计

所谓化学核心教学策略是指对完成化学学习任务，促进化学学科核心素养发展发挥不可或缺作用的策略，如"演示实验策略"和"理论解释策略"。❶ 可见，它在引导学生完成化学学习任务和促进学生化学学科核心素养发展方面发挥着核心作用。

化学核心教学策略的构成要素是"素材（手段）""活动"和"素养功能"，一般的描述方式为"利用……素材，开展……活动，实现……素养功能"。不过，像以下两个化学教学策略中，"讲解并演示不同种类电解质的导电性实验"只保留了活动要素，而将素材和素养功能略去了。"问题驱动学生解释不同种类电解质在不同状态下导电情况不同的原因"隐含着素养功能，而将素材和活动略去了。通常情况下，在实际的表述中，这三个要素常有一个或两个被省略。

化学核心教学策略的确定要确保化学学习内容素养功能的实现。因此，教师在确定化学核心教学策略时，应对化学学习内容的素养功能有较为清晰的认识。例如，"整体规划实验及探究教学，发挥典型实验探究活动的作用"这一教学策略的素养功能在于通过探究实验活动，培养学生的"科学探究"素养。再如，"注重组织学生开展概括关联、比较说明、推论预测、设计论证等活动"，这一教学策略的素养功能在于通过组织学生讨论活动，培养学生的"证据推理"素养。

化学核心教学策略的确定要结合化学学科核心概念或学科主题，反映和体现化学知识的学科认识特点。例如，"以典型简单有机化合物为例，引导学生建立官能团与有机化

---

❶ 郑长龙. 化学课程与教学论［M］. 第 2 版. 长春：东北师范大学出版社，2018：7.

合物分类的初步认识",这一教学策略紧密结合"有机化合物的结构特点"这一化学学科主题,"官能团分类"体现了有机化合物的学科认识特点。

◆ 思考与交流

（1）请参考相关资料，用思维导图列出化学结课的常用方法。

（2）根据学习结果分类，又可将化学教学策略分成：中学化学事实性知识的教学策略、中学化学理论性知识的教学策略、中学化学技能性知识的教学策略、中学化学策略性知识的教学策略、中学化学情意类内容的教学策略，请查找相关资料，进行整理并在小组中交流。

（3）针对典型具体的化学教材内容，设计化学核心教学策略。

阅读指南

［1］ 高文．教学模式论［M］．上海：上海教育出版社，1998．

［2］ 毕华林，亓英丽．高中化学新课程教学论［M］．北京：高等教育出版社，2005．

［3］ 杨九俊．教学组织策略与技术［M］．北京：教育科学出版社．2006

［4］ 娄延果，郑长龙．对课堂教学"有效教学行为"的反思［J］．教育科学研究，2009（10）：59-61．

［5］ 郑长龙．化学课堂教学板块及其设计与分析——祝贺《化学教育》刊庆30周年［J］．化学教育，2010，31（05）：15-19．

［6］ 吴良根．化学教学中"先行组织者"呈现方式及其应用［J］．教育实践与研究，2010（9）：54-56

［7］ 经志俊．在化学课堂教学中践行陶行知教育思想——"3S+L"教学模式的创建与实践［J］．化学教育，2013，34（04）：54-56．

［8］ 高家芳，秦淼．关于"高效课堂"的几点冷思考［J］．课程·教材·教法，2014，34（02）：125．

［9］ 高盼望．中小学课堂教学模式的调查与思考［J］．课程·教材·教法，2014，34（02）：124

［10］ 郑长龙．化学课程与教学论［M］．第2版．长春：东北师范大学出版社．2018：7．

第七章
信息技术与化学课程整合教学设计

> 用新观念、新技术，办新教育，培养新人才，积极推进教育现代化建设，这就是我们教育工作者的时代使命。
>
> ——南国农

> 在网络时代，"理论上应推陈出新，观念上应与时俱进"这是社会发展的必然要求，如果在理论上因循守旧，我们必将成为落伍者，甚至被时代所抛弃；反之，如果能在思想观念上不断破旧立新，我们就能勇立潮头，走在时代的前列，实现各种工作，包括教育工作的跨越式发展。
>
> ——何克抗

思维导图

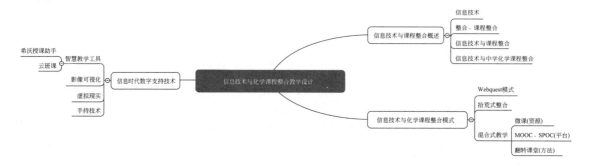

一、信息技术与课程整合概述

（一）信息技术

凡是能扩展人的信息功能的技术，都是信息技术。可以说，这就是信息技术的基本定义。它主要是指利用电子计算机和现代通信手段实现获取信息、传递信息、存储信息、处理信息、显示信息、分配信息等的相关技术。其中应用在教育领域的信息技术主要包括数字音像技术、卫星电视广播技术、多媒体计算机技术、人工智能技术、计算机局域网技术、因特网技术和虚拟现实仿真技术等。其中多媒体与网络技术已在教育领域得到了广泛的应用。

我国著名的教育技术专家南国农先生认为❶，信息技术主要是指对信息的采集、加工、存储、交流、应用的手段和方法的体系。它的内涵包括两个方面：①手段——各种信息媒体，如多媒体技术、计算机网络等，是一种物化形态的技术；②方法——运用信息媒体对各种信息进行采集、加工、存储、交流、应用的方法，是一种智能形态的技术。信息技术是由信息媒体和信息媒体的应用方法这两个要素组成的。

（二）整合、课程整合

"整合"，一词对应的是英美科学界和哲学界中的术语"integrate"。整合（integration）英文解释为"The condition of being formed into a whole by the addition or combination of parts or elements"，其主要含义是综合、融合、集成、一体化、使成为整体等。即将一个系统中各个要素和部分进行整理、组合，使它们相互渗透、相互适应、融合成为一个整体，从而发挥最大效益。最早将"整合"作为专门术语使用的是英国哲学家赫伯特·斯宾塞（1862年出版的《第一原理》中）。美国著名教育心理学家布鲁纳在《教育过程》一书中较早将整合理念应用到教育中。教育、教学中的"整合"可以理解为"教育、教学系统中各要素的整体协调、相互渗透，以发挥教育系统的最大效益"。

课程整合（curriculum integration）指的是对课程设置、各课程教育教学的目标、教学设计、评价等要素作系统的考察与操作，也就是说要用整体的、联系的、辩证的观点来认识、研究教育过程中各个因素间的关系。广义的课程整合是指课程的名目不变，但相关课程的课程目标、教学与操作内容（包括例子、练习等）、学习的手段等课程要素之间相互渗透、相互补充。狭义的课程整合通常是指将原来相互分裂的课程综合化，使之有机联系。"课程整合"概念的提出，是教育理念一次质的飞跃。"课程整合"根本的内涵，体现在其更加关注学习者，不但关注信息技术并使其成为学习工具，同时也关注信息技术对学习内容和学习环境的革新。

（三）信息技术与课程整合

信息技术与课程整合（integrating information technology into the curriculum 简称IITC）是一个包含着多种思想、实践的概念，研究者们从不同的视角给出了其不同的界定。以下为国内几位著名教育技术专家关于信息技术与课程整合的论述。

华南师范大学李克东教授提出信息技术与课程整合❷是指在课程教学过程中把信息技术、信息资源、信息方法、人力资源和课程内容有机结合，共同完成课程教学任务的一种新型的教学方式。它的基本思想包括三点：要在以多媒体和网络为基础的信息化环境中实施课程教学活动；对课程教学内容进行信息化处理后成为学习者的学习资源；利用信息加工工具帮助学生知识重构。

---

❶ 南国农．信息技术教育与创新人才培养（上）[J]．电化教育研究，2001（8）：42-45.
❷ 李克东．数字化学习——信息技术与课程整合的核心 [J]．电化教育研究，2001：35.

化学教学设计与案例研讨

北京师范大学现代教育技术研究所何克抗教授认为信息技术与课程整合的本质与内涵❶是要求在先进的教育思想、理论的指导下，尤其是主导—主体教学模式的指导下，把以计算机及网络为核心的信息技术作为促进学生自主学习的认知工具与情感激励工具、丰富的教学环境的创设工具。将这些工具全面地应用到各学科教学过程中，使各种教学资源、各个教学要素和教学环节，经过整理、组合，相互融合，在整体优化的基础上产生聚集效应。从而促进传统教学方式的变革，也就是促进以教师为中心的教学结构与教学模式的变革，从而达到培养学生创新精神与实践能力的目标。

华东师范大学教育科学学院祝智庭教授认为信息技术与课程整合❷是指把技术以工具的形式与课程融合，以促进对某一知识领域或多学科领域的学习。技术使学生能够以前所未有的方法进行学习。只有当学生能够选择工具帮助自己及时地获取信息、分析与综合信息并娴熟地表达出来时，技术整合与课程才是有效的。技术应该像其他所有可能获得的课堂教具一样成为课堂的内在组成部分。

我国著名电教专家南国农教授则认为信息技术与课程整合❸是指将信息技术以工具的形式与课程融合，以促进学习。这也意味着将信息技术融入课程教学系统各要素中，使之成为教师的教学工具、学生的认识工具、重要的教材形态、主要的教学媒体；或指将信息技术融入课程教学的各个领域：班级授课、小组学习、自主学习，使信息技术成为既是学习的对象，又是学习的手段。

从上面引述的各位专家对整合的界定可以看到，每种界定都有其特定的背景和视角。我们可以将目前信息技术与课程整合的定义分为"大整合论"和"小整合论"。

"大整合论"主要基于课程是一个较大的概念，指将信息技术融入到课程的整体中去，改变课程内容和结构，变革整个课程体系。

"小整合论"则将课程等同于教学。这种观点将信息技术与课程整合等同于信息技术与学科教学整合，信息技术主要作为一种工具、媒介和方法融入到教学的各个层面中，包括教学准备、课堂教学过程和教学评价等。这种观点是目前信息技术与课程整合实践中的主流观点。

信息技术与课程整合概念的分化反映了人们看待信息技术作用的不同视角。在研究与实践中，持"大整合论"的人一般都是专家学者，而一线教师和教研人员则比较认可"小整合论"。

从整个基础教育改革的角度出发，"小整合论"是符合当前的发展趋势和实践要求的。信息技术与课程整合特别需要关注教学实践层面的问题。强调信息技术与课程整合是在先进的教育思想、理论的指导下，在熟悉信息环境和把握学科课程内在元素的基础上，充分利用和挖掘信息技术的优势，并以此作为切入点进行教学设计，把信息技术与信息资源、人力资源和课程内容有机结合，调动教师的创造性和学生的参与意识，共同完成课程教学任务。

信息技术与课程整合的核心是数字化学习。在过去很长一段时间里，人们把信息技术应用到教学过程中存在的一个偏向，就是把信息技术作为演示工具，把太多的注意力放在单纯的事

---

❶ 何克抗．关于信息技术与课程整合的理论思考［J］．中小学信息技术教育，2002：29．
❷ 李伟明．信息技术与课程整合探索［M］．广州：广东教育出版社，2002．
❸ 南国农．教育信息化建设的几个理论和实际问题［J］（上）．电化教育研究，2002（11）：3-6．

物演示和教学内容的呈现上,而未能充分发挥信息技术具有数字化的优势,更忽视了与学科课程的有效整合。从目前国内外研究的现状看,信息技术与学科课程整合的实质是如何将信息化的课程学习内容和资源放在数字化学习环境中运行,进行课程内容学习,从而实现课程教学目标,让学生学会进行数字化学习。其要点是:①课程学习活动是在数字化学习环境中实施。这是指学与教的活动要在多媒体计算机、多媒体教室、多媒体网络教室、校园网、因特网中运行,学与教活动包括讲授、演示、自主探究、讨论、协商学习、虚拟实验、创作实践等环节。②课程学习内容是经过数字化处理并成为学习者的学习资源。包括教师开发和学生创作的,编制成电子演示文稿、多媒体课件、网络课程等的课程学习内容,来讲授或作为学生自主学习的资源;充分利用全球共享的数字化资源作为课程教学的素材资源,如经数字化处理的视频资料、音频资料、图像资料、文本资料等作为教师开发或学生创作的素材整合到与课程教学内容相关的电子文稿、课件之中,整合到学习者的课程教学内容中;利用全球共享的数字化资源,如某些专业文献、新闻报道与课程内容融合在一起直接作为学习对象,供学生进行学习、评议、分析、讨论。③课程学习知识是经过学习者利用信息工具进行重构和创造的。在课程学习中,利用诸如文字处理、图形、图像处理、信息集成等工具,让学生对课程学习内容进行重组、创作,不仅使学生获得知识,而且能够帮助学生建构知识。

与传统学习方式相比,以数字化学习为核心的信息技术与课程整合具有以下特征:学习是以学生为中心的、个性化的、能满足个体需要的;学习是以问题或主题为中心的;学习过程是交互的、协商的和合作的;学习是具有创新性和再生性的;学习可以是不受时空限制的、终身的。

信息技术在教学中的角色可分为五个等级,从等级 **0** 到等级 **4**,见表 **7-1**。

表 7-1　信息技术在教学中的角色等级

无(等级0)	教学中没有使用任何的信息技术,信息技术在教学中未扮演任何角色
分离(等级1)	信息技术被用来教学生如何使用信息技术;信息技术与其他课程内容没有连接,或连接性很低
补充(等级2)	师生偶尔使用信息技术来教学与学习;信息技术在既有的教学活动中被视为补充的角色
支持(等级3)	在大部分学习活动中需要用到信息技术;信息技术在教学中扮演着支持的角色
整合(等级4)	在日常的教学活动中,师生很自然地使用信息技术来教学与学习;信息技术被延伸地视为一项工具、一个方法或一种程序

(四)信息技术与中学化学课程整合

化学教学是由化学教师、学生和化学教学媒体等诸要素组成的一种复杂的系统。化学教学媒体是化学教学系统中的物质要素,既包括化学教材(文字教材和音像教材)、化学教具(模型、图表等)、化学实验设施,也包括以计算机多媒体与网络技术为主的现代信息技术。

信息技术与高中化学课程的整合,是指在教育学、心理学等理论指导下,将信息技术有机融合到化学教学中去,与教学诸要素优化组合,从而形成新的教学模式。其整合宗旨是通过师生在化学教与学中有效地学习和使用信息技术，促进教师教学方式、学生学习方式、教学内容呈现方式和师生互动方式的变革，从而促进以教师为中心的传统教学方式的扬弃，实现学生的多样化学习，进而培养学生的创新精神与实践能力及利用信息技术解决问题的能力。

信息技术与高中化学课程的整合并不意味着以计算机多媒体与网络技术为主的现代教学媒体对传统的教学媒体（化学文字教材、模型、挂图、化学实验等）地彻底取代。尽管信息技术可以为学生创设多种学习环境，提高学生的学习效率，成为学生的认知和学习工具，在化学教学中发挥越来越重要的作用，但它仍然只是化学教学系统中的一个要素。信息技术在教学系统中必须服从、服务于化学教学目标，融合于化学教学系统之中，只有与其他要素相互协调，成为一个整体，才能实现现代教学媒体与传统教学媒体的结合，实现传统学习方式与数字化学习的结合；才能既发挥教师引导、启发、监控教学过程的主导作用，又充分体现学生作为学习过程主体的主动性、积极性与创造性，进而高效益地完成教学目标，真正实现信息技术与化学教学的整合。

在化学学科教学中，信息技术的作用主要包括以下几个方面。

（1）作为获取化学教学资源的工具　如采用各种搜索引擎、直接输入网站以及通过邮件列表获取所需资源。

知识超链接

化学教学资源常用网站网址如表 7-2 所示。

表 7-2　化学教学资源常用网站网址

k12 化学栏目	http://www.k12.com.cn
国家基础教育资源网	http://so.eduyun.cn/national/index
中国教研网	http://www.zgjiaoyan.com/hdhxgdbk_20000000
人教社中学化学	http://www.pep.com.cn/
中学化学资料网	http://www.e-huaxue.com/
"一师一优课一课一名师"国家教育资源公共服务平台	http://1s1k.eduyun.cn/portal/html/1s1k/index/1.html#
江苏省中小学教学研究室（化学）	http://hx.jssjys.com/
中国台湾化学教育	http://chemed.chemistry.org.tw/
加拿大 Simon Frasser 大学化学系 ChemCAI	http://www.chem1.com/chemed

（2）作为创设情境的工具　根据一定的课程学习内容，利用多媒体及网络技术创设有趣的、真实的、存在着问题的社会、自然情境，让学生具有真实的情境体验，在特定的情境中理解化学。通过在所呈现的情境中观察、分析、思考，激发学习兴趣、提高观察和思考能力；通过对问题情境的思考、探索，学会从中发现问题、解决问题；通过虚拟环境中的实验操作、观察现象、读取数据、科学分析，培养学生的科学研究态度和能力，掌握科学探索的方法与途径。

（3）作为协商、交流、讨论的工具　学生可以借助 NetMeeting、Internet Phone、ICQ、

E-mail、ChatRoom、BBS 等网络通信工具，实现相互之间的交流，参加各种类型的对话、协商、讨论活动。

（4）作为知识建构、创作实践和表达交流的工具　如利用文字处理、作图、排版、演示文稿等工具，通过信息集成工具、网页开发工具，组织、甄别、整合信息，建构意义。

（5）作为自我测评和学习反馈的工具　学生通过使用数字化的试题库及其测评、分析、管理系统进行学习水平的自我评价。

信息技术与化学教学的整合可划分为 3 个层面：理论层面、资源建设层面、化学学科应用层面❶。随着信息技术的不断发展，其在化学教学领域的应用不断深入，研究范围不断扩大，然而从理论层面探讨整合的文章却较少。

资源建设是信息技术与化学教学整合的重要基础，也是学者与一线教师研究的热点问题。按功能和应用，将其划分为 CMI（计算机管理教学）软件、CAI（计算机辅助教学）开发软件、学习工具软件、化学工具软件和 Internet 工具及资源 5 大类。如表 7-3 所示。

表 7-3　资源建设一览表

类别	应用	名称
CMI 软件	学生成绩的统计、分析和管理	Excel、SPSS、试卷讲评程序、在线测试系统
	教学研究工具	弗兰德斯互动分析系统（FIAS）
CAI 开发软件	多媒体素材制作	Microsoft Word、Photoshop、Windows 画图板、Flash、硕思闪客精灵、Virtools Dev、3d Studio max、Acrobat3D
	课件集成平台	Microsoft Producer、iebook、交互仿真课件
	网络教室	StarC 云端一体化教学平台
学习工具软件	认知工具	思维导图工具软件、体验式学习软件
	创作与发表工具	Authorware、Microsoft PowerPoint
化学工具软件	化学方程式书写	ChemSketch、公式编辑器
	分析结构和化学仪器图	Chemoffice、Excel、ChemSketch、ChemWindow、Diamond、MATLAB、Visual Molecular Dynamics、Flash、Jmol 软件
	化学计算和作图	Origin、MathCAD、Wolfram Mathematica、Excel、CurTiPot、Mincrosoft Graph、Gaussian、Sybyl、iSpartan
	化学实验软件	Crocodile Chemistry、化学仿真实验设计平台、IrYdium Chemistry Lab、Aspen plus 化工流程模拟软件
	化学工具开发	微观结构演示程序、形态分布计算软件、LABVIEW、有机化学人名反应查询系统
Internet 工具及资源	网络教学平台	VRML 网络平台、化学网上课堂、有机化学课程教学网站、WebQuest
	程序开发	微观结构演示程序
	网络化学教学资源	双语教学网络资源、有机化学双语教学网络资源、Chemcases、化学 MOOCs 课程、微课程、剑桥结构数据库
	网络资源共享工具	Chime 插件、微信公众平台

信息技术与化学教学整合，需要立足于化学学科教学的实际，从化学学科应用层面进行探讨。数字化实验是信息技术进步的历史产物，也是教育研究与技术研究的产物。教学设计是化学教学的重要环节，信息化的教学设计已经成为教育技术界的研究热点。传统教学设计在信息技术发展背景下进一步发展，能取得意想不到的教学效果。化学学科研究学者在学习

---

❶　赵妍，任红艳．近 10 年《化学教育》有关信息技术与化学教学的文献分析［J］．化学教育（中英文），2017，38（23）：43-46．

研究的同时，也在实践中进行思考与反思，寻求新的发展与突破。

二、信息技术与化学课程整合模式

（一）"专题探索-网站开发"模式（webquest 模式）

这类整合模式主要适用于在因特网环境下，对某一专题进行较广泛、深入的研究学习，并借此培养学生的创新精神和实践能力，提高学生的综合素质。这类学习模式要求学生构建的"专题学习网站"必须包含如下四个基本内容。

① 展示与学习专题相关的结构化的知识，把与课程学习内容相关的文本、图形、图像、动态资料等进行知识结构化重组。

② 将与学习专题相关的、扩展性的学习素材资源进行搜集管理，包括学习工具（字典、辞典、读音、仿真实验）和相关资源网站的链接。

③ 根据学习专题，构建网上协商讨论、答疑指导和远程讨论区域。

④ 搜集与学习专题相关的思考性问题、形成性练习和总结性考查的评测资料，让学习者能进行网上自我学习评价。

这一模式可用图 7-1 表示。

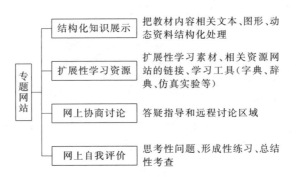

图 7-1 基于因特网的"专题探索-网站开发"模式

（二）拾荒式整合

1. 拾荒式的概念

拾荒式是提出一定的问题或任务，让学生使用搜索引擎进行网络查找，通过收集和分析得到的信息来解答问题的一种教学形式（学习模式）。目的是培养学生网络搜索的能力，改善学生阅读和理解的技能，提高学生解决实际问题的能力，并学会对特定问题形成自己的看法。

2. 常见的拾荒式类型

（1）基于唯一主题的"拾荒"

① 在这种形式中，学生针对同一问题展开搜索，但由于所用搜索引擎或关键字不同，或因学生的学习背景不同，对同一主题的搜索就会产生不同的结果。

② 此时教师就组织学生展开充分的对话与沟通，让学生学会理解和表达自己的见解，并获得与他人共同活动的能力与技巧。

（2）基于同一网站的拾荒　在这种形式中，教师应给出能包容所列出的全部的网站。在这一网站中，学生能找到所有问题的答案，从而获得结构相对清晰的概念框架。

（3）自由式拾荒

① 在这种形式中，对于提出的问题，有的可利用搜索引擎轻松找到答案，有的需根据问题任意选择关键字进行搜索，先定位一个可能找到答案的网站，然后进一步通过数据库找出答案。

② 这种搜索没有主题，没有限制，比较适合于高年级的学生。

3. 拾荒式搜索的设计

① 确定研究的主题，围绕主题设计问题或任务。

② 提供搜索引擎。

③ 确立进行网络搜索的关键词。

④ 记录搜索结果。

⑤ 问题回答。

4. 应用拾荒式应注意的问题

① 考虑学生的年龄特点。

② 活动组织形式。

③ 尽量跟踪学生所访问的网站。

④ 检查学生对所搜集的材料的理解程度。

⑤ 充分了解学生活动的评价。

⑥ 将学生按搜索水平进行异质分组。

5. 拾荒式的特点

① 对教师设计比较容易，对学生寻找关键字是核心问题，即可获得信息，又可激发兴趣。

② 即适合于学科学习，又可用于跨学科学习。

③ 在网上进行易产生和获得的结果。

④ 适合真实的课程范畴，可给学生提供技术和学科的主题知识。

⑤ 在网上可作全班、小组或个别活动。

6. 拾荒式搜索评价指标

① 评价的目的不是追求一个精确的分数，没有必要对分值考虑过细。

② 作为一种课堂学习模式，对拾荒式的评价应是一个过程和结果并重的评价。

③ 评价对象有三个方面：学生搜索信息情况；报告中所提观点的表述；遣词造句，评价标准参考表 7-4。

表 7-4　评价标准

评价对象	差	合格	良	优
信息搜索	多数或绝大多数信息不正确或不完全	所收集的信息并不是很支持报告中的观点	报告中所用的信息能支持要表达的观点	有足够的信息支持报告中的观点

续表

评价对象	差	合格	良	优
内容表述	观点展开不够	观点表述不是很有条理	观点表述清晰,但有些观点的论据不是很贴切	观点表述清晰,所用论据能充分支持观点
遣词造句	句子结构、语法和标点使用有误,单词拼写也不正确	句子结构、语法和标点的使用比较机械,存在一些错误	句子结构、语法和标点使用正确,极少的拼写错误	句子结构、语法和标点使用非常正确,没有拼写错误

7. 拾荒式搜索活动模板

教师在课堂教学中使用拾荒式搜索时,可以借鉴拾荒式搜索活动模板,其具体结构如下。

[此处教师填入进行拾荒式搜索的问题,要保证这些问题与教学单元相关]

(1) 搜索引擎:_____(可以由教师提供,也可以学生自己决定,并且不局限于一个)

(2) 查找所用关键词:_____(可以由教师提出,也可以由学生个体或小组提出)

访问的网址及其简要说明:

(3) URL:http://

(4) 网站简要说明:

(5) 是否成功地找到需要的信息?是____否____

所访问的网址及其简要说明2:

(6) URL:http://

(7) 网站简要说明:

(8) 是否成功地找到需要的信息?是____否____

……

(9) 你有没有发现你想下次进行搜索的内容?如果有,请列出来。

(10) 在上网收集资料的时候,还有什么新的发现?受到什么启发?请你写一份感想。

(三) 混合式教学

1. 微课(资源)

(1) 起源与发展 在国外,微课最早起源于美国北爱荷华大学,1993年,麦克格鲁教授开展了"一分钟化学课",取得了成功。1995年 T. P. Kee 教授创办了"一分钟讲堂"。2008年,美国新墨西哥州圣胡安学院的大卫·潘罗斯教授提出了"微课"的概念,明确阐述了微课的概念以及制作流程。2009年,美国韦恩州立大学开发了"One Minute Professor"项目,后来更名为"One Minute Scholar",并把此项目发布到了"One Minute Scholar"这个网站上。网站上有韦恩州立大学的著名教授讲解世界未解之谜和民间奇闻怪谈的视频,视频的时间大多在两分钟左右。❶

---

❶ 郝正委. 初中科学微课设计与制作研究[D]. 江西:江西师范大学,2017.

在国内，20世纪80年代，北京大学就有部分教师将课程部分内容进行录像，称之为碎片式电视教材。随着教育技术现代化手段的普及和先进教学理念的学习，国内教师也逐渐开始尝试进行"微课程"。2011年，佛山市的胡铁生老师最早提出了"微课"的概念。随着"微课"实践的不断丰富，胡老师把"微课"概念继续深化和完善。2016年，南京师范大学教授、博士生导师张一春教授对微课进行修正并定义❶。

（2）概念的界定　在国外，美国著名教学设计师大卫·朋罗斯（David Penrose）较早对微课提出阐释，他的观点是：微课是以建构主义为基础，以在线学习、移动学习为形式，在短时间内进行教学，时间以3分钟为主。

在我国，胡铁生老师率先进行了对微课的定义界定，他认为微课是为了满足新课标和教学实践的需求，以视频为主要形式，反映教师在教学过程中针对某一教学环节或一个知识点而展开的，集合多种教学资源的教学活动。合格的微课应具有鲜明的主题、多样的类型、互动性强、便于使用等。

全国高校微课教学比赛对微课的定义是这样的："微课是以视频为主要载体，记录教学者围绕某一个知识点或者教学环节进行的简短但完整的教学活动"。

中国微课大赛对微课这样定义："微课的全称是微型视频课程，是对课程资源的整合，包括教学视频，围绕某一教学环节展开的教学活动录制的视频以及其他课程资源，比如习题、学习任务单等。"

张一春的定义：微课适用于学生自主学习，将教学设计信息化，以视频为主要展现形式，围绕教学环节、某个知识点展开的时间短但结构完整的教学活动。

黎加厚教授在其研究成果中论述了微课，他认为微课作为一种全新的教学资源，是教学组织中的一个环节，时间应控制在10分钟以下，内容要精简短小，教学目标要明确，学习者按照课前任务单的指示，将微课应用到具体的学习中去。

郑小军老师认为微课是支撑混合学习、翻转课堂、碎片化学习、在线学习等学习方式，是数字化的学习资源包，视频短小精悍，相较于传统课堂微课是有趣的、情境化的。❷

我们认为，"微课"，是以微型教学视频为主要载体，针对学科的知识点（如重点、难点、疑点、考点等）或教学环节（如学习活动、主题、实验、任务等）而设计开发的一种情境化、支持多种学习方式的在线视频课程资源。它是传统课堂学习的一种重要补充和资源拓展。特别是随着手持移动数码产品和无线网络的普及，基于微课的移动学习、泛在学习等将会越来越普及。

2. MOOC（平台）

一般认为，MOOC这一术语由布赖恩·亚历山大（Bryan Alexander）、戴夫·科米尔（Dave Cormier）提出，后用于西门思和斯蒂芬·唐尼斯（Stephen Downes）于2008年合作开设的一门大型网络课程"关联主义学习理论和连接的知识"。

MOOC（又称慕课）是 massive（大规模的）open（开放的）online（在线的）course（课程）4个词的缩写，指大规模的网络开放课程。自2012年以来，全球高等教育界都在谈论

---

❶ 周才萍. 浅谈初中化学微课设计与使用［J］. 化学教学，2017（9）：28-31.
❷ 郝正委. 初中科学微课设计与制作研究［D］. 江西：江西师范大学，2017.

MOOCs，目前全球比较成规模的 MOOCs 平台有 3 个：Coursera、Udacity、edx。短短两年时间和 3 大平台合作的高校已超过 100 多家，更有众多教授独立合作。MOOCs 在全球发展如此快速，最重要的原因有：学习方便，效率提高，机会公平，满足不同层次需求等。我国的北京大学、清华大学、复旦大学和上海交通大学等知名高校也加入其中，这些合作高校通过微课视频的方式将课程内容分成几个部分，供学生在线学习，而且不限时间，方式灵活，再通过在线讨论、在线实验、完成作业、在线考试之后便可获得证书。这种新型的教育教学模式引起了众多高校的关注和参与，很多媒体称这次教育模式的变革称为"MOOCs"风暴。

3. SPOC（平台）

随着智能手机的逐步普及和移动互联网技术的快速发展，基于 Web、App、MOOC 等平台的在线教育蓬勃发展起来。针对在线教育中存在的师生分离现象严重、难以有效控制学生学习情况等问题，2013 年，加州大学伯克利分校的阿曼多·福克斯教授提出了 SPOC（small private online courses）概念，即"小规模限制性在线课程"。其中，small 和 private 是相对于 MOOC 中的 massive 和 open 而言。"small"是指学生规模一般在几十人到几百人；"private"是指对学生设置限制性准入条件，达到要求的申请者才能被纳入 SPOC 课程。SPOC 是一种将在线教育与线下实体教学相结合的混合式教学模式，在这种模式下对小规模的特定人群的教学活动进行更有针对性的设计，从而提高教学效果。

SPOC 主要特征是规模小、人数少、限制性，具有更加细致的教学管理。SPOC 的学习模式是：教师事先把视频资料等上传于 SPOC 资源平台，学生在课前不受时间空间的限制，先在线预习相关视频资料并把所遇到的问题反馈到 SPOC 平台，然后教师在线下课堂针对性地回答学生预习中存在的问题。

4. 翻转课堂（方法）

（1）起源与发展　翻转课堂教学模式最初起始于美国物理学教授埃里克·马祖尔（Eric Mazur），他于 20 世纪 90 年代初在哈佛大学创立：同伴教学法（Peer Instruction），要求学生课下自学课程内容，课上则以"提问-思考-回答"等互动活动为主，其目的是引导学生参与教学过程并进行深入探究。❶

2007 年，美国科罗拉州，落基山林地公园高中，两位化学老师乔纳森·伯尔曼（Jon Bergmann）和亚伦·萨姆斯（Aaron Sams）利用录屏软件录制 PowerPoint 演示文稿及教师讲课音频并将视频放置到网站上以供因病无法出席的学生使用，并提出"翻转课堂"（the flipped classroom）理念。❷

2011 年，孟加拉裔美国人萨尔曼·可汗（Salman Khan）在 TED（Technology Entertainment Design，美国一家私有非营利机构）大会上的演讲（《用视频重塑教育》）时将翻转课堂教学模式发扬光大，在其所创建的可汗学院（Khan Academy）中，他和网友上传了大量的教学视频，各地的中学生足不出户，即可通过可汗学院进行课程的学习，第二天回到教室做作业，遇到问题时则向老师和同学请教。与传统的课堂教学模式不同，在"翻转课堂

---

❶ 纪德奎，郭炎华. 翻转课堂"四问"——兼论没有微课也能实现课堂翻转［J］. 课程·教材·教法，2017，37（6）：32-37.

❷ 江合佩. 高中化学"翻转课堂"存在问题及对策研究［J］. 化学教学，2016（1）：23-29.

式教学模式"下,学生在家完成知识的学习,而课堂变成了老师与学生之间和学生与学生之间互动的场所,包括答疑解惑、知识的运用等,从而达到更好的教育效果。❶

自此,翻转课堂这种教学模式正式兴起,逐渐地被更多学生所接受,逐渐开始风靡全球,不断地发展成为现在的翻转课堂教学模式。❷

(2) 概念的界定 美国新媒体联盟(New Media Consortium)《2014年高等教育地平线报告》(Horizon Report2014 Higher Education Edition)中,翻转课堂被列为令世人最为瞩目的高等教育中教育技术的重要发展中的三个阶段六项技术之首,说明世界教育领域越来越接受和重视翻转课堂这一教学模式。❸

国内学者杨晓宏、党建宁指出,"作为一个新生事物,翻转课堂目前仍没有一个教育学意义上的严格定义,国内外诸多学者大多采用描述性定义来阐释翻转课堂"。❹

国内外学者对翻转课堂的界定仍然存在一些争议。

国外学者存在两种观点:一种观点认为翻转课堂必须是以微课、慕课的信息技术为媒介手段的翻转,即课堂的翻转是利用微课、慕课等信息化技术为媒介手段把课程讲解翻转到课外,让学生在课外利用教学视频和在线学习完成知识传递,而在课内进行合作学习、互动交流的知识内化和优化的一种课堂教学转型,这种观点认为信息技术的使用是允许课程提前录制从而使学生的课外学习成为可行的关键部分,换言之,翻转课堂模式的核心是使用教师制作的视频和互动课程使原本在课堂中进行的教学能够前置到课前;另一种观点是从翻转的实质出发,不管翻转使用的是哪种媒介手段,只要达到教与学翻转的目的和结果,就是有效的翻转。这种观点认为翻转课堂翻转了正常的学习过程。它把课堂的知识传授翻转到课外,而把课堂正式时间交给学生进行合作学习与互动交流。这种观点背后的哲学是认为教师不仅传授学习内容,还教导学习过程。就像哈佛大学的马祖尔教授所说的:"学习有两级过程步骤。一是要有知识的传递,二是通过把知识和自身经验连接起来使之有意义并在大脑里建构起知识体系。"翻转课堂的目的是创造一个课堂体验,激发学习思考并达到马祖尔所言的两级学习目标。

翻转课堂也称颠倒课堂,Lage 等将"颠倒课堂"定义为"颠倒课堂意味着通常发生在课堂内的事件现在发生在课堂之外,反之亦然"。尽管这种解释把握住了使用"flipped(快速翻转)"这个术语合理的一面,但是不能完全呈现出研究者所称谓的"翻转课堂"的实践性特征。在实践领域中,应该将这一概念去形式化,去除课堂内外形式上的、时空上的颠倒或翻转,而从其本质上进行定义。借助"flipped house"这一词汇理解,可以将翻转课堂理解为在具体实践中,基于给定的现有条件、特定的环境和资源、优化教学过程,不仅是课堂内的革新还包括课堂外的革新,同时基于探究和新技术,并根据各个年级段学习的内容、学生的水平、教师的水平等一系列因素在现有的基础上进行不同方面和类型的革新,以提高学习效率和学习效果为目标的教学都应视作翻转课堂。这种新

---

❶ 胡君. 基于"翻转课堂"教学模式的质量守恒定律教学实践与反思[J]. 化学教学,2014 (6):32-35.

❷ 冯亚东,刘秀英,吴晗清. 翻转课堂与传统课堂的辩证创新——以"原电池"教学为例[J]. 化学教学,2015 (12):33-37.

❸ 何翔. 基于翻转课堂教学模式的课例研究——以"离子反应"为例[J]. 化学教学,2015 (7):44-48.

❹ 包雷,李彦花,严文法. "翻转课堂"的理论辨析与实践解读[J]. 课程·教材·教法,2017,37 (6):25-31.

的视角,去除了形式上的限定,突出了教育目标以及为之服务的各种教学方法的融合,具有极好的适应性和操作性。❶

国内研究者对翻转课堂的理解也有两种:一种是信息技术先决论。认为翻转课堂的实现离不开教育信息技术的发展,微课是翻转课堂模式最为重要的组成部分。不管是课前学习还是教师指导学生开展个性化与协作化学习都离不开计算机与网络技术,在翻转课堂的教学中,音视频编辑及网络通信等现代信息技术是必不可少的。缺少了微视频和在线学习的支撑环境就不能称之为严格意义上的翻转课堂;另一种观点则认为,翻转课堂所依托的学习资源可以是视频和音频,也可以是印刷教材和电子版专业论文。关键不是学习材料是否数字化,而是学习材料能否引发和促进学生的学习和思考,激发其与现实问题的联系和对学习内容的深度理解,只要有利于学习的学习资源都可以成为翻转课堂的学习材料。

综合国内外研究者对翻转课堂的理解来看,并非所有的研究者都认为课堂的翻转一定要通过微课来实现。事实上,从翻转课堂的起源及对其认识来分析,微课并非是翻转课堂的充要条件。无论通过哪种媒介手段,只要实现了课堂翻转的目的,课堂教学就是高效的。翻转课堂作为课堂教学转型的一种模式或方法,可以通过许多媒介方法来翻转,这些方法包括:视频展示、提前布置的指定阅读、课外完成的作业在课内做汇报及评论、课外在线课堂讨论、课前的练习或小测试等。不同方法的翻转,在课程的范围、程度等各方面也呈现多样化。课堂翻转是一种教与学的方式,它将课上的知识传授与课下的知识内化这两个阶段进行了翻转,由学生在课下预先学习授课内容,由教师在课上进行知识内化、交流与答疑,它提供了一种个别化学习的教学实践方式。其基本的隐喻是知识内化比知识传授更加重要,更需要课堂上教师的引导。在课堂中应用了微课等新媒介并不等同于翻转课堂的有效实践,只有知识传授的提前发生与知识内化的真正实现才能达到翻转课堂的目的。从这一角度而言,使翻转课堂模式成功的并不是微课等新媒介,而是媒体中所含的信息被整合到课堂学习交流中,与学习主体的知识思维融合成一个有机整体。这样,学习主体的深层次认知能力和高阶思维能力能够得到一定的发展,这才是翻转课堂关注的重点。真正的翻转不是教与学先后顺序的简单调整,教与学时空结构的翻转必然要带动教学思想、教学关系和教学主体间的深层逻辑结构的变革,将学习责任和自主权移交给学生,促成学生深层认知和高阶思维的形成与发展。❷

(3)"翻转课堂"教学模型

① ADDIE 模型❸ "翻转课堂"教学形式与传统课堂截然不同,它是将"课堂知识传授,课后反思内化"转化为"课前自主学习,课上问题解决",不仅实现了教学流程的翻转,更促进了学生的个性化学习,有利于增强其自主学习能力。但教师在进行"翻转课堂"教学时,易出现对内容难度、学生认知、流程编排等分析不到位的问题,其根源可能在于教师将"翻转课堂"简单理解为课堂教学顺序的翻转,未真正理解翻转内涵,未深刻认识到师生地

---

❶ 包雷,李彦花,严文法."翻转课堂"的理论辨析与实践解读[J].课程·教材·教法,2017,37(6):25-31.

❷ 纪德奎,郭炎华.翻转课堂"四问"——兼论没有微课也能实现课堂翻转[J].课程·教材·教法,2017,37(6):32-37.

❸ 姚娟娟,王世存.基于ADDIE模型的化学翻转课堂设计——以人教版"氧化还原反应"为例[J].化学教学,2017(7):37-44.

位发生的本质性变化,从而导致出现低效甚至无效的"翻转课堂"。ADDIE 模型作为教学设计的规范框架,能提供切实的设计思路,指引教师流程化地构建"翻转课堂",提高其教学有效性。

a. ADDIE 模型的发展背景与价值　ADDIE 模型于 1975 年由美国佛罗里达州大学的教育中心提出,后来演变为指导教学设计的系统方法,结构由分析(analysis)、设计(design)、开发(development)、实施(implementation)、评价(evaluation)五个阶段组成,模型如图 7-2 所示。

其实,与目前的教学设计方法相比,基于 ADDIE 模型的教学设计一方面通过呈现设计流程,向教师提供一种实际进行教学设计的操作步骤;另一方面,它强调整体与局部设计的制约关系、阶段与阶段间的承接关系,这样的作用关系更有利于教学的良性构建与优化。具体而言,在 ADDIE 模型图中,分析与设计阶段是前提,开发与实施阶段是关键,评价阶段是保障,且评价阶段包括过程性评价和终结性评价,是其

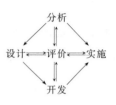

图 7-2　ADDIE 模型

他四个阶段的核心,过程性评价评估各阶段内容设计的适切性,终结性评价则是针对实施效果的总领性诊断。并且,每个阶段有着更为具体的子环节,在子环节的指导下,可提高内容设计的流程化,但模型中各阶段的子任务不是一成不变的,可根据不同的教学内容进行子任务的灵活性变动。总而言之,ADDIE 模型具有较强的实践性和可操作性,从而可作为进行教学设计的理论指导思想。

b. 基于 ADDIE 模型的"翻转课堂"设计框架与关键特征　在我国,"翻转课堂"作为信息技术下的新型教学形式,实践尚不成熟,而将 ADDIE 模型运用于"翻转课堂"设计,是尝试提高"翻转课堂"教学效果的一种策略。根据 ADDIE 构成要素,"翻转课堂"的设计框架如图 7-3 所示。

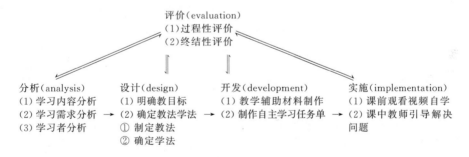

图 7-3　基于 ADDIE 模型的"翻转课堂"设计框架

从中可看出,在 ADDIE 模型的针对性引导与具体步骤的启发下,教师可序列化地进行"翻转课堂"设计,设计过程中教师须对教学内容、学生学情、教学策略等多方面进行斟酌与分析,最终确定完整的线上与线下教学。我们都知道,"翻转课堂"的突出特点是满足不同层次学生学习特定内容时的不同需要,所以受到教育工作者的青睐,但不是所有内容都适合进行翻转教学,所以应根据 ADDIE 模型分析内容的知识类型,判断内容翻转的可行性,否则把不应进行"翻转"的知识进行了"翻转",那课堂的良好氛围只是个假象,并不能说明学生的思维与能力得到提高。也就是说,虽然"翻转课堂"是学生课前独自利用已有方式

自学教师发布的教学资源，自主建构新知识，但若教师进行"翻转课堂"设计时未认真揣摩特定教学内容，进行前端分析，用其支撑实质性的设计，就很可能导致设计的"翻转课堂"不能达到预期的教学效果，学生甚至会形成错误概念，对后续教学产生不良影响。而将ADDIE模型应用于"翻转课堂"设计，可对每一阶段进行循环性评估，有助于设计具体化、逻辑化，帮助教师构建良好的翻转教学流程。

② 协作式翻转模型❶ 根据翻转课堂的内涵以及建构主义学习理论、系统化教学设计理论，设计出：教学流程主要由课前学习和课堂学习两部分组成。在整个教学流程中有三条主线交叉进行：学生学习主线、教师指导主线及师生共进主线。在整个流程中，信息技术和学习活动是翻转课堂学习环境创设的两个有力杠杆。信息技术的支持和学习活动的顺利开展保证了个性化协作式学习环境的构建与生成（图7-4）。

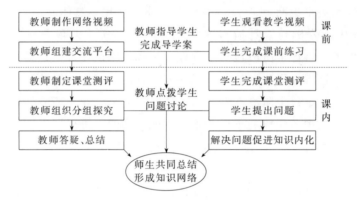

图7-4 个性化协作式翻转课堂

③ "主体-主导相结合"翻转模型❷ 翻转课堂教学模式翻转了传统的教学流程，同时也撼动了传统课堂中教师的主体地位，形成了真正意义上的"主体-主导相结合"的教学方式，即学生是知识建构的主体，教师是教学活动的主导。该教学模式包括"课前自学、课中内化和课后深化"三个阶段，其教学过程的建构模型如图7-5所示。

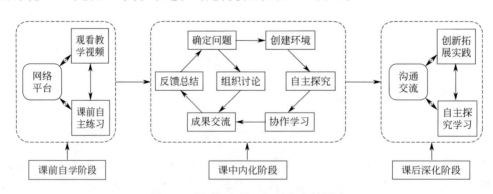

图7-5 "主体-主导"相结合翻转课堂

---

❶ 胡君. 基于"翻转课堂"教学模式的质量守恒定律教学实践与反思[J]. 化学教学, 2014 (6): 32-35.
❷ 王春. "翻转课堂"教学模式在化学教学中的应用与思考[J]. 化学教学, 2015 (11): 34-37.

案例研讨 "元素周期表"翻转课堂教学过程设计

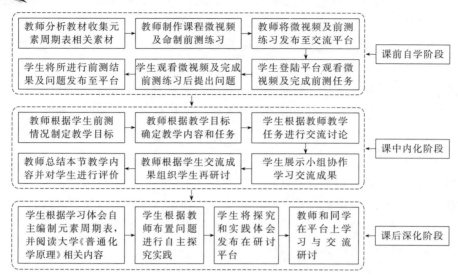

图 7-6 "元素周期表"翻转课堂教学过程设计

总之，混合式教学是以微课为资源，利用 MOOC、SOPC 平台，采用翻转课堂的方法，线上线下混合进行的，是传统教学与网络化教学优势互补的一种教学模式。

三、信息时代教学支持技术

信息化工具的选用可以更好地辅助课堂教学，达到更好的教学效果。下面为大家介绍几种当今教学一线使用的教学工具。笔者旨在抛砖引玉，工具的使用目的是更好地服务课堂教学。

（一）智慧教学工具

1. 希沃授课助手

希沃授课助手是一款由希沃（Seewo）自主研发的基于无线 Wifi 网络，实现移动终端与 PC（及智能平板）之间的互联互动的移动应用软件，专为教学设计。通过在移动终端的应用，可对 PC（及智能平板）进行无线的 PPT 演示、文件传输、实物拍照展示、触摸板控制等操作。

希沃授课助手可以利用你的手机来播放电脑端的 PPT，控制电脑以及把手机画面投影到电脑端或者把电脑端画面投影到手机；可以把学生的作业事实拍照上传至电子白板上，及时反馈学生作业情况；还可以现场直播，利用屏幕共享或利用手机摄像头可以与学生联系，进行现场直播和现场讲解。

2. 云班课

云班课是一款基于移动互联环境、满足教师和学生课堂教学互动与及时反馈需求的移动教学的云服务平台，以教师在云端创建的班群和班课空间为基础❶，为学生提供移动

---

❶ 王红艳. 云班课支持的高职公共英语翻转课堂教学模式实证研究——以 A 学院为例 [J]. 现代教育论丛, 2016 (01): 43-51.

终端设备的课程订阅、课件、视频、音频等资源服务，作业、考试等消息推送，讨论交流等语音互动及问卷调查等对教师教学行为的反馈评价，从而激发学生利用移动终端设备进行学习的热情，提高师生、生生间互动的频率与效率，实现即时互动反馈。最终，平台跟踪并记录学生的学习轨迹与学习进度并对学生学习进行自动评价，实现过程性评价和个性化教学❶。

智慧教学工具主要是基于几方面的基础，一方面是智慧教学和多媒体教室的广泛出现，另一方面是智能手机和移动互联网的发展，使得每一个用户都非常适应，为智慧教学的发展提供了很好的硬件基础。自2016年开始，以雨课堂、蓝墨云班课、微助教、超星学习通、课堂派等为代表的，基于手机的，可以在课堂内来开展学习数据采集和智慧教学这样的一些工具，得到了越来越多教师和学生的青睐。这类教学工具，因为非常贴近教师对多媒体教室和智慧教室的使用习惯，也贴近使用者对智能手机和移动互联网的使用习惯，所以在课堂中得到了广泛的应用。智慧教学工具，在很好的服务课堂教学本身的同时，还使得教育领域里开展大规模的形成性评价成为可能。

（二）影像可视化

影像可视化，即将化学的美丽和神奇通过数字技术和媒体传递给大众。

具有代表性的是由中国科学技术大学先进技术研究院和清华大学出版社联合制作的一个原创数字科普项目《美丽化学》。它包括"化学反应"和"化学结构"两部分，分别从宏观和微观两个尺度展现独特的化学之美。在"化学反应"使用最新的4K高清摄影机捕捉化学反应中的缤纷色彩和微妙细节。在"化学结构"部分，使用先进的三维电脑动画和互动技术，展示近年来在《自然》和《科学》等国际知名期刊中报道的美丽化学结构。

官方网址为：https：//www.beautifulchemistry.net/home-cn/

科学摄影是用摄影技术来记录科学现象或表现科学事实的一种手段，作品兼具艺术价值和科学传播意义❷。启示我国基础教育阶段的师生拓宽科学观察和研究的工具，灵活运用身边的智能手机，推广科学摄影随手拍的生活方式，使得工具的使用更好地服务于教学。如数码成像比色法测定补铁剂中铁元素含量的实验研究❸；基于智能手机设计的简易色度仪及其实验应用❹；巧用智能手机测定抗贫血药物中铁的含量❺等。

（三）虚拟现实（virtual reality）

virtual reality即虚拟现实，简称VR，其具体内涵是：综合利用计算机图形系统和各种现实及控制等接口设备，在计算机上生成的、可交互的三维环境中提供沉浸感觉的技术。其

---

❶ 倪胜军，付绍武．基于云班课实施即时反馈适应性教学的尝试——以初中化学复习课"酸的性质"为例［J］．化学教育（中英文），2018，39（15）：40-43．

❷ 陈悦，陈凯，邵阳．国外科学主题摄影比赛作品评析与启示［J］．化学教育，2017，38（11）：72-77．

❸ 汪秋英，吴承旺，王素琴，等．数码成像比色法探究反应物浓度对化学反应速率的影响［J］．化学教育（中英文），2018，39（05）：65-69．

❹ 李嘉．利用安卓智能手机探究浓度对化学平衡的影响［J］．化学教育，2017，38（07）：65-68．

❺ 李英，丁伟．巧用智能手机测定抗贫血药物中铁的含量［J］．化学教育（中英文），2018，39（15）：68-72．

应用于化学教学，例如虚拟实验技术，即在虚拟现实技术基础上发展起来的一种新型实验教学模式，它利用传真、网络、传感、多维动画等技术弥补了真实实验危险、耗时长、现象不明显等不足，特别是在微观展示、反应机理模拟以及易燃易爆等实验教学上有着不可替代的作用。

又如利用开源免费的软件 vesta、jmol 以及 blender 制作金刚石晶体结构和氨气分子空间结构 VR3D 动画，通过简单的、交互式的网页设计和 VR 眼镜来体验虚拟现实技术所提供的沉浸式的体验感来激发学生的学习兴趣，为化学分子结构教学提供参考。

AR（augmented reality）即所谓增强现实（又称扩增实境）的简称，是指运用电脑技术将虚拟信息叠加到真实世界上，实现虚拟对象与真实环境无缝交互的一项技术，如图 7-7 所示。

 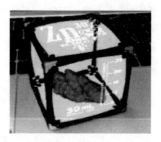

图 7-7　元素 4D 中增强现实

此外，还有实景课堂。实景课堂是指通过信号采集设备，将工厂和企业的真实场景传送到学校教学课堂，也把课堂实时情况反馈给工厂和企业的实景老师和专家，从而实现学生、授课教师、实景老师以及现场专家多方互动交流的"多讲师"教学新方法。

（四）手持技术的应用

手持技术（hand-held technology），又称掌上技术，或掌上实验室，是一种集数据采集与分析于一体的理科实验室系统，它是由数据采集器、传感器和配套的软件组成的定量采集和数据处理，并能与计算机连接的实验技术系统。

它能够测量的化学数据包括温度、电流、pH、溶解氧、电导率、二氧化碳浓度、色度、离子浓度等。与动画模拟和教学课件这类信息技术相比，手持技术能够深入化学世界内部，更加直观、定量和全面地辅助化学教学。

目前手持技术与化学教学整合的理论研究主要集中在从化学实验探究的角度或研究性学习的角度论述手持技术在化学教学整合过程中的功用。手持技术与化学教学整合的实践研究，主要是结合具体的教学内容探讨手持技术在教学中的应用过程和使用策略。手持技术可以应用于化学教学中的一个重要原因是它有多种可以直观表现化学变化过程的传感器。手持技术与化学教学整合的主要内容之一就是对手持技术各种传感器的开发，开发各种传感器的最终目的是要将其应用到化学教学中。

总之，信息技术使用的最终目的是服务于教学，广大师生应勇于尝试，积极使用，积极探索信息技术与化学课程整合的教学，更好培养符合核心素养信息化要求的人才。

思考与交流

（1）结合中学化学教材，自选 WebQuest 模板设计一堂网络主题探究课。
（2）结合中学化学教材，按拾荒式类型之一设计一堂网络主题探究课。
（3）结合中学化学教材，按翻转课堂教学模式设计一堂化学课。
（4）根据不同的教学需要，尝试构建自己的 SPOC 化学课程。

阅读指南

[1] 何克抗. 论现代教育技术与教育深化改革——关于 ME 命题的论证［J］. 教育信息化，2001（5-6）.

[2] 尹长影，严龙，周青. 基于 Web Quest "臭氧和双氧水"的教学设计. 2007（5）：21-23.

[3] 何克抗，等. 信息技术与课程整合的教学模式研究之一至七［J］. 现代教育技术，2008（7-12）.

[4] 管华，姜建文. "氮的循环"拾荒式教学设计［J］. 化学教与学，2012（07）：75-77.

[5] 王春. 基于"翻转课堂"教学模式下的同课异构——以"化学平衡常数的应用"为例［J］. 化学教学，2014（9）：47-50.

[6] 邱激扬. 翻转课堂在初中化学课堂中的实践与思考——以"探究金属的化学性质"教学设计为例［J］. 化学教学，2014（10）：44-46.

[7] 杨茵. "微课"在化学教学中运用几问［J］. 化学教学，2014（12）：49-50.

[8] 夏建华，后勇军. 知识建构型翻转课堂典型案例研究——以"铁的重要化合物"的教学为例［J］. 化学教学，2015（9）：27-31.

[9] 江伟. 一堂化学课引发的微课运用的思考［J］. 化学教学，2015（9）：35-37.

[10] 周开军. "微课"与初中化学教学的深度融合［J］. 化学教学，2017（7）：30-33.

[11] 李新义，夏建华，蒋蓓蓓. 学科核心素养引领下信息技术与化学教学的融合创新——以"乙烯"教学为例［J］. 化学教学，2017（09）：40-46.

[12] 李华倩，张址欣，王世雄，等. 美国 Journal of Chemical Education 中信息技术在化学教学中运用的文献分析［J］. 化学教育（中英文），2018，39（22）：78-81.

第八章 化学教学评价设计

> 如果学校不能在课堂中给予学生更多成功的体验，他们就会以既在学校内也在学校外都完全拒绝学习而告终。
>
> ——林格伦

> "多一把尺子，多一批人才"；"多一个角度，多一幅美景"；"多一份情感，多一片天地。"
>
> ——新课程评价理念解读

思维导图

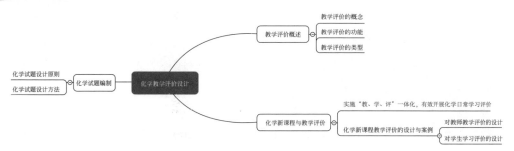

一、教学评价概述[1]

（一）教学评价的概念

教学评价是依据一定的目标和标准，通过收集和加工有关资料，对教育活动的结果、过程、有关因素等评价对象进行描述或者判断，协调有关方面对评价对象的共识，为提高教育活动的质量、效率等提供依据的过程。

（二）教学评价的功能

1. 诊断功能

所谓诊断性功能是指教学评价能够对教育活动中存在的问题进行揭示与分析，找到问题

---

[1] 江家发. 化学教学设计论［M］. 济南：山东教育出版社，2004：166-167.

的原因所在，并提出改进的方法。例如，通过对学生学业的评价，我们可以发现学生学习上存在的问题及不足，进而提出相应的解决办法。

2. 甄别功能

所谓甄别功能是指教学评价可以对评价对象和评价指标的适应程度作出区分和认定。例如，通过评价，能够对教师的教学质量作出判断，对学生的学习成果作出鉴定，可作为选拔或评选的依据。

3. 导向功能

所谓导向功能是指教学评价对实际的教学活动有定向的引导功能。例如，通过教学评价可以引导人们知道哪种教学活动是有价值可求的，反之可知哪种教学活动是可以无价值而忽视的。

4. 调节功能

所谓调节功能是指通过教学评价结果的反馈，可以让被评价者了解自身的优缺点，从而调节自己在教育或学习方面的行为，促进自身的进一步发展。

5. 促进功能

所谓促进功能是指通过教学评价让被评价者正确认识自己的优缺点，从正反两方面受到激励，增强发展的积极性和主动性。例如，对教师积极的评价可以增强教师的积极性与工作的热情，而适度的否定评价往往能引发教师一定的紧迫感，从而改进态度，加强学习。

（三）教学评价的类型

教学评价的类型有很多，根据评价的标准不同，可将评价方式大致分为下面几类。

根据评价的目的不同可以分为：

1. 诊断性评价

诊断性评价是指在教学活动开始之前或进行中对学生的学习准备情况进行的评价，以便对症下药。

2. 形成性评价

形成性教学评价又称过程评价，主要指在教学前或教学过程中对学生学业状况等进行的评价，其目的在于了解学生已有的知识水平或学生在教学中取得的进步及存在的问题，及时调整教学，促进学生发展。

3. 终结性评价

终结性评价又称为结果评价，主要指在学期中或期末或某一阶段学习结束时对学生进行的全面评价，包括学业成绩、学习态度、学习方法、探究与实践能力、合作与交流能力等方面的评价。

一般终结性评价是面向"过去"的评价。形成性评价是面向"未来"，重在发展的评价。而新课程改革下倡导形成性评价与终结性评价相互结合。

根据评价的参照标准不同可以分为：

1. 绝对评价

绝对评价又叫目标参考评价，它是以教育目标为标准，对每一个评价对象达成目标的程度所作出的价值判断。绝对评价的目的是确定学生的实际水平,明确学生发展状态与教育目标之间的差距,从而把学生和教师的注意力吸引到实际的教育目标上来。学校中常采用的毕业会考是最典型的目标参考评价。

2. 相对评价

相对评价又叫做常模参照评价,它是在评价对象的群体中,为了对每个个体在群体中所处的相对位置所作出的价值判断。相对评价的目的是为了比较学习者与他人之间的差异,以确定某生成绩的好坏及该生在团体中所处的位置,并为下一步的教学指明方向。

3. 个体差异评价

个体差异评价称为个人发展参考评价,它是以评价对象的自身状况为基准,就自身的发展情况进行纵向比较所作出的价值判断。该评价类型充分考虑了学生的个体差异,有利于减轻学生的心理负担和压力,增加自信心,强化学习动力,但它不能确定学生的达标程度,以及其在评价群体中的相对位置。

二、化学新课程与教学评价

《普通高中化学课程标准(2017年版)》明确提出:倡导基于化学学科核心素养的评价。要依据化学学业质量标准,评价学生在不同学习阶段的化学学科核心素养的达成情况,积极倡导"教、学、评"一体化,促进每个学生化学学科核心素养得到不同程度的发展。

(一)实施"教、学、评"一体化,有效开展化学日常学习评价

化学学习评价包括化学日常学习评价和化学学业成就评价(主要有化学学业水平合格性考试和学业水平等级性考试,见"学业水平考试命题建议")。应树立"素养为本"的化学学习评价观,紧紧围绕化学学科核心素养的发展水平和化学学业质量标准来确定化学学习评价目标,注重过程性评价和结果性评价的有机结合,灵活运用活动表现、纸笔测验和学习档案评价等多样化的评价方式,倡导学生自评、同伴互评与教师评价相结合,充分发挥评价的促进学生化学学科核心素养全面发展的功能。

化学日常学习评价是化学教学不可或缺的有机组成部分,是化学学习评价的一种重要表现形式,是实施"教、学、评"一体化教学的重要链条。教师应充分认识化学日常学习评价对于促进学生化学学科核心素养发展的重要性,积极探索开展化学日常学习评价的有效途径、方式和策略。

提问与点评、练习与作业、复习与考试等是有效开展化学日常学习评价的基本途径和方法。

① 课堂提问的设计应有意识地关注化学学科核心素养达成情况的诊断。例如,"有哪些因素影响物质体积的大小?"这一问题的设计就具有素养诊断价值。有的学生只能基于"宏观"视角思考影响因素,有的学生只能基于"微观"视角思考影响因素,而有的学生却能基于"宏观辨识与微观探析"视角指出影响因素,并能给予解释。

课堂点评应有的放矢,增强学生化学学科核心素养发展的指导性。例如教师可以设计学

习任务："用图表示 0 价、+2 价和+3 价铁元素之间的相互转化关系。"针对学生对"铁三角"转化关系认识模型的理解情况进行点评，通过追问进一步外显学生的思维过程，从素养发展的角度对学生给予指导。对于仅能列举出个别氧化剂和还原剂的学生，教师应启发学生进一步提升知识的概括水平，指导学生从一类氧化剂和还原剂的角度进一步抽象"铁三角"转化关系认识模型。

② 教师应注意发挥课堂练习和课后作业对于学生化学学科核心素养的诊断与发展功能，依据课程内容中各主题的学业要求，精心编制成精选的课堂练习和课后作业题，使"教、学、评"活动有机结合、同步实施，形成合力，有效促进学生化学学科核心素养的形成与发展。

③ 单元与模块复习应依据内容要求，围绕化学核心概念和观念的结构化来进行，通过提问或绘制概念图等策略，诊断学生化学核心概念和观念的结构化水平；对于处在"知识关联"水平的学生，应引导他们进一步概括核心概念的认识思路，形成基于"认识思路"的结构，从而提升化学核心概念和观念的结构化水平，发展化学学科核心素养。

单元与模块考试应以学生化学学科核心素养的达成情况为考核重点，试题命制应以学业质量标准的要求为依据，题目应具有一定的情境性和综合性，为学生解决真实情境下不同复杂程度的化学问题提供素养表观的机会。通过考试，教师可以较为准确地诊断出学生化学学科核心素养的发展水平和化学学业质量标准的达成情况，为有针对性地提出学生化学学科核心素养发展的改进建议提供依据。

（二）化学新课程教学评价的设计与案例

1. 对教师教学评价的设计

教师是教学工作的组织者、实施者、学生学习的指导者。对教师个体作出客观、公平的评价，有利于调动教师教学的积极性，引导教师按教育规律施教，有利于提高化学教师的素质，也有利于提高化学教学的质量。因此新课程下构建对教师的评价体系至关重要，对化学教学工作进行评价，要以《关于深化课程改革落实立德树人根本任务的意见》《中学教师专业标准（试行）》和《普通高中化学课程标准（2017 年版）》等文件为基础。

（1）教师教学评价原则❶

① 构建课程内容问题化原则　教师在教学过程中，依据课程内容，可创造性地糅合"认知式学习"和"情境式学习"的方法。化学课堂教学中将学生引入化学问题情境，能刺激学生追本求源的欲望，使学生在解决问题的过程中自主地构建知识；将学生引入"真实"的化学问题情境，能激发学生的学习动机，使学生感受到构建学科学习内容的意义；从生活情境中引发学生的认识冲突，能刺激学生通过探究来掌握新课程的学习。

② 自主、合作、探究学习方式的整合原则　教师在化学教学过程中，积极探索学生自主学习、合作学习、探究学习的有效形式，有机地引导学生通过实验、观察、调查、资料收集、阅读、讨论、辩论等多种方式进行学习，并适时地把握各种方式的转换和交错，保证各

---

❶ 李佳. 化学教学与学业评价 [M]. 广州：广东教育出版社，2006：196-197.

个环节的过渡能够自然流畅，引领学生在知识的学习、问题的发现与解决中产生感悟，实现"三维"目标的协调发展。

③ 凸显化学学科特征，充分发挥实验的教育功能原则　实验是化学学科的灵魂，通过以化学实验为主的多种探究活动，使学生体验科学研究的过程，是化学教学的重要组成部分。因此教师在教学过程中，应适时引导学生通过实验探究活动学习化学，通过典型的化学实验事实来帮助学生认识物质及其变化的本质和规律，并利用化学实验史帮助学生了解化学概念、原理的形成和发展，体验实验在化学学科发展中的重要作用，从而引导学生综合运用所学的化学知识和技能，进行实验设计、实验操作，分析和解决与化学相关的实际问题。

④ 现代教学手段与学科内容的整合原则　多媒体和网络技术日臻完善，以计算机为核心的信息技术的不断发展及其在教育中的应用，使得信息技术教育的应用跃上了一个新的台阶——信息技术与课程整合。信息技术作为教师的教学工具、学生的认识工具、重要的教材形态、主要的教学媒体，在班级授课、小组学习、自主学习等过程中有着优越性，它在表现化学教学中那些微小的（或抽象的）、危险的、遥远的、宏大的以及太快太慢的场景时，能起到传统教学媒体起不到的作用，以达到突出教学重点和突破教学难点，拓宽学生知识面，更好地创设问题情境和解决问题的功效。

⑤ 学生知识领域和思维空间拓展原则　化学新课程以培养和发展学生科学素养为宗旨，化学教学既要重视化学知识的掌握，更要重视对学生科学探究能力、情感态度与价值观等方面的培养。教师在教学中，应将学生的思维引向身边事物，引向无限发展的空间。

⑥ 关注学生差异，面向学生学习需要的原则　教师在教学过程中不能对全体学生所学知识都求全求难，应热爱、关心、信任每个学生，主动关注学生的学习差异，设定对全班学生或个别学生适合的教学目标；从促进每个学生的发展，面向学生的学习需求来设计教学活动，让学生展示其学习成果，保证学生整体学习质量和学生的个性发展。

（2）对化学教师教学评价的方法　化学新课程对化学教学提出了新的要求，其崭新的学生观、教学观、课程观、学习评价观等，给化学教学设计提供了新的视角和空间，所以化学教学必须符合新课程的发展要求。

下面将对教学目标、教学内容、教学过程、教学手段及教师职业技能等方面的评价作出简单的介绍。

① 关于教学目标的评价

a. 全面性：体现知识与技能、过程与方法、情感态度与价值观三个维度的教学目标。

b. 准确性：教学目标符合课标要求和教材实际，适合学生的知识水平和认知能力。

② 关于教学内容的评价❶

a. 科学性：内容正确，无科学性错误，无陈旧的学术观点。

b. 有序性：创造性地整合教材，层次分明，条理清楚，符合知识内在逻辑体系和学生认知规律，有利于学生自主探究，有利于感受和理解知识形成和发展的过程。

c. 合理性：知识容量合理，重点、难点确定准确。

---

❶ 娄延果. 新课程理念下教师化学课堂教学效果评价方案的建构[J]. 化学教育，2004（6）：27-28.

d. 实践性：恰当联系生产、生活和社会实际，拓宽学生视野，有利于激发学生兴趣，提高科学素养。

③ 关于教学过程的评价❶

a. 教学结构严谨：教学中能凸现知识和活动两条主线，层次分明，衔接紧凑，过渡自然，师生活动有机结合。

b. 教学方法灵活多变：根据教学内容、学生年龄和心理特征、认知能力，灵活多变地选择不同的教学方法。

c. 创设学习情境：在课堂教学或某一问题开始前，利用各种教学手段，创设学习情境，引导学生联想、质疑，以问题驱动进行探究。

d. 组织广泛、深入的探究：对教学中一些重点难点的知识，组织全体学生，通过讨论、实验、观察等活动，进行一定深度、广度的探究。

④ 关于教学手段的评价

a. 合理选择演示实验和学生实验。

b. 实验装置合理，节约药品，现象明显，安全可靠，占用时间适度，不污染环境，并能设计创新实验，改革传统实验，且能收到良好的效果。

c. 注意发挥实验的教育功能，通过实验培养学生的观察能力、思维能力、分析和解决问题的能力、实验设计能力，塑造学生的意志、品质。

d. 科学合理地运用现代化教学手段辅助教学。设计制作的多媒体课件生动直观、重点突出、无科学性错误。

⑤ 关于教师职业技能的评价❷

a. 教态自然、语言简洁流畅，音量语速适当，富有感染力。

b. 板书设计合理，条理清楚，重点突出，文字规范，书写工整。

c. 实验器材及其他教具课前准备充分，操作规范，能沉着应对并解决偶发事件。

d. 有效驾驭课堂教学的全过程，密切关注学生反馈的信息，及时调控教学活动的节奏，因势利导，扭转不利于教学的情境。

2. 对学生学习评价的设计

(1) 学习档案评价

① 学习档案的基本含义❸　学习档案又叫成长记录袋，它来源于意大利语 portafoglio，有文件夹、公事包和代表作选辑等多重含义。近年来，我国的一些学者也为成长记录袋作了一个本土化的解释，即"根据教育教学的目标与计划，有意识地让学生主动收集、组织相关作品及其他的学习成果档案，通过合理的分析和解释，反映学生在学习与发展过程中的优势与不足，反映学生在达到目标过程中付出的努力与进步，并通过学生的自我反思来激励学生取得更高的成就"。

② 学习档案的功能❹

---

❶ 娄延果. 新课程理念下教师化学课堂教学效果评价方案的建构[J]. 化学教育，2004 (6)：28-29.

❷ 郑永信. 高中化学评优课评价标准及评价方法[J]. 中学化学教学. 2007.

❸ 徐芬，赵德成. 成长记录袋的基本原理与应用[M]. 西安：陕西师范大学出版社，2002.

❹ 龚正元. 化学探究学习的档案袋评价法[J]. 化学教学，2003 (3)：14-16.

a. 激励功能　在教师引导学生创造、生成个人成长记录袋的过程中，学生能够清晰地看到自己的成长足迹，感受到自己的持续进步，品尝到学习成功的喜悦，从而增强学习信心。这个过程培养了学生主动学习的态度和对学习负责的精神，让学生学会学习，为其终身发展打下基础。

b. 评定功能　教师在分析学习档案中的作品时，根据学生的学习情况做出客观、公正的评定，把学生的发展作为一个持续的过程来看，重视学生对自己进步的判断。成长记录袋评定的价值，体现在允许学生对自己的学习进行反思和自我评价，让学生成为评价的主体，对自己的成长作出评价和反思，促使学生对自己的发展负责，从而更好地发挥评价的作用。

c. 反馈调节功能　教师对学生学习档案中收集的作品进行合理的分析，并作出相应的客观评定。学生的材料信息反馈给教师，教师根据反馈的教学效果的信息，针对学生学习的状况，不断调整教学计划，改变教学方式，促进教学相长。

d. 反思功能　学习档案评价为学生提供了对自己作品进行自我评价和反思的机会，培养其评价和反思的能力，这种评价方式充分体现了新课程标准中"以人为本"的教育理念，尊重和发扬学生的主体意识，充分调动其参与学习的积极性和主动性，从而促进学生潜能的开发与创造性思维的发展。

③ 学习档案的类型　比尔·约翰逊把学生学习档案划分为最佳成果型、精选型和过程型三种❶。

a. 最佳成果型是指通过收集学生在某一领域里的最佳成果，对学生在这一学科领域里取得的最佳成果和达到的水平进行评定。

b. 精选型要求了解学生最广泛的学习成果，它的内容不仅包括标志学生达到最高水平的成果作品，还包括使学生感到最困难的典型作品。

c. 过程型要求学生逐步收集能够反映他们在一定领域中从开始到完成阶段取得的进步的作品依据。

更多的学习档案是最佳成果型、精选型和过程型的混合体。它既包括过程型作业，也包括结果型作业；既包括最佳成果，也包括虽然不是最佳成果，但具有典型性的成果。

④ 学习档案评价主要解决的问题

a. 学生学习档案装什么　学生学习档案具体装入的材料可包括：单元知识总结；疑难问题及解答；探究活动的设计方案；实验过程记录；有关的信息资料（剪报、图片、照片等）；学习方法整理；学习体会和建议；小论文；调查报告；等。

比如，以下是一位学生的化学学习档案袋目录❶：

蜡烛燃烧的实验方案设计。

蜡烛燃烧的实验观察记录。

实验设计：铁钉锈蚀条件的探究。

科学小品：我想象中的原子结构。

调查报告：某居民小区生活用水的调查。

资料综述：二氧化碳的是非功过。

---

❶ Johnoson，Bil. The Performance Assessment Handbook（Vol. 1）. Eye On Education Inc. 1996. Chap ter 3.

观测记录：本地 3～6 月份降雨的 pH 值数据记录。

单元知识总结：盐的化学性质。

教师写的激励性评语。

小组编写的小报：爱护我们的地球。

历次试卷及自我订正与分析。

反思性小结："面粉爆炸实验"失败原因分析。

社区防火情况调查计划。

实验报告：空气中二氧化碳浓度的测定。

实验报告：几种花在不同 pH 值溶液中的变色情况。

收集的资料：微量元素与人体健康。

小组同学的评价……

b. 学习档案为什么这样装❶　学习档案在使用时既要发挥其形成性评价，又要发挥其终结性评价功能，学习档案为什么这样装的问题应当落实全面性原则。新课程标准指出："对于学习的评价，既要关注学生知识与技能的理解和掌握，又要关注他们情感与态度的形成和发展；既要关注学生学习的结果，又要关注他们在学习过程中的变化发展。"发展性评价着眼于学生参与学习过程中"知识与技能、过程与方法、情感态度与价值观"三者统一的课程功能，有利于促进学生和谐、全面发展，真正实现评价主体多元化，评价方式多样化的评价方式；同时，尊重个体差异，实施因材施教，因人施评，强调学生学习的过程性评价，旨在促进学生潜能、个性、创造性的发挥，使每个学生具有自信心和持续发展的能力，激起学生的主体参与性。因此，新课标高中化学在教学评价实施时，学习档案所装的内容和装入的过程也要落实知识与技能、过程与方法、情感态度与价值观三维目标，进行全面评价。

c. 学习档案怎么用❶　学习档案怎么用的问题应当落实发展性原则。学习档案评价在于强调其形成性作用，注重发挥评价的发展功能、激励功能，让每位学生不管学习程度如何都能体会到每个阶段学习的收获，见证自己的进步与成长。学习档案袋评价应做到对学生每个作品进行分项目的细致评分，每一次评价后做到及时将结果反馈给学生，这个结果不是简单的等级评判，还应有尽可能详细的评语。如果学生对自己获得的评价有看法，可以找老师交流，如果对自己的成绩不满意，可以重做一份，直至获得自己满意的结果为止，同时要求将每一次的结果装入记录袋，以使学生清楚地看到自己的优势与不足。如果需要，可根据学习档案目录列出的评价内容换算出一个整体分数进行总结性评价。

知识超链接

学习档案的评价与实施❷

对于化学学习档案袋，可建立以模块为时段的化学档案袋，即伴随着一个模块的学习，学

---

❶ 姜建文．成长记录袋在《中学化学教学设计论》教学评价中的应用研究［J］．化学教育，2011（1）：49-51．

❷ 王后雄．高中化学新课程教学案例研究［M］．北京：高等教育出版社，2008：481．

生便拥有一个化学档案袋。具体评价内容和方法可参考表 8-1。

表 8-1 化学档案袋评价表

档案袋内容		化学作业	模块测验	实验评测	探究报告	作品展示	试卷订正	总结反思	进步特色
量化等级	自评								
	同学评								
	家长评								
	老师评								
质性评语	自评								
	同学评								
	家长评								
老师评定						综合等级：			

注：评价等级采用 A、B、C、D、E 五种，其中 A 为优秀，B 为良好，C 为中等，D 为合格，E 为不合格。

学习档案评价重视学生发展的全过程，能记录学生的成长历程，提供学生学习和发展的证据，能够提供丰富多样的评价材料，尤其是学生参与表现性活动的信息，能开放地、全面地评价学生，个性化地关注学生的成长，促进学生的差异发展，符合国内外教育评价改革发展中以人为本、追求发展的趋势和特点。然而，我们也必须注意到，与其他评价方法一样，档案评价也不是一剂"万能良药"，在实际应用过程中也存在一些局限性，如大大增加了教师的工作量，客观上造成教师负担过重，评价的主观性较强，在没有制度保障的前提下，很难达到客观、公正。但是，无论多难，都不能成为改革的借口，必须积极稳妥推进。

（2）活动表现评价 活动表现评价是一种值得倡导的评价方式。这种评价是学生在完成一系列任务（实验、辩论、调查、设计等）的过程中进行的。它通过观察、记录和分析学生在各项学习活动中的表现，对学生的参与意识、合作精神、实验操作技能、探究能力、分析问题的思路，知识的理解和应用水平及表达交流技能等进行评价❶。

学生在活动中的评价是新课标实施的重要组成部分。学生活动表现评价的实施一般有以下几个环节：①要明确活动的目的；②确定活动的有效组织形式；③设置具体的评价目标和评估标准，活动目标的设置按照发展学生学科核心素养来进行设计；④根据目标的要求，设置不同层次的问题和采用不同的评价方法。

评价主要是通过个人的经验和智慧来决定学生的表现程度。所以在评价时应重视不同学生的知识和技能的差异，用发展的眼光公正地评价学生在活动中的表现，激励学生积极地投入到学习活动中去。

（3）纸笔测验 《普通高中化学课程标准（2017 年版）》不仅对普通高中化学课程的性质理念、课程结构和课程内容等方面作出了明确的规定，而且还提出了学科核心素养和学业质量标准两大概念。化学学科五大核心素养具体阐述了学生通过学科学习应形成的价值观念、必备品格和关键能力的具体内容；学业质量标准则结合化学学科五大核心素养及其水平

---

❶ 中华人民共和国教育部. 化学课程标准（实验）[M]. 北京：人民教育出版社，2009.

和课程内容对学生达到的学业成就进行了不同水平的划分❶。根据学业水平考试的目的，化学学业水平考试命题必须坚持以化学学科核心素养为导向，准确把握"素养""问题""情境"和"知识"四个要素在命题中的定位及相互联系，建构以化学学科核心素养为导向的命题框架。

三、化学试题编制

（一）化学试题设计原则

1. 目的性原则

即测试本身的目的是什么，学生对试题的应答表现能否反映出需要测试的项目内容。对于日常教学中的形成性测验来说，其测试目的更多的在于诊断学生对前一阶段所学知识的掌握程度；而对于高考这类选拔性考试来说，其试题不仅需要反映学生的知识掌握程度，还要测量学生的思维品质（思维的逻辑性、发散性及创新性等）和价值观等。《普通高中化学课程标准（2017年版）》规定的学业水平考试就包括学业水平合格性考试（以必修课程要求为基准）和学业水平等级性考试（以必修课程和选择性必修课程要求为准），此两类考试的课程内容要求（范围、能力）及素养表现水平就有明显的差异。故设计试题之初应首先明确其测试目的，以降低测试结果的无效性。

2. 素养诊断原则

《普通高中化学课程标准（2017年版）》（以下简称新课标）指出化学试题命制要"以核心素养为测试宗旨、以真实情境为测试载体、以实际问题为测试任务、以化学知识为解决问题的工具"，要求命题者熟悉、理解化学学科核心素养的内涵与水平描述，并以化学学业质量标准为依据，从相应的学业质量水平中提炼、确定各试题的测试目标。教育部公布的《中国高考评价体系》，也明确了"一核四层四翼"的高考总体要求。"一核"是高考的核心功能，即"立德树人、服务选才、引导教学"问答"为什么考"的问题；"四层"为高考的考查内容，即"核心价值、学科素养、关键能力、必备知识"，回答"考什么"的问题；"四翼"为高考的考查要求，即"基础性、综合性、应用性、创新性"，回答"怎么考"的问题。化学学科核心素养是学生必备的科学素养，是学生综合素质的具体体现，是学生终身学习和发展的重要基础，因此，要通过诊断学生化学学科核心素养来促进学生核心素养的诊断和发展。

> **案例研讨** 基于"真实情境与实际问题"的化学试题

2018年11月4日，福建泉州码头一艘石化产品运输船因输油管出现跳管导致69.1吨"裂解碳九"产品漏入近海，造成水体污染。相关单位第一时间设置围油栏进行污油回收，进行清污处理，并持续监测水质和周围大气状况。

---

❶ 中华人民共和国教育部. 普通高中化学课程标准（2017年版）. 北京：人民教育出版社，2018.

资料：裂解碳九，即蒸汽裂解制乙烯的副产馏分，含大量不饱和组分，约有150多种成分且沸点接近，不适合分离利用。裂解碳九中有30%的活性组分能聚合成石油树脂，另外约50%～60%的非活性组分聚合时作为溶剂在后处理时被蒸出，这部分混合芳烃工业上称为芳烃溶剂油，其对各种树脂均有很强的溶解力，主要用作工业溶剂和油漆稀释剂。

（1）污油回收后得到的油水混合物（其他固体杂质已除）可通过_____（实验操作）分离，且较为经济。

（2）事件中渔民网箱上的泡沫等材料由于发生不同程度的腐蚀而导致部分网箱下沉，造成严重财产损失。网箱下沉的原因是_____。

（3）当地政府在该事件发生后连续监测水质，其中水的化学需氧量（COD）就是一项重要指标。化学需氧量是指在一定条件下，用强氧化剂处理水样时被水中还原性物质消耗的强氧化剂的量，其值以相当的耗氧量来表示，单位为 mg·L^{-1}。

资料：海水COD测量常用碱性高锰酸钾法，原理如下：在碱性加热条件下，用已知量并且是过量的$KMnO_4$氧化海水中的需氧物质，然后在硫酸的酸性条件下，用KI还原过量的$KMnO_4$和MnO_2，所生成的碘单质用$Na_2S_2O_3$标准溶液滴定。

测定过程如下：

过程一：$Na_2S_2O_3$标准溶液的标定。

移取10.00mL浓度为0.0020mol·L^{-1}的KIO_3标准溶液加入碘量瓶（在锥形瓶口上使用磨口塞子，并且加一水封槽）中，用少量水冲洗瓶壁，加入0.5g KI，沿壁注入1.0mL稀硫酸，塞好瓶塞，轻荡混匀，加少许水封口，在暗处放置2分钟。轻轻旋开瓶塞，沿壁加入50mL水，在不断振荡下用$Na_2S_2O_3$溶液滴定至溶液呈淡黄色，加入1.0mL淀粉溶液，溶液变成蓝色，继续滴定至溶液蓝色刚褪去为止，共消耗硫代硫酸钠溶液10.00mL。

① 请写出过程一中用$Na_2S_2O_3$溶液滴定溶液时主要的反应离子方程式。

_____。

② $Na_2S_2O_3$标准溶液的浓度为_____（保留四位小数）。

过程二：污染海水水样测定。

第一步：取稀释10倍后的水样100.0mL置于250mL锥形瓶中，加入1.0mL NaOH溶液（足量）混匀，再加入10.00mL浓度为0.0020mol·L^{-1}的$KMnO_4$溶液（足量）混匀。

第二步：将上述锥形瓶置于电热板上加热并煮沸10分钟，然后迅速冷却至室温。

第三步：加入足量的稀硫酸5.0mL，加0.5gKI混匀，在暗处放置5分钟，然后在不断振荡下用上述已标定的$Na_2S_2O_3$标准溶液滴定至溶液呈淡黄色，再加1.0mL淀粉溶液，溶液变成蓝色，继续滴定至蓝色刚褪去为止，记录$Na_2S_2O_3$标准溶液消耗体积V_1。另取100.0mL蒸馏水作空白实验，按上述步骤测定空白值V_2。

① 写出过程二第二步的化学反应离子方程式（水样中的还原性物质以碳单质形式表示）。

_____。

② 为什么要在冷却至室温后再加入KI？

_____。

③ 在测定过程结束后，得V_1为15.92mL，V_2为16.44mL，则该水样的化学需氧量（COD）为_____（保留两位小数），属于_____类水质（表8-2）。

表 8-2 水质标准

海洋水质标准	第一类	第二类	第三类	第四类
$COD(mg \cdot L^{-1}) \leqslant$	2	3	4	5

（4）在测定化学需氧量时常用的还有酸性重铬酸钾法，即在酸性条件下用 $K_2Cr_2O_7$ 氧化水中的还原性物质，但海水含有高浓度的 Cl^- 而不适用此法，请结合反应离子方程式简要说明其原因。

_____。

（5）下列关于上述化学需氧量的测定过程叙述错误的是（　　）。

A. 如果取样时皮肤不慎接触到污染海水中的"裂解碳九"时，应先用水清洗，再用洗涤液、肥皂彻底清洗并及时就医。

B. 配制好一定浓度的稀 NaOH 溶液后，将其放置在聚乙烯试剂瓶中。

C. 在 $Na_2S_2O_3$ 标准溶液的标定过程中，加入 KI 后，瓶口不加水液封会导致 $Na_2S_2O_3$ 溶液浓度测定值偏低。

D. 在测定空白滴定值 V_2 时，碱式滴定管下端软管在滴定前有气泡忘记排出，滴定完成后没有气泡，则测得的化学需氧量值偏大。

3. 科学性原则

化学作为自然学科之一，其试题的设计必然不能违背科学，包括科学事实、科学规律、科学方法等，故所设计的化学试题至少就目前的科学发现来说其所蕴含的知识规律必须保证；所用化学学科的思想与方法符合一般的科学探究原则；事件如实验现象等符合客观事实。故化学试题的设计除了以教科书上的一般知识规律作指导，还需考虑规律的一般性与特殊性，如 2019 年高考全国卷 II 第 35 题有关 O^{2-} 与 F^- 半径大小之比较，按照高中化学教学所授微粒半径大小比较的一般方法所得结果与查阅具体文献数据比较结果相悖（至少不完全一致），像此类有争议的试题则不应出现在试题当中；另外对于试题中有关实验现象的描述与预测来说，命题者应尽量在实验室进行实验核实，不能仅凭书面知识规律进行想当然的猜想并以之为"正确"的事实，这既不符合化学学科的思想（以实验为基础），也不是基础化学教育工作者应有的姿态，同样也是对学生不负责任的体现。

案例研讨　与实验事实不符

（2014·某市中考题）兴趣小组的同学为测定某一铁铜合金中含铁的质量分数，将 6g 该合金粉末样品，加入溶质质量分数为 10% 的硫酸铜溶液 160g 中，二者恰好完全反应。同时为了充分利用资源，还对反应后的物质进行回收处理。请结合图 8-1 计算：

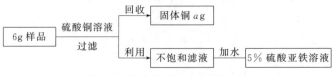

图 8-1　铜合金反应与回收过程

（1）该合金样品中含铁的质量分数；（计算结果精确至 0.1%）

（2）所得固体铜的质量 a 为多少克？

（3）向不饱和滤液中加入多少克水，能得到 5% 的硫酸亚铁溶液，以用于缺铁花卉的营养液？

评析❶：受讨论主题限制，此处仅对题干中的"二者恰好完全反应"展开讨论，若铁和硫酸铜溶液恰好完全反应，则合金中铁粉及生成铜的质量计算过程为：

$$Fe+CuSO_4 =\!=\!= Cu+FeSO_4$$

$$56 \quad 160 \quad\quad 64 \quad 152$$

$$m(Fe) \quad 16g \quad\quad m(Cu)$$

$$56/m(Fe)=160/16g=64/m(Cu)$$

$$m(Fe)=5.6g \quad m(Cu)=6.4g$$

然而，5.6g铁粉和160g溶质质量分数为10%的硫酸铜溶液会恰好完全反应产生铜和硫酸亚铁吗？在完成该实验后，实验内容和结论如表8-3所示。

表8-3　铁粉与硫酸铜溶液反应现象及相关数据

实验次数	Fe粉质量/g	$CuSO_4$ 溶液质量/g	$CuSO_4$ 质量分数/%	反应现象	过滤、洗涤、干燥后称重/g
1	5.60	160	10	产生大量气泡和较多红色固体，放热多，伴有水分蒸发，溶液逐渐变浅绿色	5.82
2	5.60	160	10		5.73
3	5.60	160	10		5.80

用电子天平称取5.60g铁粉放入160g溶质质量分数为10%的硫酸铜溶液中，观察到产生大量气泡，同时析出红色固体，放热，溶液逐渐变成浅绿色。说明铁粉和硫酸铜不可能恰好完全反应产生铜和硫酸亚铁，还伴有硫酸铜水解后的氢离子和铁的反应，最后得到的铜约是5.78g，不是6.4g。

案例研讨　现实操作难以实现

（2012·某区月考题）欲使50g溶质质量分数为10%的KNO_3溶液其质量分数变为20%，可采用的方法是（　　）。

A. 蒸发22.5g水　　B. 蒸发25g水　　C. 加入5g硝酸钾　　D. 加入10g硝酸钾

评析❷：本题的答案是B，选项B在理论上计算是正确的，但是在实际操作中要准确蒸发25g水，不是水量蒸发过头，就是蒸发水分不足，况且操作者无法做到边蒸发边称量，若停止加热，马上称量，一方面烫的蒸发皿不能直接放在天平上称量，另一方面蒸发皿中还在冒蒸气，蒸发还在进行，称量也不准。若蒸发一段时间，冷却后再称量，由于不能恰好蒸发25g水，需要多次蒸发、冷却，如此反复操作需要的时间过长。除非蒸发水超过25g，然后再加水补足到恰好蒸发25g水，但是题目明确表明是蒸发25g水。因此，直接蒸发掉25g水在实验操作中无法实现。

案例研讨　言语描述不够严谨

（2014·上海化学卷）室温下，甲、乙两烧杯均盛5mL且pH=3的某一元酸溶液，向乙烧杯中加水稀释至pH=4。关于甲、乙两烧杯中溶液的描述正确的是（　　）。

---

❶ 游梅. 对中学化学"纸笔实验"试题的质疑与思考[J]. 化学教育，2016，37(11)：38-42.
❷ 游梅. 对中学化学"纸笔实验"试题的质疑与思考[J]. 化学教育，2016，37(11)：38-42.

A. 溶液的体积：$10V_甲 \leqslant V_乙$

B. 水电离出的 OH^- 浓度：$10c(OH^-)_甲 \leqslant c(OH^-)_乙$

C. 若分别用等浓度的 NaOH 溶液完全中和，所得溶液的 pH：甲 $\leqslant$ 乙

D. 若分别与 5mL pH=11 的 NaOH 溶液反应，所得溶液的 pH：甲 $\leqslant$ 乙

评析❶：根据"一元酸"的强弱展开讨论。溶液 pH 从 3 变为 4，如若是强酸，则需稀释 10 倍；如若是弱酸，因为稀释时弱酸的电离度增大，则需稀释 10 倍以上，即 $10V_甲 \leqslant V_乙$，A 正确。因为 $c(H^+)_甲 = 10c(H^+)_乙$，所以 $10c(OH^-)_甲 = c(OH^-)_乙$，B 错误。用 NaOH 完全中和后，溶液 pH 取决于生成的盐，如果若是强酸，则生成的盐不水解，$pH_甲 = pH_乙$；如若是弱酸，则生成的盐会水解，又因浓度关系是甲＞乙，所以溶液 $pH_甲 > pH_乙$，即 $pH_甲 \geqslant pH_乙$，C 不正确。与 5mL pH=11 的 NaOH 溶液反应，如若是强酸，则恰好完全反应且生成的盐不水解，则 $pH_甲 = pH_乙$；如若是弱酸，则酸过量，因为甲中酸的浓度大，导致溶液的 $pH_甲 < pH_乙$，即 $pH_甲 \leqslant pH_乙$，D 正确。答案为 A、D。

上述解析从化学角度看无懈可击。但如果从数学角度去审视，则选项 B 的结论显然缺少科学性。因为"$\leqslant$"表示为小于或者等于，只要满足其中一个条件就可认为不等式成立，如 $x \leqslant 2$，表示 $x=2$ 或 $x<2$ 时均成立。同理，"$10c(OH^-)_甲 \leqslant c(OH^-)_乙$"可以是 $10c(OH^-)_甲 = c(OH^-)_乙$（就是试题满足的情形），也可以是 $10c(OH^-)_甲 < c(OH^-)_乙$，所以从数学角度看，B 选项也是成立的。

4. 公平性原则❷

公平性原则即指命题所用情境素材、图文比例等与试题本身有关的一切组成部分对所有被试考生的影响应是公平的。这就要求命题时必须考虑到不同考生群体的生活经历、思维习惯、认知特点、智能组成、发展需求、个性潜能以及他们的生活地域、民族、性别等差异，且命题过程中要尽量避免与往年的各类试题有明显交集，同时还要兼顾根据三种版本化学教材要求的不同命题，以保证选考模块试题的等值匹配等。

案例研讨 等分不等值

2013 年高考新课标卷Ⅰ化学部分的三道选做题 36 题、37 题、38 题，虽然试题在素材选取、知识内容要素、认知层次要素、答题文字数等可控参数方面基本相当，但是，从考后的抽样统计数据看，选做题"等分不等值"现象仍然存在，高考命题的公平性原则仍面临着多方挑战。具体情况如表 8-4 所示。

表 8-4　2013 年高考新课标卷Ⅰ化学部分的 36 题、37 题、38 题平均得分与难度系数表

	36 题	37 题	38 题
平均得分	7.171	4.723	8.712
难度系数	0.487	0.315	0.581

注：本数据仅限于江西省；抽样不包含零分试卷。

5. 情境性原则

情境性原则是指化学问题的设计应以一定的情境作为测试载体，而且情境应是真实可信

---

❶ 游梅. 对中学化学"纸笔实验"试题的质疑与思考 [J]. 化学教育, 2016, 37 (11): 38-42.

❷ 王后雄, 孙建明. 新课程高考化学命题原则的研究 [J]. 中国考试, 2014 (03): 16-22.

的。题干情境材料是对考生进行刺激，产生让考生表现心理结构或能力的环境。因此，选择题干情境材料需要考虑的基本要素是试题期望测量的行为目标、涉及的内容领域以及考生对材料的理解能力❶。故命题者在设计问题情境时要注意：①试题情境的创设应紧密联系学生学习和生活实际，体现科学、技术、社会和环境发展的成果；②试题情境应具有针对性、启发性、过程性和科学性，以形成与测试任务融为一体、具有不同陌生度、丰富而生动的载体；③挑选的情境材料应该与学生学习经历过的材料有类似性但并不相同；④挑选的情境材料应该有教育意义；⑤情境材料的选择必须考虑测量的认知目标和涉及的内容领域；⑥情境材料应该不含新的概念、原理和方法，或者所含新的概念、原理和方法等不影响考生对材料的理解；⑦情境材料的呈现方式应该多样化。

知识超链接

问题情境的来源

源于工业生产：各类工业生产工艺的介绍与改进等，金属矿物的利用如以黄铜矿（主要成分是 $CuFeS_2$）炼制精铜，以闪锌矿为原料制备金属锌等；海水资源的利用如海水提镁、海水提溴等；常见无机化合物的生产如利用"$KClO_3$ 氧化法"制备 KIO_3，蒽醌法生产双氧水等。

源于社会问题：工业生产"三废"回收处理如废钒催化剂的回收，利用烟道气中的 SO_2 生产 $Na_2S_2O_5$ 等；生活废弃物回收如锂离子电池正极材料中的某些金属资源利用等；意外事故导致的化学品泄漏如液氨及泉州"裂解碳九"泄漏等。

源于科技发展：常见的有纳米材料、超导材料、生态农业发展技术及新能源问题等。

源于生活实践：涉及衣食住行等多方面内容，比如燃烧与灭火的原理、居室污染、食品与营养、衣物洗涤等。

案例研讨　源于工业生产

（2015·新课标Ⅰ，27）硼及其化合物在工业上有许多用途。以铁硼矿（主要成分为 $Mg_2B_2O_5·H_2O$ 和 Fe_3O_4，还有少量 Fe_2O_3、FeO、CaO、Al_2O_3 和 SiO_2 等）为原料制备硼酸（H_3BO_3）的工艺流程如图8-2所示：

图 8-2　以铁硼矿为原料制备硼酸的工艺流程

回答下列问题：

（1）写出 $Mg_2B_2O_5·H_2O$ 与硫酸反应的化学方程式_____。为提高浸出速率，除适当增加硫酸浓度外，还可采取的措施有_____（写出两条）。

---

❶ 雷新勇，周群. 试题命制的理论和技术（二）. 考试研究，2008（02）：92-106.

(2) 利用_____的磁性，可将其从"浸渣"中分离。"浸渣"中还剩余的物质是_____（写化学式）。

(3) "净化除杂"需先加 H_2O_2 溶液，作用是_____。然后再调节溶液的 pH 约为 5，目的是_____。

(4) "粗硼酸"中的主要杂质是_____（填名称）。

(5) 以硼酸为原料可制得硼氢化钠（$NaBH_4$），它是有机合成中的重要还原剂，其电子式为_____。

(6) 单质硼可用于生成具有优良抗冲击性能硼钢。以硼酸和金属镁为原料可制备单质硼，用化学方程式表示制备过程_____。

该试题以硼酸（H_3BO_3）的制备工艺为测试载体，通过呈现具体的工艺流程，让学生以自己的化学知识为背景对其进行相关理解，进而依据题目设问作答，是一道典型的以工业生产实际为测试情境的试题。

案例研讨　源于社会问题

（2013·天津理综，10）某市对大气进行监测，发现该市首要污染物为可吸入颗粒物 PM2.5（直径小于等于 2.5 微米的悬浮颗粒物），其主要来源为燃煤、机动车尾气等。因此，对 PM2.5、SO_2、NO_x 等进行研究具有重要意义。请回答下列问题：

(1) 对 PM2.5 样本用蒸馏水处理制成待测试样。若测得该试样所含水溶性无机离子的化学组分及其平均浓度如表 8-5。

表 8-5　PM2.5 实验数据

离子	K^+	Na^+	NH_4^+	SO_4^{2-}	NO_3^-	Cl^-
浓度/mol·L^{-1}	$4×10^{-6}$	$6×10^{-6}$	$2×10^{-5}$	$4×10^{-5}$	$3×10^{-5}$	$2×10^{-5}$

根据表中数据判断 PM2.5 的酸碱性为_____，试样的 pH 值 = _____

(2) 为减少 SO_2 的排放，常采取的措施有：

① 将煤转化为清洁气体燃料。

已知：$H_2(g) + 1/2O_2(g) = H_2O(g)$　　$\Delta H = -241.8 kJ·mol^{-1}$

$C(s) + 1/2O_2(g) = CO(g)$　　$\Delta H = -110.5 kJ·mol^{-1}$

写出焦炭与水蒸气反应的热化学方程式：_____。

② 洗涤含 SO_2 的烟气。以下物质可作洗涤剂的是_____

a. $Ca(OH)_2$　　b. Na_2CO_3　　c. $CaCl_2$　　d. $NaHSO_3$

(3) 汽车尾气中 NO_x 和 CO 的生成及转化为：

① 已知汽缸中生成 NO 的反应为：

$N_2(g) + O_2(g) \rightleftharpoons 2NO(g)$　　$\Delta H > 0$

若 1mol 空气含有 0.8mol N_2 和 0.2mol O_2，1300℃时在密闭容器内反应达到平衡。测得 NO 为 $8×10^{-4}$ mol，计算该温度下的平衡常数 $K = $_____

汽车启动后，汽缸温度越高，单位时间内 NO 排放量越大，原因是：

_____

166

② 汽车燃油不完全燃烧时产生 CO，有人设想按下列反应除去 CO：
$$2CO(g) = 2C(s) + O_2(g)$$
已知该反应的 $\Delta H > 0$，简述该设想能实现的依据：
_____
③ 目前，在汽车尾气系统中装置催化转化器可减少 CO 和 NO 的污染，其化学反应方程式为：_____。

该试题以近几年广受关注的大气污染源 PM2.5 为讨论背景，通过对 PM2.5 的化学性质的探究和 SO_2、NO_x 等的减排措施的原理探讨，让学生依据自己的理解进行作答，考查学生对相关知识的理解程度和应用能力，是一道以典型社会问题为背景的化学试题。

案例研讨　源于科技发展

(2017 北京理综，9) 我国在 CO_2 催化加氢制取汽油方面取得了突破性进展，CO_2 转化过程示意图如图 8-3 所示，下列说法不正确的是（　　）。

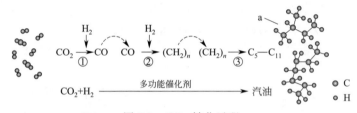

图 8-3　CO_2 转化过程

A. 反应①的产物中含有水
B. 反应②中只有碳碳键形成
C. 汽油主要是 $C_5 \sim C_{11}$ 的烃类混合物
D. 图中 a 的名称是 2-甲基丁烷

该试题以我国在 CO_2 催化加氢制取汽油方面取得的突破性进展为背景，通过呈现其转化机理，让学生从图中直接或间接提取相关信息，进而作答，是一道以科技发展为情境的化学试题。

案例研讨　源于生活实践

(2013 课标Ⅰ，10) 银制器皿日久表面会逐渐变黑，这是生成了 Ag_2S 的缘故。根据电化学原理可进行如下处理：在铝质容器中加入食盐溶液，再将变黑的银器浸入该溶液中，一段时间后发现黑色会褪去。下列说法正确的是（　　）。

A. 处理过程中银器一直保持恒重
B. 银器为正极，Ag_2S 被还原生成单质银
C. 该过程中总反应为 $2Al + 3Ag_2S = 6Ag + Al_2S_3$
D. 黑色褪去的原因是黑色 Ag_2S 转化为白色 AgCl

该试题以生活中常见的银质器具逐渐变黑的现象为引，通过对变黑银器的化学处理方法原理的探讨，考查学生对该方法化学本质的理解。

6. 探究性原则

《普通高中课程标准（2017 年版）》要求全面发展学生化学学科核心素养，其中素养 4 即为"科学探究与创新意识"，要求学生"能发现和提出有探究价值的问题；能从问题和假设出发，依据探究目的，设计实验方案，运用化学实验、调查等方法进行实验探究"，故化学试题的命制应发挥"指挥棒"的作用，做到"教、学、评"一体化，考查学生在经过阶段性学习后提出问题、设计实验、分析实验的能力。而且探究性试题同样较易落实对化学学科其他四类核心素养的考查，故设计探究性化学试题也就很有必要了。

案例研讨

（2013 福建理综，25）固体硝酸盐加热易分解且产物较复杂。某学习小组以 $Mg(NO_3)_2$ 为研究对象，拟通过实验探究其热分解的产物，提出如下 4 种猜想：

甲：$Mg(NO_2)_2$、NO_2、O_2　　　　　乙：MgO、NO_2、O_2

丙：Mg_3N_2、O_2　　　　　　　　　　丁：MgO、NO_2、N_2

(1) 实验前，小组成员经讨论认定猜想丁不成立，理由是_____。

查阅资料得知：$2NO_2 + 2NaOH == NaNO_3 + NaNO_2 + H_2O$

针对甲、乙、丙猜想，设计如图 8-4 所示的实验装置（图中加热、夹持仪器等均省略）：

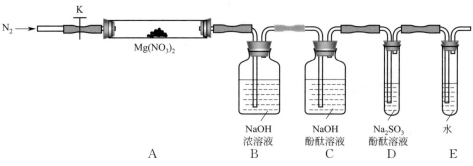

图 8-4　$Mg(NO_3)_2$ 的热分解

(2) 实验过程

① 仪器连接后，放入固体试剂之前，关闭 K，微热硬质玻璃管（A），观察到 E 中有气泡连续放出，表明_____。

② 称取 $Mg(NO_3)_2$ 固体 3.7 g 置于 A 中，加热前通入 N_2 以驱尽装置内的空气，其目的是_____；关闭 K，用酒精灯加热时，正确操作是先_____，然后固定在管中固体部位下加热。

③ 观察到 A 中有红棕色气体出现，C、D 中未见明显变化。

④ 待样品完全分解，A 装置冷却至室温、称量，测得剩余固体的质量为 1.0 g。

⑤ 取少量剩余固体于试管中，加入适量水，未见明显现象。

(3) 实验结果分析讨论

① 根据实验现象和剩余固体的质量经分析可初步确认猜想_____是正确的。

② 根据 D 中无明显现象，一位同学认为不能确认分解产物中有 O_2，因为若有 O_2，D 中将发生氧化还原反应：_____（填写化学方程式），溶液颜色会褪去；小组讨论认定分解产物中有 O_2 存在，未检测到的原因是_____。

③ 小组讨论后达成的共识是上述实验设计仍不完善,需改进装置进一步研究。

7. 开放性原则

开放性试题是新课改这几年来化学试题编制的热门题型,开放性试题是与封闭性试题相对的,主要体现在思路、方法、过程和结果的开放性上。对于考查学生思维的灵活性和广泛性有显著的优势。每个学生都可以通过开放性试题的思考得到自己的答案,获得成功的喜悦,是培养学生创新能力的一种有效的手段。开放性试题更符合新课程发展性评价原理,在新课程的模块学业评价中应提倡适量使用开放性试题。开放性试题在编制上需要注意的问题:①试题要有明确的检测目标;②试题不能违背化学学科的基本规律。教师在设计开放性试题时不能仅仅局限于化学教材,应该联系生活的实际、科技动态、结合其他相关学科设计化学试题。

案例研讨 条件开放式

在一次化学晚会上,刘伟同学表演了一个小魔术,他在一张洁白干燥的滤纸上依次喷洒 A、B、C 三种无色溶液。当喷洒 A 液时,滤纸上无明显变化;再喷洒 B 液时,滤纸上出现了一只红色的小猫(如图 8-5 所示);最后喷洒 C 液时,小猫渐渐消失。请你回答下列问题:

(1) 滤纸上的小猫可能是用_____画的。

(2) 无色溶液 A 是_____;B 是_____;C 是_____。

评析❶:根据无色酚酞试液遇碱溶液变红,遇酸或中性溶液不变色以及酸碱中和反应的原理可知,用 NaOH 试液(碱性溶液)或酚酞试液在滤纸上画一只无色的小猫,喷水或其他中性溶液不变色,再喷酚酞溶液(或 NaOH 等碱性溶液)时,即可显出红色小猫,然后再洒稀盐酸溶液,由于稀盐酸与碱溶液发生中和反应,当中和掉滤纸上的碱溶液时,红色小猫会逐渐消失而变成无色。

图 8-5 小猫图案

答案一:滤纸小猫是 NaOH 试液(只要是碱溶液都可)画的。A 是水或其他中性溶液;B 是酚酞溶液;C 是盐酸(或其他中性溶液)。

答案二:滤纸小猫是用酚酞溶液画的。A 是水或其他中性溶液;B 是 NaOH 试液(只要是碱性溶液都可);C 是盐酸(或其他中性溶液)。

案例研讨 结论开放式

用图 8-6(a) 两个圆分别表示两个对象的有关信息,两圆重叠区域分别表示他们的共同特征(相似点),重叠区域以外部分表示他们的独有特征(不同点)。请你在图下填写与图 8-6(b)、图 8-6(c) 中 (1)、(2)、(3)、(4) 处相适应的内容。(每处只要求填写一种)

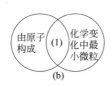

图 8-6 两个对象重叠区域的特征

---

❶ 任向莲. 化学开放性试题汇总 [J]. 化学教学,2010 (04):64-65.

评析❶：此类试题答案不是唯一的，答题的关键是对题中内容的相似点和不同点的理解和把握，不论是相同点还是不同点，都可以从研究化学的几个方面（组成、结构、性质、用途）去考虑。

答案：（1）都是构成物质的微观粒子（或都由更小的微观粒子构成）；（2）、（3）都含碳酸根（或都是盐或都能跟盐酸反应等）；（4）难溶，作建筑材料（或含有钙元素，高温能生成二氧化碳等）。

案例研讨　思维开放式

请从下列物质中选择适当的试剂，设计不同方法进行镁、锌、铁金属活动性顺序的实验探究：a. 镁条；b. 稀硫酸；c. 硫酸锌；d. 硫酸镁；e. 锌片；f. 硫酸亚铁；g. 铁钉

（1）方法一所选用的试剂_____。（填序号）

（2）方法二所选用的试剂_____。（填序号）

评析❶：（1）上面三种金属均能与酸反应，根据金属与酸反应的剧烈程度不同可选择一种酸，比较金属的活泼性。因此，选择序号 a、e、g、b。（2）根据金属与盐反应的条件，在金属活动性顺序中，只有排在前面的金属才能把排在后面的金属从它的盐溶液中置换出来。首先，将三种金属按活动性顺序排列，如 Mg、Zn、Fe，如果选择 Mg、Fe 单质，中间选择的盐溶液即 $ZnSO_4$ 溶液；如果选择中间金属为单质，如 Zn，则两边选择的盐溶液为 $MgSO_4$、$FeSO_4$ 溶液。

答案：（1）a、e、g、b；（2）a、c、g 或 d、e、f。

案例研讨　方法开放式

小倩同学在做硫在氧气中燃烧的实验前，预先在集气瓶底部装入少量水。实验过程中她联想到老师介绍过，二氧化硫排放到空气中会形成酸雨，于是想了解燃烧后集气瓶底部残留的"水"是否也呈酸性。她多次取"水"测量 pH，发现其 pH 始终小于 7 并逐渐减少，直至稳定在 pH＝4，证明集气瓶底部残留液呈_____性。随后，小倩想进一步了解该残留液是否具有酸的通性，请你与她一起探究。

提出问题：残留液还能与什么物质反应呢？

猜想：（1）_____　（2）_____

设计方案：

实验方法	可能观察到的现象	结论

评析❶：此题为开放性的实验探究题，根据溶液 pH＝4，可考虑酸的五点通性，因此可以设计五种实验，证明该溶液显酸性。

---

❶ 任向莲. 化学开放性试题汇总 [J]. 化学教学，2010（04）：64-65.

实验方法	可能观察到的现象	结论
取样,加入镁条	镁条逐渐减少,表面有气泡产生	残留液能与镁反应产生 H_2
取样,滴加碳酸钠溶液	有气泡产生	残留液能与碳酸钠反应生成 CO_2
取样,滴加紫色石蕊试液	试液变红	残留液显酸性
取样,加入氧化铁	固体逐渐减少,溶液由无色变为黄色	残留液能与氧化铁发生反应
取样,加入氢氧化铜	固体逐渐减少,溶液由无色变为蓝色	残留液能与氢氧化铜发生反应

8. 独立性原则❶

独立性原则主要针对命题过程中的题干考查知识点选择与设问环节,对于一道较为综合性的高考试题,考查的各知识点和各问题之间要有相对的独立性,关联度不宜过高,否则,某个问题不会或失误,有可能导致整个试题的失分,试题的信度与效度以及诊断功能都会降低。另外同一份试卷中不同题目之间也应保持相对的独立性,避免出现前后题有提示之嫌。

案例研讨

(2013年海南卷19-Ⅱ题) 图8-7所示的转化关系中(具体反应条件略), a、b、c 和 d 分别为四种短周期元素的常见单质,其余均为它们的化合物, i 的溶液为常见的酸, a 的一种同素异形体的晶胞如图8-8所示。回答下列问题:

(1) 图8-8对应的物质名称是_____,晶胞中的原子数为_____,晶体类型为_____。

(2) d 中元素的原子核外电子排布式为_____。

(3) 图8-7中由两种元素组成的物质中,沸点最高的是_____,原因是_____,该物质的分子构型为_____,中心原子的杂化轨道类型为_____。

(4) 图8-7中的双原子分子中,极性最大的分子是_____。

(5) k 的分子式为_____,中心原子的杂化轨道类型为_____,属于_____分子(填"极性"或"非极性")。

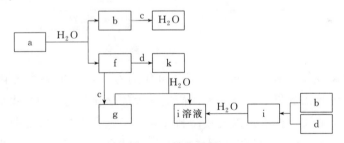

图8-7 转化关系

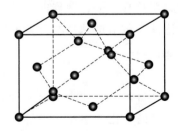

图8-8 a的同素异形体的晶胞

---

❶ 任向莲. 化学开放性试题汇总[J]. 化学教学, 2010 (04): 64-65.

评析：此题所考查各知识点的关联度太高，学生很可能因为 a、b、c、d（a 为 C，则 b 为 H_2、c 为 O_2，d 为 Cl_2）推不出来或是推导错误，而使整个大题失分，这样试题就不具有诊断的功能了。

（二）化学试题设计的方法[❶]

现结合"11·4 福建泉港碳九泄漏事故"，介绍如何命制基于核心素养的高中化学学业水平等级性考试试题，其中对试题命制思路、测试目标、命制的基本理论和技术要求等方面予以详细论述。

1. 试题载体挖掘

（1）碳九泄漏事件总览　（略）

（2）碳九事件作为试题测试载体可行性分析　①该事件为发生在我们身边的真实事件，非主观臆造的测试载体，且该事件包含 STSE（科学、技术、社会、环境）的各个方面，作为一道大题可以较好地测试学生的整体学科能力，反映学生的化学核心素养及水平，衡量学生运用知识理解和解决现实问题的能力。②涵盖众多符合《普通高中化学课程标准（2017 年版）》的知识点，如滴定分析和氧化还原反应化学方程式的书写等，可突出化学核心概念与观念，以此类知识点设置相关测试目标，可与学业质量标准有较好的一致性。③可通过不同的知识点及设问方式来考查学生的化学学科核心素养及水平以及课程内容的掌握情况。④考查的内容难度有明显区分度，试题应答表现可以明显区分学生达到的学业质量水平。

2. 试题设计思路框架

经过上述各类因素考量后，以碳九泄漏事件为测试载体命制试题，思路如图 8-9 所示。

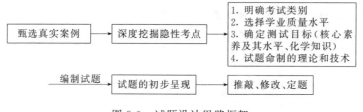

图 8-9　试题设计思路框架

选好可作为测试载体的真实情境后，罗列可作为考查内容的各个考查目标，包括知识点、认知操作和应体现出的核心素养，整体衡量学生的学科能力。再根据命制试题所属考试类别，参考相应的学业质量标准。以现在命制等级性考试试题为例，根据课程标准的建议选择主要以学业质量水平 4 的表现标准作为参考点，再结合所挖掘考点和命题依据确定出可以考查的测试目标，包括核心素养类型及水平、课程内容的掌握等。在试题设计初步完成后辅以试题命制的基本理论及技术论证，包括试题基本要素的完整性、情境材料设置的科学性和设问方式的合理性等技术性问题。

3. 试题全貌

在经过以上选择载体、确定测试目标、设计测试任务等命题过程后，以"11·4 福建泉港碳九泄漏事故"为测试载体，命制高中化学学业水平等级性考试试题。（见试题命制原则

[❶] 姜建文，吴俊杰. 基于"真实情境与实际问题"的化学试题命制——以"碳九泄漏事故"为例 [J]. 化学教育（中英文），2019，40（23）：5-10.

第 2 原则　素养诊断原则案例研讨——基于"真实情境与实际问题"的化学试题）。

4. 试题剖析

此部分将对试题所设测试任务考查的学科能力进行具体分析，包括认知操作、核心素养类型及表现水平，进而确定试题测试目标是否与学业质量水平 4 有较好的一致性，然后再加以试题命制基本理论及技术论证。

（1）试题的测试目标分析　分析试题所有测试任务，厘清其考查的认知操作类型，确定其考查的核心素养类型及表现水平，进而逆推此题测试目标是否与学业质量标准有较好的一致性。

以学业质量标准为依据命制试题，必须了解学业质量标准的本质特点。综观中国及英国、澳大利亚、美国等国家颁布的各学科课程内容标准，可以发现尽管课程标准的内容各不相同，但基本都有两个特征：第一，都是以条目形式出现，每一条目都规定学生应该学习什么知识，如何学习该知识或学习到什么程度；第二，条目表述的基本形式是"动词"加"名词"，"名词"表述的是需要学习的知识，"动词"表述的是学习知识所要求的认知操作或学习的深度要求。由于在以学业质量标准为依据进行命题时，不同的命题者对标准中的"动词"含义理解不同，导致试题测试目标也可能不同，试题与标准的一致性也难以保证，因此试题的质量可能具有偶然性。所以，要保证设计的试题与学业质量标准相应知识的认知要求一致，首先必须对标准内容条目的"动词"内涵统一认识；其次，需要明确要考查何种认知操作，试题需要提供给考生什么信息，如何设问，从测量的本质上稳定试题和试卷的质量。

根据布鲁姆教育目标分类（2001）的认知操作类型，对上述试题测试目标给予详细分析（表 8-6）。

表 8-6　试题测试目标分析表

题号	认知类型	核心素养类型	核心素养水平描述	水平
（1）	辨认	科学探究与创新意识	能对简单化学问题的解决提出可能的方案	2
（2）	推理	宏观辨识与微观探析	能依据物质的性质评估某种解释或预测的合理性	4
（3）①	分析	宏观辨识与微观探析	能从宏观与微观结合的视角对物质及其变化进行分类和表征	4
（3）②	实施	证据推理与模型认知	能从定性与定量结合方面收集证据，能通过定性分析和定量计算步骤推出合理的结论	3
（3）③	分析	证据推理与模型认知	能对复杂的化学问题情境中的关键要素进行分析并用以建构相应的模型	4
（3）④	分析	宏观辨识与微观探析	能依据物质的性质预测一定条件下可能发生的化学变化，并评估某种解释或预测的合理性	4
（3）⑤	组织、实施	科学探究与创新意识	能科学合理地利用数据处理实验信息	4
（4）	比较	证据推理与模型认知	能认识物质变化的限定条件和研究对象之间的异同，说明某种方法的适用范围	3
（5）A	分析	科学态度与社会责任	能依据实际条件并运用所学的化学知识和方法解决生产、生活中简单的化学问题	3
（5）B	推理	变化观念与平衡思想	能对具体物质的性质和化学变化作出解释或预测	4
（5）C、D	分析、推理	证据推理与模型认知	能从定性与定量结合方面收集证据，能通过定性分析和定量计算步骤推出合理的结论	3

由表 8-6 可知，该试题测试目标涵盖的核心素养类型齐全，且水平绝大多数分布在第四层，同时学业质量标准是以本学科核心素养及其表现水平为主要维度进行划分的，根据学业质量水平与化学学科核心素养的水平对应关系（表 8-7）可知，该题所设测试任务体现的学业质量水平基本属于第四层，与本学科课程标准中"学业质量标准水平 4 则是化学学业等级性考试的命题依据"的规定契合较好。

表 8-7　核心素养水平与学业质量水平关系

化学学科核心素养的水平		学业质量水平	
化学学科核心素养	素养水平	水平	"质量描述"结构
素养 1　宏观辨识与微观探析	1、2、3、4	1	集合各个素养的水平 1 形成"1-1""1-2""1-3""1-4"，并作出具体描述
素养 3　证据推理与模型认知	1、2、3、4		
素养 2　变化观念与平衡思想	1、2、3、4	2	集合各个素养的水平 2 形成"2-1""2-2"……
素养 4　科学探究与创新意识	1、2、3、4	3	集合各个素养的水平 3 形成"3-1""3-2"……
素养 5　科学态度与社会责任	1、2、3、4	4	集合各个素养的水平 4 形成"4-1""4-2"……

（2）试题命制理论及技术论证

① 试题的基本要素分析　根据试题的基本定义，可以确定一道试题必须要有三个基本要素，即测试目标、情境材料、设问❶。

测试目标，即应测试的学生学业成就表现，在《普通高中化学课程标准（2017 版）》中规定为学生达成的学科核心素养水平和掌握的课程内容。核心素养部分上面已作详细分析和统计，课程内容涵盖部分则相对明显，不再赘述。

情境材料方面，根据课程标准中命题原则的有关规定，应以真实情境为测试载体，试题情境的创设应紧密联系学生学习和生活实际，体现科学、技术、社会与环境发展的成果。本试题的情境材料从生活中的真实事件出发，以"碳九泄漏"事件为测试载体，以事件的处理过程为主线，构建试题整体框架，引入相应考点，如监测水质时以化学需氧量的测定过程设问来考查学生的学科能力。在考查学科能力的同时，不仅引导学生建立了利用化学知识认识问题、解决问题的意识，还正确引导学生理性看待化学给生活带来的影响。

设置问题方面，本试题以事件发生的始末为背景，选取与高中化学课程内容密切相关的部分知识，以学业质量标准为参考，设置了一系列测试任务。测试任务融入了较多真实且有意义的情境，如水质监测、自我防护等。考查的知识点和认知操作均符合课程标准要求，知识点方面如滴定分析、化学变化的定量表征等，认知操作方面如分析和推理等。且试题设问之间有明显的区分度，根据不同层次的学生的应答表现能合理地体现出学生学科能力水平。

故依上述内容可见，本试题在构成试题的基本要素方面较完善，要素设置的科学性、合理性也相对较好。

② 命制试题的基本要求和技术论证　命题包括四个重要环节，即选择题干情境材料、设问、赋分和制定评分标准。因赋分和制定评分标准要求分析试卷整体结构，对每种题型的

---

❶ 雷新勇，周群. 试题命制的理论和技术（二）. 考试研究，2008（02）：90-106.

赋分统筹考量，故在此仅讨论前两项。

第一，试题情境材料选择的基本要求论证。

题干情境材料是对考生进行刺激，产生让考生表现心理结构或能力的环境。因此，选择题干情境材料需要考虑的基本要素是试题期望测量的行为目标、涉及的内容领域以及考生对材料的理解能力。故而在此结合具体要求，对所命试题进行分析论述。

a. 挑选的情境材料应该与学生学习、经历过的材料有类似性但并不相同　本试题情境材料在形式和内容上与学生平时学习材料有明显不同，但涉及的概念、原理、获取信息的方法、解决问题的方法等是相同或相似的，如"相似相溶原理""氧化还原方程式的一般书写步骤"和"滴定分析"等。

b. 挑选的情境材料应该有教育意义　本试题以对我们的生产生活造成重大影响的"11·4福建泉港碳九泄漏事故"为切入点，在考查学生学科能力的同时也使其认识到安全操作、工作认真负责的必要性和法律的严肃性，以及化工产品可能给环境带来的不良影响，引导学生树立合理利用化学知识改变生活的科学态度和社会责任意识，故本题的情境材料是具有明显教育意义的。

c. 情境材料选择必须考虑测量的认知目标和涉及的内容领域　本试题在设计之初甄选情境材料时即已考虑根据材料可引出或设置的测量目标与参加高中化学学业水平等级性考试考生的认知水平及课程内容掌握范围的契合性，故情境材料选择的科学性、适应性及合理性毋庸置疑，故此点要求满足。

d. 情境材料应该不含新的概念、原理和方法，或者所含新的概念、原理和方法等不影响考生对材料的理解　试题含有新的概念如化学需氧量，但其原理与课程内容的滴定分析等有相通之处，对应的化学方程式可能对高中生来说部分较为陌生，但推导出来的基本方法和书写与常见氧化还原反应化学方程式的步骤一样，且反应物、生成物交代清楚，故所含新的概念等方面并不影响考生对材料的理解，反而能考查学生对知识的熟练应用和信息迁移、组织能力。

e. 情境材料的呈现方式应该多样化　该要求此题尚不满足，情境材料呈现方式相对较为单一，实为此题之不足。

f. 应该用清晰、明确的语言表述情境材料　试题一字一句皆经过反复琢磨，力争试题表述简单、精炼、清晰，故此点要求满足。

g. 情境材料应该足够复杂　此题情境材料有一定的复杂程度，需要考生有一定的高级认知操作能力，能对复杂的情境材料有足够的认识，并能从中提取出关键的信息并加以合理地组织以应答题目的设问。

第二，试题设问的基本要求论证。

试题的设问本质上是对考生受到情境材料刺激后，对应该做出什么反应的规定。试题设问的内容和技术关系到试题能否有效测量学生的学科能力和对学生群体的学科能力作出科学合理的区分。根据试题设问的具体要求，在此也作出具体分析如下。

a. 设问或试题设计必须考虑测量目标和内容领域　该试题是在研读本学科课程标准对有关考试评价的具体说明，分析其具体命制思路后，来进行测量载体选择和具体测试任务设置的，这是一种由上至下的设计思路，故在测量目标和内容方面并无明显偏差。

b. 要用与测量目标相一致的动词进行设问；应该用清晰、明确的语言表述设问；设问的要求应该与材料保持一致　此三点要求在上面已作详细分析，在此不作赘述。

c. 如果必要的话，应对如何应答提出具体要求　题中部分设问对如何应答已作出具体要求，如在某试题中解释测定海水化学需氧量的方法选择时要求考生结合离子方程式加以说明。

d. 问答题和简答题设问应该有一定的综合性，而且涉及的内容范围不宜太窄　本题形式虽为一道大题，但介于学科属性，在具体设问方式上基本以客观题形式展现，故综合性不比常规意义上其他学科问答题宽。

e. 设计的试题数应该与所提供材料的长度和信息加工量相匹配　试题的测试内容应与材料的长度和学生对其加工量相匹配，设问太多而材料过短则考查的知识过于集中，认知操作则过于单一；设问少而材料长，学生耗费大量的精力和时间对提供的信息进行加工，学生群体的知识掌握程度和思维能力差异不易得到明显区分。在经过反复修饰试题初稿后，上述所命试题材料长度相对趋于合理，与完成该试题时需要的信息加工量匹配较好。

思考与交流

（1）设计一份基于核心素养的学生必做实验的活动表现评价方案。
（2）设计一份基于核心素养的必修阶段某单元化学学习档案袋评价表。
（3）谈谈你对化学试题编制原则的认识。你觉得在设计化学试题过程中要注意哪些问题？
（4）你认为各种不同题型的编制有什么不同的要求？
（5）尝试从不同角度对近年来高考化学试题学科核心素养落实作出分析。

阅读指南

[1] 王祖浩，张天若. 化学问题设计与问题解决 [M]. 北京：高等教育出版社，2003.

[2] 杨九俊. 教学评价方法与设计 [M]. 北京：教育科学出版社. 2005.

[3] 姜建文，等. 化学探究实验教学中活动表现评价构建讨论 [J]. 化学教育，2010（12）：49-51.

[4] 张世勇，高杰，李玲. 2010年11套新课程高考化学卷的特点及启示 [J]. 教育测量与评价，2011（3）：54-58.

[5] 张秀球，颜流水. 2012年高考理科综合能力测试化学卷（全国课标卷）分析报告 [J]. 中学化学教学参考，2013（Z1）：47-51.

[6] 钟启泉. 学业评价：省思与改革——以日本高中理科的"学习评价"改革为例 [J]. 教育发展研究，2013，33（10）：50-55.

[7] 丛祥滋，丛萍. 基于科学素养教育的中考化学命题改革与思考 [J]. 化学教育，2012，33（06）：42-46.

[8] 王云生. "教、学、评"一体化的内涵与实施的探索 [J]. 化学教学，2019（05）：8-10，16.

[9] 王正兵. 素养为本的化学教学与评价的设计和实施——以"补铁剂中铁的检验与转化"为例 [J]. 化学教育（中英文），2019，40（11）：29-35.

[10] 孙佳林，郑长龙，张诗. 素养为本化学课堂教学的即时性评价策略 [J]. 化学教育（中英文），2019，40（03）：1-5.

[11] 周冬冬，王磊，陈颖. 基于核心素养的有机化合物主题学业质量水平模型构建及评价研究 [J]. 化学教育（中英文），2018，39（19）：1-7.

第九章 化学教学设计总成

一个教师写一辈子教案不一定成为名师,如果一个教师写三年的教学反思,有可能成为名师。

——叶澜

思维导图

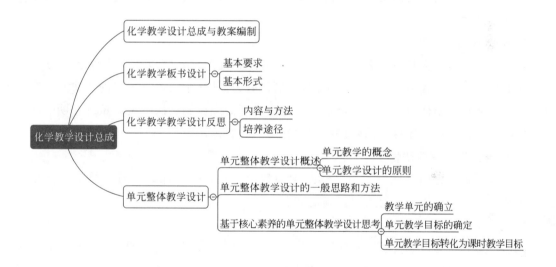

一、化学教学板书设计

(一) 板书的内容和分类

板书的内容主要包括:

① 授课提纲,包括研究问题的思路、方法和程序,知识的系统结构等。

② 教学要点和重点,包括重要的定义、原理、规律、结论、注意点和学习要求等。

③ 补充材料和其他内容,包括图表、例证,为帮助学生听好课和解决疑难而作出的文字解释、说明、例证、提示、图示以及生僻字、词等。

其重点和详略常常因教学内容、教学方法、教师的教学风格和学生的接受水平而异。

根据板书的位置和内容，可以把板书区分为主板书和副板书（辅助板书）。主板书包括上述①、②项和③项的重要内容，它们能形成比较完整的体系，通常写在黑板中间的显著位置，占黑板面积的二分之一至四分之三并尽量保留，不轻易擦去，帮助学生掌握每节课的主要内容。副板书是主板书的辅助内容，或者是为帮助学生听清教师讲授或提醒学生注意的字、词、句等，它们一般不需要长时间保留，书写位置也不需要按照某种顺序。

（二）板书设计的基本要求

1. 书写规范，有示范性

教师的板书除了传授知识外还有引导和训练学生养成良好的书写习惯的重要作用。书写规范、有示范性，是教师在教学中应该时刻信守的一条原则。

2. 语言准确，有科学性

这是从内容上对教师的板书语言提出的更高要求，虽然板书在教学上是间隔地出现的，但是最后总要形成一个整体。板书要让学生看得懂，引人深思，不能由于疏忽而造成意思混乱或错误。因此，板书用词要恰当、造句准确、图表规范、线条整齐，这是板书设计中不容忽视的一个方面。

3. 层次分明，有条理性

各学科的教学内容都有较强的层次性、逻辑性和连贯性，所以板书也要层次分明有条理。在课堂教学中，板书和口头讲述是同步进行的两种教学手段，而板书的优势是直观、形象、条理、概括。要使板书发挥这个优势，要求教师必须做到层次清楚、条理分明、主线清晰、枝蔓有序，用板书体现和加强讲解中语言的这些特点。

4. 重点突出，有鲜明性

在教学中板书运用得好可以引导学生把握教学重点，一堂课后，通过板书就能纵观全课、了解全貌，抓住要领，给人以清晰的印象。

5. 合理布局，有计划性

课前教师要根据教学要求，从实际出发，进行周密的计划和精心的设计，确定好板书的内容，规划好板书的格式，预定好板书的位置，在教学时才能有条不紊地按计划进行，准确而灵活地加以运用。

6. 形式多样，有趣味性

好的板书设计会给学生留下鲜明深刻的印象，形成理解、回忆知识的线索。充满趣味的板书设计，就好像一幅美丽的图画，给学生以美的享受，拨动着他们的心弦，引起他们浓厚的学习兴趣，加深理解和记忆，增强思维的积极性和持续性。

（三）板书设计的基本形式与特点[1]

板书设计的基本形式与特点见表9-1。

---

[1] 经志俊. 重视板书设计，保障有效教学. 化学教学，2009（3）：25-26.

表 9-1 板书设计的基本形式与特点

形式	特点	示例
提纲式	按照教学内容和教学活动的顺序,提纲挈领地编排、书写板书,或呈现讲授内容的提纲,或记录探究活动的结果。这种形式重点突出、系统完整、层次分明,便于学生抓住要领,掌握学习内容的结构,有利于培养学生归纳和概括知识的能力	苏教版化学反应原理"强电解质和弱电解质"的板书设计[1] 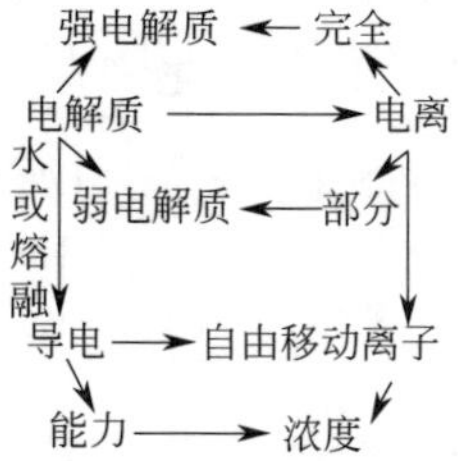 强电解质 ← 完全 电解质 → 电离 水或熔融 弱电解质 → 部分 导电 → 自由移动离子 能力 → 浓度 活动探究 问题:盐酸与醋酸电离程度有无差异? 核心:相同浓度溶液离子浓度有无差异。 方案: ①测pH方法(同浓度) ②溶液导电性实验(同浓度、同体积) ③与金属Mg反应(同浓度、相同镁条) ④……
表格式	根据教学内容设计表格,让学生通过探究或思考,提炼出简要的词语填入表格中,也可以边讲边把关键词填入表格,还可以先把内容分类,有目的的按一定位置书写,归纳、总结时再形成表格。表格式板书形式简明、内容扼要、对比强烈,能使学生获得深刻、鲜明的印象	影响平衡移动的条件板书 | 改变条件 | 平衡移动方向(与外界条件的变化对着干) | |---|---| | c(反应物)↑ | 正反应方向 | | c(生成物)↓ | 正反应方向 | | c(反应物)↓ | 逆反应方向 | | c(生成物)↑ | 逆反应方向 | | p↑ | 气体体积减小的方向 | | p↓ | 气体体积增大的方向 | | T↑ | 吸热反应方向 | | T↓ | 放热反应方向 |
图示式	借助于揭示化学反应原理的图像,并结合简洁的文字或化学用语,将知识直观地显示出来。这种图文并茂、形象直观、简明的形式,富有启发性并能激发学生的学习兴趣	影响平衡移动的条件板书 （左图：$v(正)=v(逆)$，t_1时刻$c(反应物)↑$，$v'(正)=v''(逆)$，t_2达新平衡） （右图：$v(吸)=v(放)$，t_1时刻$\Sigma↑$，$v'(吸)=v''(放)$，t_2达新平衡）
设问式	根据知识的主要纲目和内在联系,以提问的形式设计环环相扣、丝丝入扣的问题。激发学生悬念迭起、疑窦丛生的心理,引导学生积极思考、主动参与	水的电离和溶液的酸碱性: ①为什么说水是一种极弱的电解质? ②什么是水的离子积常数? ③水的离子积的大小受哪些因素影响? ④纯水中加少量强酸或少量强碱,对水的电离平衡产生什么影响? ⑤水溶液呈酸性或碱性的根本原因是什么?
线索式	将教学内容概括、提炼,通过线索反映教学的主要内容,强化知识间的内在联系,培养学生用相互联系的观点整体了解相关知识,构建有效的知识体系	苏教版《化学》"从铝土矿中提取铝"的板书[1] 海水中$MgCl_2$ —沉淀$Ca(OH)_2$→ $Mg(OH)_2$ —中和HCl→ $MgCl_2$ —电解→ 金属Mg 铝土矿中(Al_2O_3、杂质) —提纯→ 溶解NaOH $Al_2O_3+2NaOH=2NaAlO_2+H_2O$ $NaAlO_2$ 酸化CO_2 $NaAlO_2+CO_2+2H_2O=Al(OH)_3↓+NaHCO_3$ $Al(OH)_3$ 灼烧 $2Al(OH)_3 \xrightarrow{高温} Al_2O_3+3H_2O$ 高纯度Al_2O_3 冶炼 电解 $2Al_2O_3 \xrightarrow{电解} 4Al+3O_2↑$ 金属Al

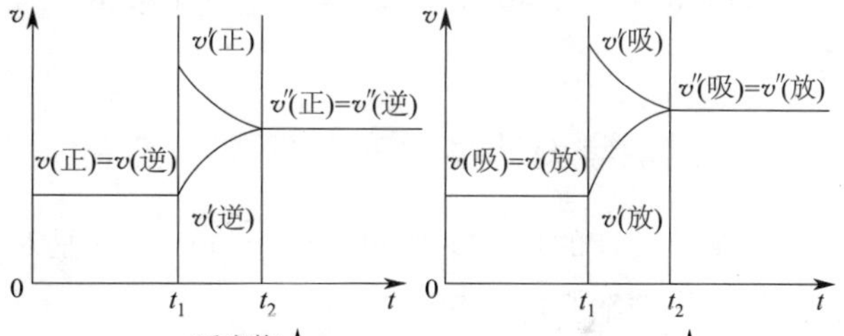

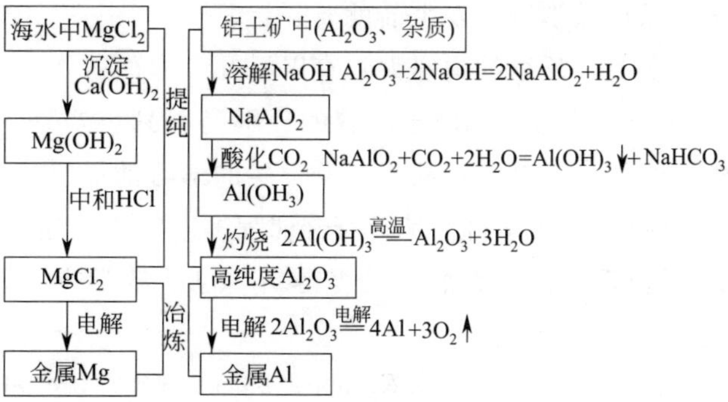

续表

形式	特点	示例
计算式	教学活动中采取边讲边写的展示方式比用多媒体的幻灯片一次性展示更能体现知识间以及数学运算中的逻辑关系和规范的解题格式	试题：计算 100ml 2mol·L^{-1} NaOH 溶液中所含溶质的质量 解：由 $c(NaOH)=n(NaOH)/V(NaOH$ 溶液$)$ 得 $n(NaOH)=c(NaOH)\times V(NaOH$ 溶液$)=2mol·L^{-1}\times 0.1L$ $=0.2mol$ 由 $n(NaOH)=m(NaOH)/M(NaOH)$ 得 $m(NaOH)=n(NaOH)\times M(NaOH)=0.2mol\times 40g·mol^{-1}=8g$ 答：(略)
词语式	选择准确精练的语言或感性的文字作为板书，画龙点睛、直指化学概念的本质，引起学生注意。能帮助理解、强化记忆	盐类水解的小结： 啊！盐类的水解，你是弱者的追求，却尽显强者本色 (用抒情的板书揭示盐类水解"弱水解、显强性"的规律)

① 张礼聪．让板书设计成为化学课堂教学的亮点．中学化学教学参考，2009（10）：19-20．

二、化学教学设计反思[1]

美国心理学家波斯纳（G.J.Posner）1989 年曾提出教师的成长公式是"成长＝经验＋反思"[2]，我国著名心理学家林崇德也提出"优秀教师＝教学过程＋反思"的成长公式。无论是前者还是后者，我们都可以得出一个结论：反思是我们教师发展的重要基础。是否具有反思的意识和能力，是区别作为技术人员的经验型教师与作为研究人员的学者型教师的主要指标之一。

（一）化学教学设计反思的内容和方法

对化学教学设计的反思主要包括两个方面：一是对化学教学设计方案本身的反思，二是对化学教学设计方案实施效果的反思。

1. 对化学教学设计方案本身的反思

古语有云："学然后知不足，教然后知困"，"知困然后能自强也"。"困"说的就是对教学的反思，这是教师教学走向进步的标志。教师不仅要愿意反思而且要把握好教学反思的基本方向，否则就达不到教学反思带动教师专业发展的重要目标。新课程的教学反思强调对于教学的价值观和过程、目的进行全面反思，不单关注"怎么教（方法手段）"的问题，还应该关注教学目的即"为什么而教"和教学内容即"教什么"的问题，也就是说，真正意义上的教学反思在教学行为发生前就要开始。

具体来说，反思的内容大致有以下几个方面。

① 对于课程标准和教学内容的理解是否到位？是否体现了新课程理念？所教内容是否满足学生的需求？是否有利于激发学生的学习动机？

② 所制定的教学目标是否符合课程标准？学生通过教学是否能够实现这些目标？

③ 实现教学目标的策略是否得当，包括教学方法是否优选、教学顺序安排是否合理、

---

[1] 姜建文等．基于国培项目的农村初中化学骨干教师教学反思的调查与思考［J］．化学教育，2011（9）：49-52．

[2] 王小明，胡谊．师资培训的新思路——对专家和新手的比较研究．华东师大学报（教科版），1996（3）．

媒体运用是否得当、教学活动的组织是否科学？是否抓住了教学重点，是否有突破难点的有效措施？

④ 是否设计了科学的评价目标达成的方案，评价是否有利于促进学生的发展？通过教学是否能促进教师本身的专业成长？

对化学教学设计方案本身的反思可以通过撰写教学设计反思来实现。

2. 对化学教学设计方案实施效果的反思

对化学教学设计方案实施效果的反思与教学设计本身的反思大体上一致，只是侧重点不同。

对化学教学设计方案实施效果的反思可以通过撰写教学反思来实现。

3. 教学反思的方法、方式

布鲁达奇（Bcabachet，1994）提出4种教学反思方法：①反思日记：教学活动结束后静下心来总结自己的教学，写在日记本上。②详细描述：比如针对课堂教学进行录像分析，关注细节。③交流讨论：不同见解的教师思想碰撞一定会擦出火花，比如开展同课异构、说课。④行动研究：反思后进行新的教学设计，再实践，再反思。

教学反思方式则可分为：①陈述性反思：教师在课堂教学行为结束后，对课堂教学过程中自己的行为（包括备课、课堂中的语言、表情动作、提问、板书、学生的反应、作业布置、个别指导等）进行全景式回顾，以旁观者的立场对课堂教学过程的合理性与有效性进行分析评价的方式，比如撰写课堂教学实录。②对比式反思：教师主动与其他教师（主要是指专家型教师）的课进行对比的方法，比如观摩示范课，观看优秀教学视频。③讨论式反思：教师主动与其他教师交流，共同探讨教学中一些带有共同性的问题的方法。④课题式反思：教师把自己课堂教学中突出的问题，作为一个研究课题来进行深入探讨的方法。⑤模拟式反思：教师在分析课堂教学得失的基础上，对本节课进行重新设计，在头脑中按新设计的方案模拟课堂教学情境的方式。

（二）加强化学教师教学设计反思能力的培养

加强化学教师教学设计反思能力的培养重点在于以下六个方面。

（1）提高对教学设计反思的认识　增强反思意识，形成反思习惯。新课程的现实背景要求教师根除得过且过，自我满足的思想，要端正态度，提高认识。

（2）自我剖析　自我剖析既是教师对自己进行批判性反思过程，更是自我提高的过程。教师要敢于"亮丑"、敢于"纠错"，学校也要提供合理的氛围和心理支持。

（3）以教师为镜　经常对照优秀教师的教学行为，吸收他人成功之处并融入自己的日常教学中。要利用一切可以利用的资源，如互联网这个好的资源，大量的优秀课例、教学视频要加以充分利用。

（4）以学生为镜　教师工作的着眼点和落脚点都体现在学生的发展上，衡量教师工作的质量也必须从学生的发展上表现出来。因此学生的反馈意见应该成为教师反思自己的一面镜子。树立以生为本的理念。在反思过程中，应该充分听取学生的意见，吸纳学生的有益建议。

（5）养成写教学后记的习惯　撰写教学后记要做到及时和真实，通过对教学过程的全面反思，查找差距，提出改进意见，不断地改善教学效果。教学后记既是上一轮教学过程的延续，又是新一轮教学过程的高质量准备。

（6）加强反思指导　反思既是一种思想，更是一种技术。奥斯特曼和可特凯普的反思过程理论值得广大教师借鉴，他们认为反思过程主要包括四个环节：积累经验—观察和分析—重新概括—积极验证，建议老师们多实践。

案例研讨　"氮气与氮的固定"四种不同的教学设计思路比较[1]

鲁科版《化学1》（必修）第3章自然界中的元素中第2节氮的循环设计了"氮气与氮的固定"内容。乔敏、张毅强二位老师设计了四种不同的教学过程。这节公开课在"华北地区高中化学优质课观摩评比暨教学探讨会"上获得了一等奖。体现了反思在教学中的重要性。

第一次教学设计方案——以学科知识为核心

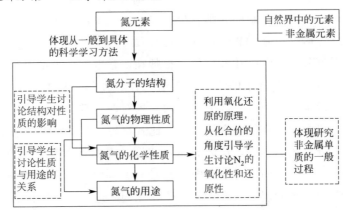

第二次教学设计方案——以"固氮"为载体和线索，体现化学的社会功能

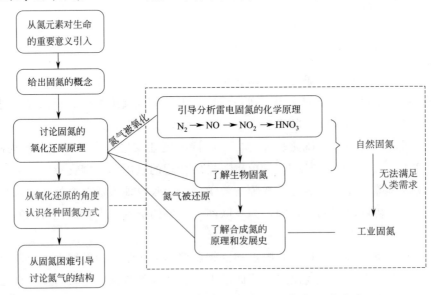

第三次教学设计方案——以"固氮"为载体和线索，以学生活动为中心

---

[1] 乔敏，张毅强．元素化合物教学设计的行动研究．化学教育，2006（1）：30-33

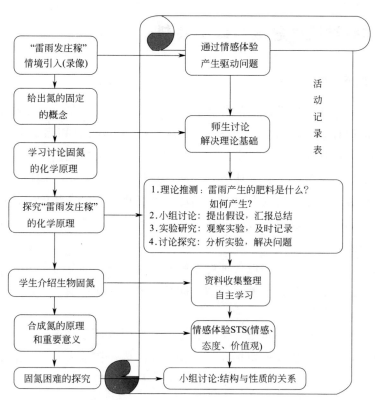

第四次教学设计方案——以学生发展为核心，协调组织知识内容、固氮主题和探究活动

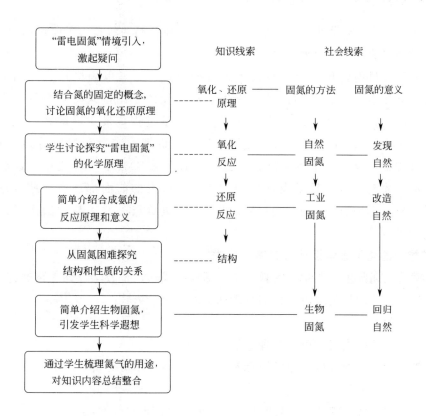

三、化学教学设计总成与教案编制

（一）化学教学设计总成

通过前面几章关于化学教学设计的背景分析，教学目标设计与重难点的确定，教学内容组织和教学情境的设计，教学方法、教学模式与教学策略的设计以及教学评价等的专项设计，着重来回答教学设计要解决的三个问题：我们要到哪里去？我们怎样到那里去？我们是否到了那里？使我们对教学设计有了比较深入和细致的了解。但是，这种局部设计往往忽略或者淡化了整体中各部分之间的内在联系，不能代替对化学教学系统的整体设计。因此，有必要对这些专项和局部设计进行整合，即化学教学设计总成。即是对化学教学各专项设计和局部设计的合成与整合。

化学教学设计总成着重于具体地处理好系统整体与部分、部分与部分，以及系统与环境之间的关系，力求使系统协调、和谐、自然，能有效地发挥其功能。因此，化学教学设计总成是一件十分重要的工作❶。

教学设计总成的基础和前提是做好化学教学的各专项设计和局部设计。而总成又不是局部设计的简单拼凑，而是在系统思想指导下的整合和协调。在这一阶段，通常还要对整个教学设计过程进行加工、调整和润饰，力求高效可行，科学性与艺术性统一。

（二）化学教学设计（俗称教案）的编制

化学教案是化学教学设计过程的最终产品，是教师进行班级授课的基本材料。

1. 目前化学教案的类型及特点❷

从形式上看，目前公开出版的教案大致有两类：一类是以表格形式列出的整个教学过程，表格中分教学环节、教师活动、学生活动和设计意图，这类教案的特点是文字简练，教学思路清晰；另一类是以文字形式书写的教学过程，最明显的特点是标明了每个过程中的教学衔接，如引言、设问、提问、板书、讲解、演示和投影等过程或指导语。这类教案能够详细地反映整个教学过程，其教学设计寓于教学过程之中，读起来常常需要通过思维加工才能领略其教学设计思想。这两类教案的前面都还有一些程序性的格式内容：教材分析、学情分析、教学目标设计、教学重难点、教法与学法指导以及一些教具准备与教学说明等。

2. 本书推荐的化学教学设计（教案）格式

化学教案是预期师生在课堂上的教与学的活动的描述，是教学设计思路的直接反映。根据本书分析教学设计的相关理论，我们推荐如下教学设计形式。

教学课题名称：

（1）教学设计思路或指导思想与理论依据

（2）教学设计的背景分析（包括课标及教科书分析、学情分析）

---

❶ 徐承波，吴俊明. 化学教学设计与实践 [M]. 北京：民主与建设出版社，1998：125.

❷ 江家发. 化学教学设计论 [M]. 济南：山东教育出版社，2004：200.

(3) 教学目标与评价目标设计

[**教学流程**]

(1) 教学过程（表格式）

(2) 板书设计

(3) 教学设计反思（或教学反思），即课前做教学设计思路分析或教学设计反思，课后做教学反思。

案例研讨 基于"教、学、评"一体化的质量守恒定律教学设计

1. 教学背景分析

1.1 课标分析

"质量守恒定律"是初中化学课程一级主题"物质的化学变化"下的二级主题（单元）。表 9-2 是对相关内容的课标分析。

表 9-2 "质量守恒定律"的课标分析

标准	① 认识质量守恒定律,能说明化学反应中的质量关系 ② 正确书写简单的化学方程式 ③ 根据化学反应方程式进行简单的计算 ④ 认识定量研究对化学科学发展的重大作用
"标准"解读	① 依据实验事实和化学反应微观示意图认识质量守恒定律的特征和本质,建构质量守恒定律认知模型,并能依据模型说明化学反应中的质量关系,能从质量守恒,并运用动态平衡的观点看待和分析变化,初步建立化学反应"变化观"与"平衡观",体现对学生"变化观念与平衡思想"素养的发展要求 ② 正确书写简单的化学方程式即要求学生能用化学符号正确表征物质的变化过程,描述简单物质及其变化,体现对学生"宏观辨识与微观探析"素养的发展要求 ③ 根据化学反应方程式进行简单的计算即要求学生能运用化学符号和定量计算手段说明物质的组成及其变化,体现对学生"宏观辨识与微观探析"素养的发展要求 ④ 认识定量研究对化学科学发展的重大作用,体现对学生"科学态度与社会责任"素养的发展要求
活动与探究建议	① 实验探究化学反应前后的质量关系 ② 用微粒的观点对质量守恒定律做出解释
"活动与探究建议"解读	① 通过实验活动寻找证据,探究化学反应前后的质量关系,学生在探究活动中发展和表现自身的"科学探究与创新意识"与"证据推理与模型认知"素养 ② 用微粒的观点对质量守恒定律做出解释,要求学生能结合质量守恒定律的宏观表现,从微粒角度认识质量守恒定律的本质,建立宏微结合的认知模型

1.2 教材分析

(1) 教材内容的地位与作用 "质量守恒定律"的内容介绍在人教版义务教育教科书中位于《化学（九年级上册）》第五单元"化学方程式"的课题 1，该课题内容介绍分为两部分，分别为"一、质量守恒动律"与"二、化学方程式"，该单元中的课题 2 与课题 3 分别为"如何正确书写化学方程式"与"利用化学方程式的简单计算"。结合教材分析可知，表 1 中"标准"的第①点与第④点的内容要求落实在课题 1 中，第②点与第③点分别落实在课题 2 与课题 3 中，故第五单元"化学方程式"的教材内容是课标中"质量守恒定律"内容标准的物化形态，形成一个整体的有内在联系的教材单元。分析简图如图 9-1 所示。

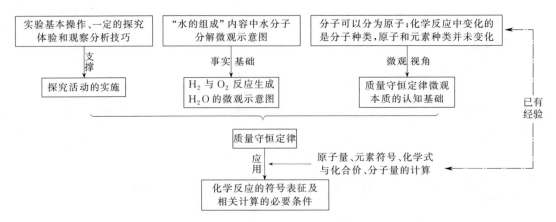

图 9-1 课题 1 教材内容的地位与作用

故通过本课题的学习,学生将初次从量的角度认识化学反应,并从微观角度认识和理解化学反应的实质,并为后面课题 2 与课题 3 的学习作好认知基础,因此,本课题教学内容具有承前启后的重要作用。

(2) 教材内容编排分析(表 9-3)

表 9-3 课题 1 教材内容编排分析

教材内容		栏目设置	编排思路及意图
质量守恒定律	①反应前后物质的质量关系	【探究】	第一部分,通过实验中提取证据(从宏观实验现象收集证据),结合实验条件的思考和分析(证据推理),探究化学反应前后物质质量的变化,认识质量守恒定律的定义。结合化学反应的微观示意图(微观探析),从微观角度解释质量守恒定律。通过化学史料,体会定量研究对质量守恒定律的贡献
	②化学反应中分子及原子种类、数目和质量的变化情况	【实验】【讨论】	
	③定量研究与质量守恒定律的发现与发展	【资料卡片】	
化学方程式	①如何简便地表示化学反应	文本演绎	第二部分,通过比较碳与氧气燃烧的化学反应用文字表示和用化学方程式表示时的差别,体现化学方程式的便捷性和信息丰富性("质"与"量")。结合具体的化学反应,探讨化学方程式中所包含的信息,基于化学方程式预测反应物或生成物的质量。(变化观念与平衡思想)
	②化学方程式中包含的化学反应的信息	【讨论】	

该课题的第一部分直接给定实验方案,由学生分组进行实验操作,观察并收集实验事实后,讨论归纳得出质量守恒定律的定义,重点发展学生实验操作、观察、记录、分析以及对实验现象进行解释和归纳的能力。而后通过对 H_2 与 O_2 反应生成 H_2O 的微观示意图的讨论与辨析,引导学生从微观层面厘清本质,知道质量守恒定律的宏观特征来源,构建宏微结合的质量守恒定律认知模型,发展学生的"宏观辨识与微观探析"素养。再结合化学史实引导学生认识该部分知识的学科价值,发展学生的"科学态度与社会责任"素养。第二部分则是在第一部分的认识基础上,引导学生基于事实基础与质量守恒定律,能够用化学符号表征化学反应,以及从化学方程式中获取有关具体化学反应的"质"与"量"的相关信息,进而基于"量"的关系进行预测,发展学生的"变化观念与平衡思想"素养。

1.3 学情分析

在学习课题 1 之前,学生已经经历过"对蜡烛及其燃烧的探究""对人体吸入的空气和呼出的气体的探究"等探究活动,知道了在化学学习中应对物质在变化前、变化中、及变化后的现象进行系统的、细致的观察和描述,而不是孤立地关注物质的某种性质和变化,经过比较和分析等思考过程,得出可靠的结论。在此类探究活动中学生也习得了初中阶段探究实验的一般过程,掌握了基本的实验操作技能,这为本课题的探究学习活动提供了良好的支撑。而在第三单元"物质构成的奥秘"中学生已知道分子可以分为原子,化学反应中变化的是分子种类,原子和元素种类并未变化,这为学生理解质量守恒定律的微观实质提供了认知基础。同时,学生此前已学习了原子量、化学式、分子量等概念性知识,为质量守恒定律的在化学方程式的书写及其相关计算中提供了基础。

2. 教学与评价目标

2.1 教学目标

根据以上对"质量守恒定律"的课标分析及其在教材中的具体呈现内容分析,可以认为第五单元"化学方程式"既是以"质量守恒定律"内容为核心的教材单元,也是一个前后逻辑关系密切的教学单元,学生在学习完该单元后除了要从宏微结合的角度认识质量守恒定律,还要能基于质量守恒定律用化学符号正确表征具体的化学反应以及利用化学方程式进行简单的计算,感受质量守恒定律的学科价值与社会价值。故本单元教学的第1课时可从质量守恒定律的"发现"开始,先通过探究活动帮助学生从宏微结合角度建构质量守恒定律认知模型并初步感受定量研究对学科发展的意义,再在余下的课时里引导学生基于事实基础和质量守恒定律正确书写化学方程式并进行相关计算,感受质量守恒定律的学科价值与社会价值。

根据以上分析,确定"质量守恒定律"课题1教学目标(基于板块与任务的策略)见图9-2。

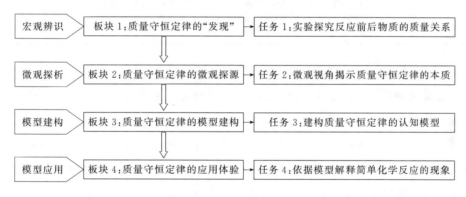

图9-2 教学板块与任务设计

(1)通过实验探究反应前后物质的质量关系,基于实验事实,结合实验条件等因素,讨论并归纳质量守恒定律的定义;

(2)通过对水的电解微观示意图的观察,分析参与反应的微观粒子反应前后其种类、数目和质量的变化,推理出质量守恒定律的微观实质,建立质量守恒观,形成质量守恒定律的一般理论模型;

(3)通过对质量守恒定律发现与发展史的简要了解以及质量守恒定律在解释简单化学反应现象中的应用,建立严谨的科学态度,体会质量守恒定律的价值。

2.2 评价目标设计

设计本课时的教学目标,具体过程见表9-4。

表 9-4　评价角度与评价水平界定

学习任务	学习活动	素养功能	评价角度	评价水平
任务 1：实验探究反应前后物质的质量关系	活动 1：实验探究反应前后物质的质量关系，交流实验方案，汇报实验结果	科学探究与创新意识	实验方案设计	单一水平、综合水平
	活动 2：基于实验现象，猜想实验中可能导致物质总质量增加或减少的原因			
	活动 3：比较波义耳"金属煅烧"和拉瓦锡"氧化汞分解和合成"实验，找出实验中物质总质量发生变化的原因，验证猜想	变化观念与平衡思想	认识角度	单角度、多角度
	活动 4：基于上述三个活动的认识，归纳结论，归纳质量守恒定律的定义			
任务 2：微观视角揭示质量守恒定律的本质	活动 5：观察水的电解微观示意图，分析化学反应中微粒种类、数目和质量的变化	微观探析	角度进阶	物质水平、元素水平、微粒水平
			探究水平	定性水平、定量水平
任务 3：建构质量守恒定律的认知模型	活动 6：分别从宏观和微观层面认识质量守恒定律的特征与本质，并以关系图的形式呈现	模型认知	思维结构化	孤立水平、系统水平
任务 4：依据模型解释简单化学反应的现象	活动 7：质量守恒定律分析解释简单化学反应中的有关现象	科学态度与社会责任	问题解决	简单化学问题、简单实际问题
	活动 8：结合波义耳和拉瓦锡分别在不同时期对质量守恒定律的探究，以及质量守恒定律其他发展史，谈谈质量守恒定律的价值		化学价值	学科价值、社会价值

依据表 9-4，可确定评价目标如下：

（1）通过实验探究反应前后物质的质量关系，诊断并发展学生探究实验方案设计水平（单一水平、综合水平）和对化学反应的认识水平（单角度、多角度）；

（2）通过对化学反应微观示意图的分析和讨论，诊断并发展学生对质量守恒定律的认识角度进阶（物质水平、元素水平、微粒水平）和对化学反应的探究水平（定性水平、定量水平）；

（3）通过分别从宏观和微观层面归纳质量守恒定律的特征与本质，诊断并发展学生思维结构化水平（孤立水平、系统水平）；

（4）通过分析解释简单化学反应和生活中的有关现象，及对质量守恒定律发展史的交流讨论，诊断并发展学生问题解决能力水平（简单化学问题、简单实际问题）和对其化学价值的认识水平（学科价值、社会价值）。

2.3　教学流程

（1）宏观辨识

【学习任务 1】实验探究反应前后物质的质量关系（图 9-3）。

【评价任务 1】诊断并发展学生探究实验方案设计水平（单一水平、综合水平）和对化学反应的认识水平（单角度、多角度）。

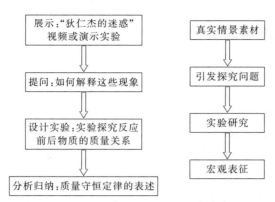

图 9-3　学习任务 1 教学流程图

（2）微观探析

【学习任务 2】微观视角揭示质量守恒定律的本质（图 9-4）。

【评价任务 2】诊断并发展学生对质量守恒定律的认识角度进阶（物质水平、元素水平、微粒水平）和对化学反应的探究水平（定性水平、定量水平）。

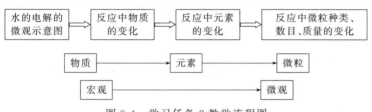

图 9-4　学习任务 2 教学流程图

（3）模型建构

【学习任务 3】建构质量守恒定律的认知模型（图 9-5）。

【评价任务 3】诊断并发展学生思维结构化水平（孤立水平、系统水平）。

图 9-5　学习任务 3 教学流程图

（4）模型应用

【学习任务 4】依据模型解释简单化学反应的现象（图 9-6）。

【评价任务 4】诊断并发展学生问题解决能力水平（简单化学问题、简单实际问题）和对其化学价值的认识水平（学科价值、社会价值）。

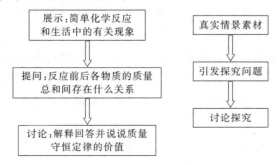

图 9-6　学习任务 4 教学流程图

四、单元整体教学设计

（一）单元整体教学设计概述

1. 单元教学的概念❶

单元教学指教师在对课程标准、教材等教学指导性资源进行深入的解读和剖析后，根据自己对教学内容的理解，以及学生的情况和特点，对教学内容进行分析、整合、重组，形成相对完整的教学主题，并以一个完整的教学主题作为一个教学单元的教学。一个教学单元可以由多个课时组成，不同的课时从不同的角度、深度，用不同的教学学习方式，对同一主题进行多元化解析。

单元整体教学设计❷

所谓单元整体教学设计就是针对一个单元（一章教材或一节教材的教学），整体组织教学内容，整体设计教学方法，整体安排教学时间，比如哪些需要采用实验探究，需要两节课，哪些内容需要安排一次练习、需要多少时间，哪些内容需要安排成学生课外学习任务。

2. 单元教学设计的原则❶

（1）一体化原则　单元教学设计中虽然每个课时都有自己独立的教学任务，但是各课时最终都要为单元目标服务，单元目标又应是三维目标的融合与统一，各课时任务间有着较强的逻辑关系，因此各课时中学生进行的学习活动要有承接关系，即前一课时的学习是后面课时学习活动的基础或支架，后一课时的学习是对前一课时学习的发展和提高。

（2）全息化原则　单元教学设计中，在单元主题下，每个课时都有自己的独立主题，每个课时都要引发学生对单元主题的重新认识和思考，因此每个主题都要体现学习发生、发展的全过程，从学习过程而言，每个课时都是全息的。另外，同一单元中各课时教学任务之间除了有前后顺序的承接关系，还有知识间的螺旋上升关系，虽然每个课时的侧重点不同，但是在解决具体问题时，教师都应帮助学生尽可能全面地认识学习对象，在完成课时目标的同时，时刻关注单元目标的达成情况。所以从对学习对象的分析把握而言，每个课时也应该是全息的。

（3）多样化原则　学生在学习风格、学习方式偏好上的差异是很大的，不同的学生对同一学习活动接受的程度差异也很大。在同一教学单元中，不同课时尽可能安排不同类型的学习活动，如听课、阅读、解题、研讨、操作等，可以使每一位学生都有机会用最适合自己的

---

❶ 王磊，黄燕宁. 单元教学设计的实践与反思——以"氧化还原反应"教学单元为例[J]. 中学化学教学参考，2009（3）：9-11.

❷ 王后雄. 高中化学新课程教学案例研究[M]. 北京：高等教育出版社，2008：206.

学习方式认识理解单元教学主题，也可以使学生有机会在不同的学习情境中认识应用学习的知识，这对于提升教学质量、提高教学效率都是非常有意义的。况且，学习活动形式多变本身就可以激发学生的学习兴趣。

（二）单元整体教学设计的一般思路和方法❶

1. 明确单元核心基本观念及思想方法

单元核心观念和方法来源于学科素养的基本要求。例如：硫及其化合物单元的核心观念是"转化观"，材料单元的核心思想方法是"物质的性质决定材料的性能、制备、加工、使用"，这些观念和方法都是培养化学学科素养所必须的。因此教师作为设计者，必须了解在中学阶段哪些基本观念和方法对于培养学生的科学素养是最有价值的，把这些观念和方法确定为单元教学的核心目标。

2. 选择与核心观念相匹配的知识载体

在明确核心基本观念、思想方法的前提下，选择支撑核心目标的知识载体，例如：材料单元的知识可以选取铝、铝的重要化合物、硅及其化合物三部分知识作为支撑体。原因是与铝相关的各种材料已经被广泛应用于生产生活中，而硅更是整个信息产业不可或缺的重要材料。因此把这两种元素化合物的教学纳入"材料单元"是合适的。值得一提的是，如果单元核心目标不是研究材料的一般思路和方法，那么我们可能不会把铝、硅放在同一个单元里。因此，单元中知识的选取取决于单元核心观念。

3. 合理分配各部分知识承载的功能

如前所述的基本观念和思想方法的建构，最终是要达到学生能够把观念和方法真正作为一种工具来使用的目标，因此单元中的知识应该承担不同的功能。例如"硫的转化"单元中，第1课时承担建构物质体系，以及"$S^{2-} \leftarrow S^0 \rightarrow S^{4+}$"转化关系的功能；第2课时承担研究"$S^0 \rightarrow S^{4+} \rightarrow S^{6+}$"的转化，建构完整的"$S^0 \rightarrow S^{4+} \rightarrow S^{6+}$"转化关系，以及应用转化关系解决实际问题的功能；第3课时完善物质类别转化关系，并对二维转化关系规律进行全面系统的分析和总结的功能，同时凸显情感、态度、价值观的教育。这样的设计使得观念和方法的建构层层递进，互为补充和深化，保证了单元核心教学目标的有效性。

4. 合理设计单元中每一课时的教学情境、问题和学生活动

元素化合物单元，应该依据单元的核心目标以及每一部分知识承担的功能，选择STS情境素材，设计教学问题和活动。以材料单元为例，该单元的主题为建立从化学的视角认识材料的一般思路和方法，并能够应用这一思路和方法解决与材料相关的实际问题。因此，该单元中每一课时的情境素材都应该围绕"材料"这一主题来选择。具体到第一课，要为学生建立分析材料的基本角度，选择的情境素材应涉及材料的性能、加工、制备、使用、材料与环境的关系5个角度，教学问题及学生活动的设计也应该围绕这5个角度展开，才能完成基本角度的建构。

---

❶ 北京市第15中化学组. 基于学科观念及方法建构的元素化合物单元教学设计与教学实效性研究［J］. 化学教育 2010（增刊Ⅱ）：341-347.

5. 精心设计课时之间的衔接

单元教学的效果与课时之间的衔接有很大关系，好的课时衔接有利于学生把握单元教学的结构，了解课时内容之间的关系，有利于学生形成整体思维脉络，建构相对完整的知识方法体系。

（三）基于核心素养的单元整体教学设计思考[1]

学生核心素养的发展不是仅仅通过一节课或者某一个知识点的学习就能够实现的，而是必须要通过一个持续渐进的过程。此外，"核心素养"重视课程内容的结构化，重视内容主题之间，多学科、跨学科之间的联系，以拓宽视野，开阔思路，使学生通过课程学习能够综合运用所学知识去分析解决问题。因此，为适应课程标准的这些变化，教师应能够整体把握和规划教学内容，能够进行单元整体教学设计，再由单元教学设计进一步转化为更为具体的课时教学设计。

1. 教学单元的确立

目前已有的相关研究文献中对于一个教学单元有多大并没有明确统一的规定。从"教材单元"观来看，"单元"常常被认为等同于教材中的"章"，但是，从学科核心素养的培育来看，"单元"不一定是"教材单元"，更多的是指"经验单元"，它是基于一定的主题和目标所构成的知识与经验的模块，由若干节具有内在联系的课组成（至于一个单元由多少节课组成，则要根据主题、目标和学情而定）[2]。因此，教学单元的构建应以教学内容的内在逻辑联系为主要基础，而不是以教材章节划分为依据。

"物质的量"是化学中联系宏观量与微观粒子数量的物理量。以物质的量为起点，引入和定义摩尔质量、气体摩尔体积和物质的量浓度的相关概念，建立物质的量与物质的质量、气体体积、溶液浓度和溶液体积之间联系与转换的数学关系式，从而让学生初步掌握定量分析固、气、液三态物质（包括纯净物、混合物）及其变化的方法。依据"物质的量"教学内容之间的内在逻辑联系，将本文中讨论的教学单元确定为鲁科版教材化学必修第一册中第一章第 3 节的内容"物质的量"。

2. 单元教学目标的确定

高中化学课程目标是对学生学完整个高中阶段化学学科课程后所要达到的要求的总体阐述。现行高中化学课程标准的课程目标是依据化学学科核心素养对高中生发展的具体要求而提出的。因此，将课程目标转化为单元教学目标，必须要先正确认识学科核心素养的内涵。高中化学课程标准中课程内容的每个主题中都有明确的内容要求、学业要求，深度解读课标的内容要求和学业要求，明确单元教学对发展学生化学学科核心素养及水平的侧重要求。此外，新课标还新设了学业质量标准。学业质量标准结合课程内容，依据不同水平学业成就表现的关键特征，明确将学业质量划分为不同水平，并描述了不同学习水平学习结果的具体表现[3]。分析学业质量标准能够帮助我们更加明确单元教学的深度和广度，找到单元教学目标的具体落脚点。以"化学中常

---

[1] 姜建文，王丽珊. 基于核心素养的化学教学目标设计策略 [J]. 化学教育（中英文），2020，41（05）：37-44.
[2] 李润洲. 指向学科核心素养的教学设计 [J]. 课程·教材·教法，2018，38（07）：35-40.
[3] 中华人民共和国教育部制定. 普通高中化学课程标准（2017 年版）[S]. 北京：人民教育出版社，2018.

用的物理量——物质的量"单元内容涉及的课标分析如表 9-5 所示。

表 9-5 "化学中常用的物理量——物质的量"课标分析

内容要求	(1)了解物质的量及其相关物理量的含义和应用,体会定量研究对化学学科的重要作用 (2)(学生必做实验)配制一定的物质的量浓度的溶液
内容要求解读	课标要求了解物质的量及其相关物理量的含义及应用,侧重点是通过实验学习定量研究化学的思路和方法,体会定量研究的作用
学业要求	能基于物质的量认识物质组成及其化学变化,运用物质的量、摩尔质量、气体摩尔体积、物质的量浓度之间的相互关系进行简单计算
学业要求解读	(1)能运用化学计量单位定量分析物质组成及化学变化,体现"变化观念与平衡思想"素养的第 2 水平 (2)能运用化学符号和定量手段说明物质组成,分析物质化学变化与物质微观结构之间的关系,体现"宏观辨识与微观探析"的第 3 水平
学业质量水平	(1)认识物质的量在化学定量研究中的重要作用,能结合实验或生产、生活中的实际数据,并应用物质的量计算物质的组成和物质转化过程中的质量关系 (2)能依据化学问题解决需要,选择常见的实验仪器、装置和试剂完成简单的物质性质、物质制备、物质检验等实验(配制一定物质的量浓度的溶液) (3)能应用质量守恒定律分析物质转化对资源利用的影响(基于物质的量分析化学反应中物质质量的变化)

注:学业要求的解读依据学业要求与课程标准的附录 1 化学学科核心素养的水平划分中的对应表述。

该单元内容是由物质的量及其相关物理量的关系、物质的量与宏观物理量的关系、物质的量的相关应用等几个部分构成,教学内容的构成在逻辑上呈现逐步递进的关系。我们在设计教学目标前先整体分析教材的编排思路及意图,根据与内容要求和学业要求的相关解读进行对应,从而把握每个课时重点发展的素养目标,以及知识点对应的素养要求。以鲁科版化学必修第一册第一章第 3 节"化学中常用的物理量——物质的量"为例。"化学中常用的物理量——物质的量"是高中概念教学的重要内容之一。学生通过本单元的学习建立"物质的量""摩尔质量""气体摩尔体积"和"物质的量浓度"四个概念,形成从微观角度定量地分析和认识物质组成的视角,并能从微观角度来认识和分析化学反应。教材中将本单元的教学内容划分为 3 个课时来进行落实。对教材内容编排的分析如表 9-6 所示。

表 9-6 "化学中常用的物理量——物质的量"单元教材分析

教材内容		栏目设置	教材编排思路及意图
物质的量及其单位——摩尔	(1)讨论如何科学方便地表示一定质量或体积的水中的分子数 (2)物质的量和阿伏伽德罗常数的含义 (3)物质的量、阿伏伽德罗常数和微粒数之间的关系 (4)运用物质的量分析水的组成	联想质疑 迁移应用	第 1 课时,从宏观现象入手,联系宏观的量与微观粒子的数量,建立宏观到微观的认识视角,还要能运用定量手段分析说明物质的组成

续表

教材内容		栏目设置	教材编排思路及意图
摩尔质量和气体摩尔体积	(1)观察数据，探讨1mol物质的质量数值的特点 (2)摩尔质量的概念及其与物质的量和质量的关系 (3)探讨同温同压下，1mol不同气体的体积规律 (4)气体摩尔体积的概念及其与物质的量和气体体积的关系 (5)运用物质的量与摩尔质量和摩尔体积的关系分析Cl_2的质量、体积和分子数	交流研讨 迁移应用	第2课时，由数据证据的分析，推出物质的量与物质的质量和体积的关系，认识摩尔质量与摩尔体积的含义，能够从宏观和微观结合上收集证据，并基于证据的推理得出结论
物质的量浓度	(1)配制一定物质的量浓度的溶液 (2)讨论溶液组成的表示方法 (3)溶质的物质的量、溶液的体积和溶质的物质的量浓度之间的关系 (4)分析化学反应中物质的变化	活动探究 方法引导 迁移应用 交流研讨	第3课时，通过溶液的配制实验的探究活动，建立"物质的量浓度"的概念，认识化学反应中各物质的定量关系，能够运用物质的量浓度分析化学反应，体会物质的量浓度的知识在生产、生活中的重要意义

综合对教材编排的分析，我们可以知道，教材的编排意图是通过第1课时和第2课时从宏观到微观，再到宏观这样的一个认识过程，建立从宏观和微观相联系的角度来认识物质的视角，以发展学生的"宏观辨识与微观探析"素养；在认识"摩尔质量和摩尔体积的含义"时，通过对数据等证据的分析推理过程，发展学生的"证据推理与模型认知"素养；通过溶液的配制的实验探究活动，建立"物质的量浓度"的概念，提升实验探究能力；最后，应用物质的量浓度分析化学反应中物质的变化，使学生能够定量分析化学变化，认识化学在生活、生产中的应用价值和意义，从而体现"变化观念与平衡思想"和"科学态度与社会责任"的核心素养要求。由此还可以看出，教材安排的这些学习内容的逻辑结构层次是逐步递进的，最终形成一个完整的知识链。在设计教学目标前，我们只有整体把握结构化的单元教学内容以及教材背后所蕴含的编排意图，才能整体清楚和把握单元教学对学生素养的发展。

学习进阶是描述学生对一系列基于学科知识的、连续的、逐步深入的思维活动的工具，旨在刻画学生科学认知水平的发展过程[1]。黄鸣春、王磊（2017），弭乐、郭玉英（2018）等学者都尝试将学习进阶应用于构建学习进阶要素模型和基于学习进阶的科学教学设计模型，以发展学生的核心素养，评价学生学习表现，以及分析不同课程标准的文本表述[2][3]。素养是可测的，且在不同的学习阶段，素养的水平层次又是有差异的。

---

[1] National research council. Talking science to school: Learning and teaching science and grades K-8 [M]. Washington, DC: The national academics press, 2007.

[2] 黄鸣春，王磊. 学习进阶模型的构建及其应用——以中学化学课程标准内容文本分析为例 (J). 化学教育，2017, 38 (19): 1-8.

[3] 弭乐，郭玉英. 概念学习进阶与科学论证整合的教学设计研究 (J). 课程·教材·教法，2018, 38 (05): 90-98.

因此，可结合对教材的分析和对课程标准中内容要求和学业要求的解读，依据教学单元在整个主题，甚至是整个初、高中化学课程中所处的位置和地位、课程标准的学业质量要求，学生阶段学情，全程规划出学生认识角度、思维能力、探究能力和情感的发展进阶目标，对学生核心素养的发展做一个系统的规划，如表 9-7。其中，认识角度对应于化学学科核心素养中的素养 1 和素养 2，思维进阶对应于素养 3，探究进阶对应于素养 4，情感进阶对应于素养 5。

表 9-7 "化学中常用的物理量——物质的量"单元学习进阶规划

序号	教材内容	水平进阶			
		认识角度	思维进阶	探究进阶	情感进阶
1	物质的量	微观	类比迁移	基于已有经验类比	解决简单化学问题
2	摩尔质量	宏观微观结合	证据推理	基于观察数据分析	科学严谨的态度
3	气体摩尔体积	宏观微观结合	证据推理	基于观察数据分析	科学严谨的态度
4	物质的量浓度	守恒观	实验探究	设计实验探究后归纳结论	体会知识在生活生产中的价值

由表 9-7 的单元学习进阶规划，我们清晰地得知通过学习"物质的量"的内容，学生建立从微观定量认识物质的视角，采用类比迁移的思维方法，能基于已有的经验知识对给出的问题做出解释，最后能够运用知识分析物质的组成，从而在情感上认识物质的量对解决简单的化学问题的价值。通过以上分析，我们得到单元教学目标 1。以同样的方法进行分析，得到第 2、3、4 条单元教学目标。最终，将"化学中常用的物理量——物质的量"单元教学目标确定为以下四条。

① 通过类比生活中常见宏观物质的计量，探讨微观粒子数的计量，认识物质的量的含义，及其与阿伏伽德罗常数和微观粒子数之间的关系，并能用物质的量计算和分析物质的组成，初步形成能从微观角度定量分析物质的组成的能力。

② 结合实际数据，通过分析推理，建构"摩尔质量"和"气体摩尔体积"的概念，认识物质的量与物质的质量和体积之间的关系，初步形成基于证据推理分析问题的思想。

③ 设计实验方案配制一定物质的量浓度的溶液，结合配制的过程，探讨溶液组成的表示，建构"物质的量浓度"的概念，增强科学探究能力，掌握实验探究的一般方法。

④ 能用物质的量的相关关系式分析物质的组成，应用物质的量浓度定量分析溶液的组成和化学反应中物质转化的质量或体积关系，感受物质的量在化学定量研究，在生活、生产中的应用和价值。

通过以上步骤，我们得到了本单元的单元教学目标。第 1 个单元教学目标维度主要是指向"宏观辨识与微观探析"素养，使学生建立新的认识角度；第二个维度主要集中在学生"证据推理与模型认知"素养的发展，使学生形成新的认识思维；第三个目标是培养学生的"科学探究与创新意识"；而第四个目标主要是承担发展学生的"变化观念与平衡思想"和"科学态度与社会责任"的任务，使学生构建新的化学观念和形成科学的态度，培养学生的社会责任感。单元教学的四个目标分别侧重于不同的素养培养目标，但又作为一个整体，通过一整个单元的教学，达到帮助学生建立新的认识视角，促进思维的转变，构建学科观念和形成科学的态度，最终使学生五个维度的素养都得到发展。四个单元教学目标之间关系如图 9-7 所示。

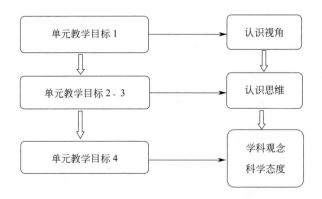

图 9-7　单元教学目标之间的关系

知识超链接

化学课程目标、单元目标与课时教学目标的相互关系（图 9-8）。

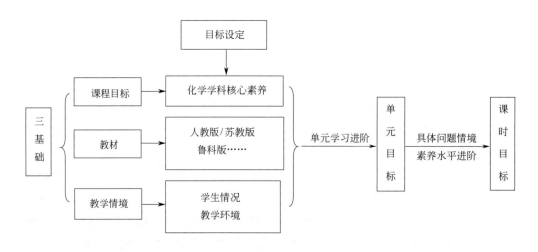

图 9-8　化学课程目标、单元目标与课时教学目标的相互关系

3. 单元教学目标转化为课时教学目标

单元教学目标只是对教学单元进行一个整体的规划和预期，但仍然不够具体。单元教学目标只有进一步转化为课时教学目标才具有可操作性。单元教学目标统领下的课时教学目标所落实的核心素养应与单元教学目标相匹配。首先确定课时的素养目标重点，依据单元教学目标重构单元教材内容，将教材内容转化为教学内容。再依据每个课时的素养目标和教学内容的特点设计相应的教学情境，融合教学情境，将单元教学目标转化为课时教学目标。教材内容重构如表 9-8 所示。

表 9-8 "化学中常用的物理量——物质的量"单元教材内容重构

	教材内容	教学内容	备注
物质的量及其单位——摩尔	(1)讨论如何科学方便地表示一定质量或体积的水中的分子数	(1)类比宏观量,探讨一定质量或体积的水中的分子数的表示	改变
	(2)物质的量和阿伏伽德罗常数的含义	(2)物质的量和阿伏伽德罗常数的含义	
	(3)物质的量、阿伏伽德罗常数和微粒数之间的关系	(3)物质的量、阿伏伽德罗常数和微粒数之间的关系	
	(4)运用物质的量分析水的组成	(4)运用物质的量分析水的组成	
摩尔质量和气体摩尔体积	(1)观察数据,探讨1mol物质的质量数值的特点	(1)观察数据,探讨1mol物质的质量数值的特点	
	(2)摩尔质量的概念及其与物质的量和质量的关系	(2)摩尔质量的概念及其与物质的量和质量的关系	
	(3)探讨同温同压下,1mol不同气体的体积规律	(3)比较同温、同压下,固、气、液态物质的体积,寻找规律	改变
		(4)探讨影响固、液、气态物质体积的因素	增加
	(4)气体摩尔体积的概念及其与物质的量和气体体积的关系	(5)气体摩尔体积的概念及其与物质的量和气体体积的关系	
	(5)运用物质的量与摩尔质量和摩尔体积的关系分析Cl_2的质量、体积和分子数	(6)运用物质的量与摩尔质量和摩尔体积的关系分析Cl_2的质量、体积和分子数	
物质的量浓度	(1)配制一定物质的量浓度的溶液	(1)设计实验配制一定物质的量浓度的溶液	
		(2)归纳准确配制溶液的实验操作流程和注意事项	增加
	(2)讨论溶液组成的表示方法	(3)根据实验讨论溶液组成的表示方法	
	(3)溶质的物质的量、溶液的体积和溶质的物质的量浓度之间的关系	(4)溶质的物质的量、溶液的体积和溶质的物质的量浓度之间的关系	
	(4)分析化学反应中物质的变化	(5)分析溶液的组成和化学反应中物质的变化	改变

结合对本单元知识间逻辑关系和教材中课时划分的考虑,将本单元的课时划分为:"物质的量及其单位——摩尔"为一个课时,"摩尔质量和气体摩尔体积"为一个课时,"物质的量浓度"为一个课时。在这里继续以上文谈到的"化学中常用的物理量——物质的量"单元教学目标中第一课时"物质的量及其单位——摩尔"为例,说明单元教学目标到课时教学目标的转化。通过对课标和教材的分析,第一课时主要承担发展学生"宏观辨识与微观探析"的任务。当然,其他素养也有所涉及,但素养1的发展为这一课时的重点目标。因此,可围绕素养1设计三个递进的课时目标。课时目标1从物质的宏观特征入手对物质进行表征(素养1水平1),课时目标2建构联系物质宏观与微观计量的关系式——符号表征(素养1水平2),课时目标3运用化学符号和定量计算手段分析水的组成(素养1水平3)。二者的转化过程和关系如图9-9所示。

众所周知,经济的发展水平对教育发展的影响是显而易见的。经济发展水平高的地区,引入新技术手段进行化学教学和化学实验的情况较多,也有些地区,由于经济发展较为落

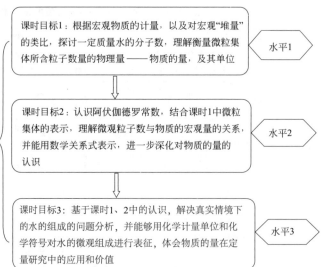

图 9-9 单元教学目标与课时教学目标的转化

后，学校硬件设施等条件也相对不足，因此难以开展高水平的教学活动。考虑到适普性，本文所述的案例中，对学校条件、学生学情等做了一般性水平的假设。

思考与交流

（1）参考教材案例，可选择事实性知识、理论性知识和技能性知识三种教学内容之一，按本课程推荐的教学设计（教案）格式，撰写一份基于化学学科核心素养的教学设计并在小组中交流。

（2）根据下列"氧气的实验室制取"的教学设计材料，回答有关问题。

[教学流程]

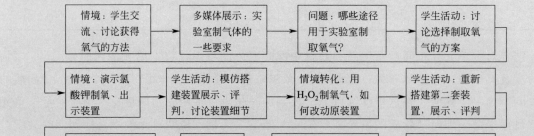

[导入新课]

师：上节课我们用装在集气瓶中的氧气做了氧气化学性质的实验。同学们可知道这一瓶瓶氧气在实验室是怎样制得的吗？

生：摇头。（小声低语：不知道）

师：大家可能在医院见过氧气钢瓶。医院的这些氧气又是怎么制得的呢？

生：摇头。（小声低语：不知道）

师：好，我们这节课就要学习氧气的实验室制法和工业制法。在学习实验室制法时，我们将从反应原理、所用药品、制气仪器装置与操作、气体收集方法及原理几方面来系统学习。

……

① 根据以上内容，试确定本课的三维教学目标。

② 试确定本节课的教学重点和难点。

③ 试列举新课导入主要有哪几种方法？上述"导入新课"主要运用了其中的哪一种方法？

④ 以实验室制取氧气为例，说明演示实验的教学要求。实验室用氯酸钾制取氧气操作中应该注意哪些问题？

⑤ 板书是在讲授过程中按步骤、分阶段地把教学信息呈现在黑板上。请对本课进行板书设计。

(3) 阅读下列三个有关材料。

材料1：化学课程标准的内容要求

结合真实情境中的应用实例或通过实验探究，了解钠、铁及其重要化合物的主要性质，了解它们在生产、生活中的应用。

学生必做实验：铁及其化合物的性质。

材料2：某版本化学必修1教科书的知识结构体系

第一章　认识化学科学

第一节　走进化学科学

第二节　研究物质性质的方法和程序

第三节　化学中常用的物理量——物质的量

微项目　探秘膨松剂——体会研究物质性质的方法和程序的实际应用

第二章　元素与物质世界

第一节　元素与物质的分类

第二节　电解质

第三节　氧化剂和还原剂

微项目　科学认识和使用含氯消毒剂——运用氧化还原反应原理解决实际问题

第三章　物质的性质与转化

第一节　铁的多样性

第二节　硫的转化

第三节　氮的循环

微项目　论证应对重污染天气的"汽车限行"议题——探讨社会性科学议题

材料3：以下是某教师根据该版本教材第三章第一节铁的多样性第一部分亚铁盐和铁盐设计的教学流程图

试根据以上三个阅读材料，回答下列有关问题：

① 分析学生在学习本节课前已有的知识经验。

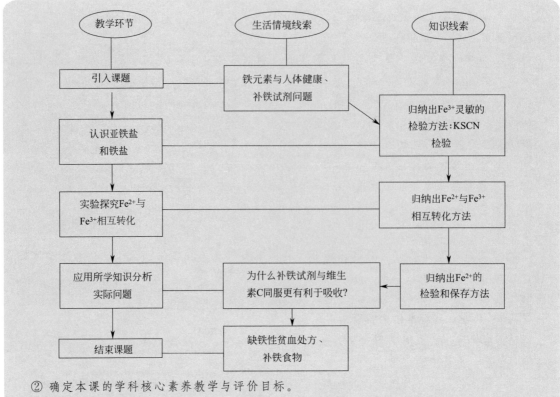

② 确定本课的学科核心素养教学与评价目标。

③ 根据上述教学流程图,具体设计一个运用生活情境引入课题的师生双边活动。

④ 设计一个实验验证:为什么补铁试剂与维生素C同服更有利于吸收。

⑤ 试对本课教学内容进行板书设计。

阅读指南

[1] 王彩芳. 化学新课导入方法研究 [J]. 化学教育,2001(1):16-18.

[2] 周业虹. 基于发展化学学科核心素养的教学设计案例分析 [J]. 化学教学,2016(08):36-39.

[3] 王星乔,滕瑛巧,汪纪苗,等. 基于化学核心素养的教学设计——以"铁及其化合物的应用"为例 [J]. 化学教学,2017(05):51-55.

[4] 张建阳,周仕东. 基于科学思维学习进阶的高一元素化合物单元整体教学设计 [J]. 化学教育,2017,38(5):5-9.

[5] 王爱富. 基于发展学生核心素养的单元教学设计实践探索 [J]. 化学教学,2017(9):55-59.

[6] 喻俊,唐乐天. 核心素养视角下高中化学课堂教学探究活动设计——以"元素周期律"为例 [J]. 化学教学,2019(08):67-70.

[7] 唐云波. 核心素养为本的单元教学设计与实施——以"探究水的组成"为例 [J]. 化学教育,2019,40(3):52-57.

[8] 郑晓明. 以氢氧化钠为主线的深度学习——以"溶液"单元复习课的教学为例 [J]. 化学教育(中英文),2019,40(15):23-27.

[9] 田志茗,董金萍. 基于真实情境的化学综合实践活动设计 [J]. 化学教育(中英文),2019,40(15):53-56.

[10] 俞建锋. 基于宏微结合导向下的"离子反应"单元整体教学设计 [J]. 化学教育,2019,39(1):43-47.

第十章
说课、听课与评课

> 教师进行劳动和创造的时间好比一条河，要靠许多小的溪流来滋养它，教师时常要读书，平时积累的知识越多，上课就越轻松。
>
> ——苏霍姆林斯基

思维导图

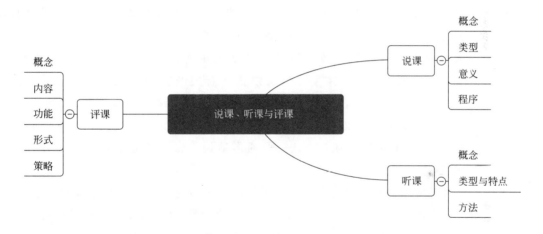

说课、听课与评课都与教学设计密切相关，本章试图通过对这三者的理论与实践探索来进一步加深对教学设计相关知识的理解与运用。

一、说课

从 1987 年河南省新乡市一些学校推出说课这一教研活动形式起，说课走过的历史并不算长，但现在许多教研单位对说课倍加青睐，组织说课的范围从学校扩大到省市甚至全国。实践证明，说课活动能有效地调动教师投身教学改革、学习教育理论、钻研课堂教学的积极性，是培养研究型、学者型教师的最好途径之一。

本节力求在理论和实践层面上对说课进行一些探索。

知识超链接

从1987年6月底，河南省新乡市红旗区教研室要从本区的教师中选出几位参加市教坛新秀的评选。可当时临近期末，课已讲完，怎么办？这时，有人提议选几课，让有关的老师来说说他们的教学设计，以说"课"代替听课。结果发现说课同样能客观真实地反映出一个老师的教学业务素质，而且比听课更省时高效，更简便易行。联想到影视、戏剧导演的说戏，于是他们把这种新的教研活动形式命名为"说课"。从此，现代教育词典增添了一个新名词——说课。❶

（一）什么是说课

说课源于我国教育界二十世纪五十年代初期即存在的"集体备课制"——先由同学科的教师独立备课，然后推举一位教师在组内发言，讲述教学目的、教学重点难点、教学步骤、板书设计以及作业布置等，在此基础上，教师间互相交流，修改充实教学设计。进入八十年代中期，"说课"这一教研形式因其在提升教师理论素养、发展实践能力方面具有的独特作用而得到广泛应用，其形式、结构、内容也逐渐系统化。❷

关于说课人们现在普遍认为是教师以教育教学理论为指导，在精心备课的基础上，面对同行、领导或教学研究人员，主要用口头语言和有关的辅助手段阐述某一学科课程或某一具体课题的教学设计（或教学得失），并与听者一起就课程目标的达成、教学流程的安排、重点难点的把握及教学效果与质量的评价等方面进行预测或反思，共同研讨进一步改进和优化教学设计的教学研究过程。❸ 通俗地说，说课就是表达教学设计的一种方式。

说课源自于班巴斯基的最优化思想，"说课是用最少的时间，听最多老师的教学设计，同时，教师也用最少的时间把自己上课的内容表达出来。"❹ 说课既可以展现教师在备课中的思维过程，又可以显示教师对课程标准、教材的掌握水平，对学生的了解情况，还可以考察教师运用有关教育理论分析处理教材，优化课堂教学的能力。是介于备课与讲课之间的一种简单易行且具有较强的参与性与合作性的教研活动，适用于不同课程，有助于教师提高自身的素质，改进教学，是教师专业化的有效途径。

知识超链接

说课概念的反思❹

---

❶ 王后雄. 新理念化学教学技能训练［M］. 北京：北京大学出版社，2009：178.
❷ 孟献华. 新课程背景下化学说课的理论视角与实践［J］. 化学教学，2008（1）：49-52.
❸ 杨九俊. 说课听课与评课［M］. 北京：教育科学出版社，2004：18.
❹ 曹建召. 对说课的审视与反思［J］. 教学与管理，2006（2）：5-7.

目前看到的对说课的阐释和分析中,"说课"已变成了教学竞赛的一种形式,是教学检查、督导和教师考核的一种方式。说课已经演变为有着激烈竞争的、以分数形式加以区别的比赛或表演,说课已经被异化为一种用来评估教师课堂教学的工具。这是对说课本源的一种扭曲和误解。说课演变到这里,已经和最初的设想背离,说课的意义已经变味,所以现在是重新还说课以本来面目的时候了。说课其实是一种集体备课的形式,是为了提高课堂教学效率,教师之间进行的一次思想的碰撞,一次智慧的交流。通过说课,教师能高屋建瓴地把握教材,预设学习中的各种"教学事件",反馈教学中的得失,选择适宜的教学方法,提高课堂教学效率,促进教学研究。从这个定义可知:说课的主体是教师,说课的客体也是教师;说课不仅仅是讲述,还可以置疑、讨论;说课不是教师的独白,而应是教师之间的互动;说课对课堂教学的预设是有针对性、目的性的;说课的目的是为了提高课堂教学效率,促进教学研究,而不是为了获得所谓的分数和名次。

(二) 说课的类型[1]

说课,作为教学研究活动的一个有机组成部分,因其活动的目的、要求不同,常有不同的分类方法。

宏观来分,可以是说学科课程、课程标准、学科教材和课程资源利用等。

具体来分,主要是说课堂教学实施过程的设计策略和流程。

说课可以细化为几种基本的类型:

从服务于课堂教学的先后顺序来看,说课一般可分为课前说课和课后说课;

从改进和优化课堂教学设计看,说课也可分为预测型说课和反思型说课;

从教学业务评比的角度看,说课又可分为评比型说课和非评比型说课;

从教学研究的角度看,说课还可以分为专题研究型说课和示范型说课;

从说课的主体角度看,可分为授课者说课和评课者说课。

1. 课前说课

课前说课,就是教师在认真研读教材、领会编写意图、分析教学资源、初步完成教学设计基础上的一种说课形式,是教师个体深层次备课后的一种教学预演活动。从其对课堂教学的影响来看,通过课前说课活动,可以借助集体的智慧来预测课堂教学的实际效果,最终达到改进和优化教学设计的目的,因而,课前说课也是一次预测性和预设性的说课活动。

2. 课后说课

课后说课,就是教师按照既定的教学设计进行上课,并在上课后向所有听课教师或教学研究人员阐述自己的教学得失的一种说课形式,是建立在教师个体教学活动基础上的一种集体反思与研讨活动。正是在这种集体的反思与研讨中,使说课者个体和参与研讨的其他教师对教学的成败得失有了更加清晰的认识,也为进一步改进和优化教学设计提供了可能,因

---

[1] 杨九俊. 说课听课与评课 [M]. 北京:教育科学出版社,2004:20.

而，课后说课也可被认为是一种反思性和验证性的说课活动。

3. 评比型说课

评比型说课，就是把说课作为教师教学业务评比的内容或一个项目，对教师运用教育教学理论的能力、理解课程标准和教材的实际水平、教学流程设计的科学性和合理性等做出客观公正评判的活动方式。它既是发现和遴选优秀教师的一种评比方法，也是以此带动教师队伍建设、促进教师专业发展的有效途径。相对于评比型说课而言，教师在日常教学研究中所进行的说课活动，都属于非评比型说课，它既可以是课前说课（或预测型说课）方式，也可以是课后说课（或反思型说课）方式。

4. 主题型说课

主题型说课，就是以教育教学工作中遇到的重点、难点或热点问题为主题，引导教师在进行一段时间实践和探索的基础上，用说课的方式向其他教师、专家和领导汇报其研究成果的教育教学研究活动。显然，主题型说课是一种更深入的问题研究活动，它更有助于教育教学重点、难点或热点问题的解决。

5. 示范型说课

一般是以优秀教师、教学能手和学科带头人或特级教师等为代表在向听课教师做示范型说课的基础上，教师按其说课内容上课，然后再组织教师进行评议的教学研究方式。可见，通过这样一种形式的教学研究活动，听课教师可以从听说课、看上课、参评课中增长见识，开阔视野，不断提高自己运用理论来指导教育教学实践的能力，也是培养教学骨干的有效方式和重要途径。一般地，示范型说课比较适合在校内（或镇内）开展，也可以在区内或市内开展，每学期一般可以进行1～2次。

说课类型的反思❶

根据不同的标准，人们把说课进行了不同的分类，其中有理论探讨价值的分类，一是按课型分为实践型说课和理论型说课；二是按目的分为示范型说课、评比型说课、研讨型说课和汇报型说课。其实这两种分类标准从学理上是讲不通的，说课是一种为提高教学效率而进行的实践，何来理论型说课？说课的目的是教师之间思想的碰撞，智慧的交流，何来评比型、汇报型和示范型说课，这种分类是不符合教育规律的。我认为说课可以根据说课时间先后分为预设式和总结式，预设式在教学时间上是在讲课之前的说课，而总结式是在讲课之后的说课。预设式是为了有预见性地处理学习中的各种"教学事件"；总结式是为了总结、反馈教学中的得与失。习惯上我们比较注意预设式说课，而忽略总结式说课，从某种意义上，总结式说课对促进教师的专业发展，反馈课堂教学结果有更为深远的意义。

---

❶ 曹建召. 对说课的审视与反思［J］. 教学与管理，2006（2）：5-7.

（三）说课的特点

说课活动的形式可以不拘一格，但不论是何种类型的说课，一般都具有以下特点。

(1) 口头语言表达为主，简便易操作　从说课活动所需的媒体或手段来看，它可以仅以教师口头表达方式进行，也可以利用实物、实验、现代教学媒体等手段辅助说课。由于参加说课活动的对象都是教师或教学研究人员，说课活动可以不受时间、空间和人数的限制，因而具有简单易操作的特点，非常有利于在教学研究中推广。

(2) 理论与实践相结合　教师说课不仅要说"怎样教"，还要说明"为什么这样教"的理论依据和实践需要。把课说清、说透需要教师积极主动地学习教育教学理论，认真反思教学实践活动，确立运用理论指导教学实践的意识，将教学理论和教学实践进行有机结合。此外，教师形成的教学设计也常常是依据教师的经验作出的判断。而通过教师在说课中对教学的全面阐述，教师和教学专家就有可能从教学理论的高度来审视和评价教学。可见，说课活动较强地体现了理论与实践相结合的特点。

(3) 智慧互补　说课作为一种集体参与、集思广益的教学研究活动，通过相互交流，每一位参与者都容易迸发出思想的火花。无论是教师还是教研人员，他们的每一种想法、每一个观点乃至每一个小小的补充或提示，其实都是一种教学智慧。教师在相互评议与切磋中分享经验，在合作中共同提高，达到智慧互补，这也是说课的显著特点。

此外，说课通常有时间限制，一般在15～20分钟内，具体由组织者决定，说课者应该在规定的时间内完成"说课"的全部内容，这就要求说课者要有较强的时间观念，突出重点和创新点。

由于说课具有以上一些特点，一定程度上能够反映教师专业能力，说课有时又作为一种评比手段。

（四）说课与备课、上课

1. 说课与备课之间的异同

相同点有以下两个方面。

(1) 主要内容相同　说课与备课的教学内容都是相同的。都是以课程标准和教材为依据，为了实现教学目标而进行的。

(2) 主要做法相同　都要学习课程标准，吃透教材，了解学生，选择教法，设计教学过程。

不同点有以下几个方面。

(1) 概念内涵不同　说课是属于教研活动，要比备课研究问题更深入。而备课是教师完成教学任务的一个步骤，它属于教学活动，是知识结构转化为学生认知结构的实施方案。

(2) 对象不同　备课是要把结果展示给学生，备课是教师上课的准备。而说课是向其他教师或教育专家说明自己备课的依据。

(3) 目的不同　说课是帮助教师认识教学规律，提高教师把教育理论运用于教学实践的能力，提升教师的素质；而备课是为学生上好课服务的，教师备好课去上课，使得上课更有条理跟针对性，提高教学的效益。

（4）活动形式不同　说课是一种集体进行的动态的教学活动，时间跟空间都不固定；而备课是教师个体进行的静态的教学活动。

（5）基本要求不同　说课是教师不仅要说出每一个具体内容的教学设计，即做什么而且还要说出为什么要这样做。而备课强调教学活动的安排，只需要写出做什么，怎么做就行了，实用性强。

2. 说课与上课之间的异同❶

说课与上课有很多共同之处，说课是对课堂教学方案的说明，上课是对教学方案的课堂实施。两者都围绕着同一个教学课题，从中都可以展示教师的课堂教学技能。都要以研读课程标准和教材为基础，都是为了实现教学目标，提高教学质量和教学效益。

但说课与上课之间也存在着明显的区别，主要表现在以下方面。

（1）要求不同　上课主要解决教什么，怎么教的问题；说课则不仅解决教什么，怎么教的问题，还要说出"为什么这样教"的依据。

（2）对象不同　上课是课堂上教师与学生间的双边教学活动；说课是课堂外教师同行间的教研活动。上课的对象是学生，说课的对象是具有一定教学研究水平的领导和同行。说课比上课更具有灵活性，虽然有时间的要求，但是不受教学进度的影响，不会干扰正常的教学；同时，说课不受教材年级的限制，也不受人员空间的限制。

（3）评价标准不同　上课的评价标准虽也看重教师课堂教学方案的实施能力，但更看重课堂教学的效果，看重学生实际的学习接受的情况，随着新课改的进行，课堂上越来越重视教师跟学生的互动关系，注重学生的主体地位；而说课重在评价教师掌握教材，设计教学过程，运用教学理论联系教学实际的能力。虽然一般认为，说课水平与上课水平是正相关关系，但也有例外，有的老师可能说课能力较强，但课未必能上得好。一个重要原因是上课是教师跟学生的双边活动。学生不是被动地接受知识，而是教学活动的主体。教学中教师要调动学生学习兴趣，激发学生思维，机智处理课堂突发事件，有效控制课堂教学过程，这些能力都是要通过教师在课堂教学中才能体现出来。

（五）说课的意义

1. 有利于促进教师专业成长

说课能展现教师教学设计的思维过程，显示教师的教育教学水平和能力，显示教师教学基本功的扎实程度；能从中了解教师的课程观、教学观和学生观，以及对现代教育教学理论和手段的掌握情况。因而通过说课能较全面地了解、评价教师，从而有利于促进教师专业成长。

2. 有利于提高课堂教学效果

说课促进教育理论与实践相结合。很多教师视野不高，通常把教科书作为教学设计的起

---

❶ 林伟. 关于开展说课的几点认识［J］. 青年教师，2005（1）.

点，通过课前说课，能够发现教学设计中的不足之处，以便及时进行修改，从而使课堂教学更加科学、合理、有效；通过课后说课，对课堂教学中好的做法进行提炼和升华，以推广应用。说课能够在课堂之外解决课堂教学中的低效、无效和负效问题，促进教学反思，避免学生在课堂学习中成为教学设计失误的实验品和牺牲品。

3. 有利于营造加强理论学习的氛围

新课程标准的实施，要求教师在教育理念、教学方式、教育评价等方面进行改革。为适应课改的要求，教师必须学习大量新的教育教学理论。说课由于说课者不仅要说清楚怎么教，更重要的是要说明这样教的原因，因而说课为课改提供了良好的实施平台，有利于营造加强理论学习的氛围。

（六）说课的准备

1. 教材的准备

要吃透教材，并加入个性化的理解，做到"用教材"，而不是"教教材"。

教材是课程资源的主要载体之一。能否准确而深刻地理解教材，合乎实际地处理教材，揭示教材之间的内在联系，准确把握教材的重难点内容，是备好课、上好课的前提，也是说课的首要环节。

2. 教学理论的准备

要寻找和建构自己的教育理论，包括教师观、学生观、知识观、教学方法与策略以及评价观等，都需要教师通过不断学习反思才能形成。

3. 课程资源的准备

在理解课程标准，吃透教材的基础上，教师根据自己的理解补充和拓展课程。如多媒体资源的有效利用，并且尽可能考虑在教学实施中可能会产生的各种问题，设想多种解决方案。

4. 说课的技术准备

要在说课前准备好各种课型的一般框架。重点去考虑教学活动设计的框架，如何与学生互动以及可能的情况与你的对策，以纲要的形式写下来。

此外教师要充分地了解学生的基本状况，包括学生已有的知识技能情况，学生的心理特征与教学风格等基本情况，并且在设计教学方案时要符合学生的认知规律。

基于以上思考，不难发现，要说好课，平时就必须做到"脑中有理论，眼中有学生，胸中有教材，手中有特色"。

（七）说课的主要内容和基本程序

1. 说课标和教材

分析本教学内容在课标中的要求，说清楚本节教材在本单元甚至本册教材中的地位和作用，教材内容的呈现方式以及知识的价值等。

说教材内容时可以多说，也可少说，可按上面介绍的顺序说，也可打破顺序说，要因教材而定。

案例研讨 "电解质的电离"课标和教材分析[1]

选自：鲁科版新课程，化学必修第一册 第二章 第二节 电解质

课标分析如表 10-1 所示。

表 10-1 课标分析

课标要求	内容要求		2.3 电离与离子反应 认识酸、碱、盐等电解质在水溶液中或者熔融状态下能发生电离
	教学提示	教学策略	发挥核心概念对元素化合物学习的指导作用 重视开展高水平的实验探究活动 紧密联系生产和生活实际，创设丰富多样的真实问题情境 鼓励使用多样化的教学方式和学习途径
		学习活动建议	实验及探究活动：电解质的电离
		学业要求	能用电离方程式表示某些酸、碱、盐的电离
课标解读	电解质的内容主要是选自必修课程中的主题 2——常见的无机物及其应用。从内容要求来看，本节课的重点内容主要有两个，一是电解质的概念，二是酸、碱、盐的电离过程。从教学策略来看，课标强调要发挥核心概念对元素化合物学习的指导作用，而电解质的电离正是高中化学阶段中非常重要的化学核心概念。因此，在教学过程中，教师要引导学生形成电解质相关核心概念，为后面元素化合物的学习奠定基础。从学习活动及学习策略的要求来看，在教学活动中应开展高水平电解质的电离的探究实验，即教师不能单纯地演示实验，而应该是开展在教师的指导下学生的探究实验。最后，从学业的要求来看，在知识与技能层面上要求学生能够书写出电离方程式，因此，电离方程式的书写也要作为本节课的重点内容之一		

教材分析：

下面对鲁科版的新版教材以及人教版的新版教材进行了教材对比分析，具体内容如表 10-2 所示。

表 10-2 不同版本教材对"电解质"内容设计分析

版本	人教版（2019 版）	鲁科版（2019 版）
章节	第一章 物质及其变化 第二节 离子反应	第二章 元素与物质世界 第二节 电解质
教材思路分析	由酸、碱、盐溶于水后发生了什么变化这个问题引入，再通过实验对比 NaCl、KNO_3 固体不导电的现象，但溶于水后却导电，引发学生的认知疑惑，得出电解质的概念，并且从宏观上解释手上有汗液时容易发生触电的原因。从微观的原子角度继续深究为什么 NaCl、KNO_3 等电解质干燥时不导电，溶于水或者融化后却导电，得出电解质的电离的概念，并提出电离过程的表示方法——电离方程式，从电离的角度认识酸，并让学生通过思考与讨论的形式归纳出碱的本质	从固体泡腾片不产生气体，放入水中却产生了气体的问题情境引入，提出物质溶解在水中到底发生了什么问题。通过探究氯化钠的导电性实验，并从微观的角度进行解释，得出电离的概念，并介绍电离的表示方法——电离方程式。再通过总结一些物质的共性，得出电解质的概念。介绍从电离的角度如何重新定义酸、碱、盐。并采用拓宽视野的栏目介绍强电解质、弱电解质的概念。通过配制营养液的迁移应用栏目来检测学生，最后介绍电解质在生活中的应用

通过对比人教版和鲁科版的教材思路，可以为后面的教学设计提供如下参考：第一，从教材的内容安排上来看，人教版先引入电解质的概念，再得出电解质电离的概念，而鲁科版则是先得出电解质电离的概念，再归纳总结得出电解质的概念，更符合学生的认知发展，故选用鲁科版的安排。另外，鲁科版还补充了强弱电解质的概念，因此在教学设计中应该也加以补充。

---

[1] 李婉冰，姜建文. 江西师范大学 2018 级学科教学（化学）专业学位硕士研究生（下同）.

第二，从具体内容的展开来看，从电离角度来认识酸、碱、盐的本质，应该借用人教版让学生进行归纳得出碱和盐的本质。第三，从情境素材的选择来看，人教版中手上有汗液容易引发触电的情境非常好，可以用在教学设计中。

教材内容特点与编排特点分析：

鲁科版教材中通过对比 NaCl 固体状态、熔融状态以及水溶液状态时的导电性实验现象，探究该现象出现的本质原因，得出电离的概念以及电解质的概念，并联系生活，从营养液的配制到电解质饮料的应用。

在本节课中相关概念的关系如图 10-1 所示。

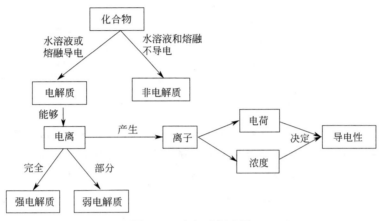

图 10-1　电解质概念图

教材内容地位作用分析：

电解质的内容位于鲁科版必修一第二章第二节，是化学学科中重要的知识内容。它承上启下，对后面相关知识的学习有着不可忽视的作用。首先，在初中阶段学生已经学习了"溶液""酸碱"等与电解质有关的知识，但相对来说是肤浅的，不深刻的，而化学必修 1 中对电解质的学习相对来说比较深入，因为在高中阶段我们研究的主要任务就是电解质在水溶液中的存在形式以及在溶液中各个微粒之间的相互作用。其次，电解质的学习，对学生后期学习选择性必修模块《化学反应原理》中的离子反应、弱电解质的电离、盐类水解等知识具有重要的影响。它不仅在知识上进行铺垫，更重要的是学生通过学习本节知识所形成的化学思维、思想方法有利于学生学习后面的化学知识。最后，本节课电解质的知识内容与日常生活密切联系。而这些联系也会使学生在学习本部分内容之前就会有一些前概念，这些前概念不一定科学，因此学生是存在一些认知上的偏差的。因此教师要抓住学生学情，有针对性地进行教学。图 10-2 是本节课内容在整个初高中阶段的有关概念的结构图，从中我们也可以看出本节内容的重要性。

教材的知识价值分析：

为了更好的对电解质这节内容进行更深层次的挖掘和处理，在进行教学设计之前，应该对教材的知识价值进行分析。首先，就电解质知识的迁移价值而言，电解质是在初中所学的溶液以及酸碱等知识基础上的正向迁移，例如：从电离的角度重新定义酸、碱、盐；同时，在学习完电解质内容后，学生能够结合前面物质的量的知识对植物营养液的配制进行定量和定性的分析，并了解电解质与细胞活动的关系，也体现出了知识的应用迁移的价值。其次，就电解质知识的认知价值而言，在这节课中，最重要的即电解质核心概念的掌握，学生从初中阶段对溶液的宏

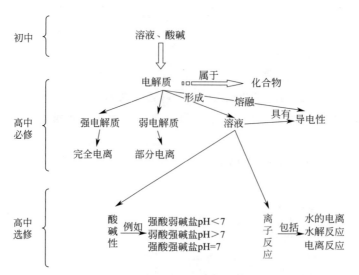

图 10-2　电解质在初高中阶段的概念结构图

观认知,到高中必修阶段对电解质电离过程的微观辨析,必须培养学生看溶液看到微粒的微粒观,另外,教材中涉及了大量实验的素材,例如研究氯化钠的导电性实验,必须要挖掘实验教学中潜在的提高实验探究能力的内涵,包括发现和提出实验问题、猜想与假设、实验方案的设计、实验结论的总结,以及反思与评价、讨论与交流的能力。最后,就电解质知识的情意价值而言,电解质和人类的生产生活息息相关,例如:植物营养液的配制、电解质饮料的应用等,这些真实的问题情境,能让学生学以致用,体现出科学的精神,培养学生的社会责任。基于以上分析,在教学设计中,在组织具体的教学活动任务时,应注意发挥具体栏目知识的潜在价值,有针对性地设置学生活动。

2. 说学情

由于学习不仅受学生原有的知识基础和技能水平制约,而且还受学生的认知风格、能力状况和学习兴趣等影响。因此,一个好的说课方案,应尽可能从学生的"已知""未知""能知""想知"和"怎么知"等五个方面综合分析学生情况,这些方面都是因材施教的基础(具体见第三章教学对象分析)。

案例研讨　"电解质"学情分析

学生在初中阶段就已经学习了"溶液""酸碱"等与电解质相关的知识,并且也了解日常生活中导电性的一些相关经验;学生了解化学实验探究方法,具备一定的实验操作能力。对物质溶于水后能够导电只是感性的认识,并不清楚具体的原因;对物质在熔融状态下也能导电非常陌生;对物质在水中或者熔融状态下的电离的概念认识模糊,没有强弱电解质的概念。这一阶段的学生对世界充满了好奇心,他们想要知道某些日常现象发生的具体原因,会对一些日常现象产生追问,比如说:为什么手出汗以后更容易引发触电?

3. 说核心素养目标

说明如何依据教材内容、课程标准以及学生具体情况来确定本节课主要培养的核心素养。分析核心素养要从宏观辨识与微观探析、变化观念与平衡思想、证据推理与模型认知、科学探究与创新意识、科学态度与社会责任五个维度选择相关性强的加以说明,力求使学生核心素养的培养全面恰当,充分体现科学性、教育性、可操作性和可测量性。

案例研讨 "电解质"教学目标与评价目标设计

核心素养教学目标:

(1) 通过从微观角度分析氯化钠的导电性实验现象以及对比蔗糖溶液、硫酸钡的导电性,建立电解质及电离的概念;并且通过对比相同浓度强酸、弱酸、强碱、弱碱、盐的导电能力,了解强电解质和弱电解质的概念以及代表物;并学会由现象到本质的探索过程,形成证据推理的意识,建立对电解质概念的认知模型,培养学生证据推理与模型认知的核心素养;初步形成由宏观到微观的化学思维,培养学生宏观辨识与微观探析的核心素养。

(2) 通过书写电解质的电离方程式以及从电离的角度重新定义碱和盐,能用化学符号对电解质的电离进行表征,并从微观的角度重新认识酸、碱、盐的组成。

(3) 通过设计氯化钠的导电性、相同浓度强酸、弱酸、强碱、弱碱、盐的导电能力的实验方案,培养学生科学探究与创新意识的核心素养。

(4) 通过解决营养液配制的问题情境以及解释手心出汗易触电和运动后宜喝电解质饮料的生活常识,能结合定性与定量计算的手段对电解质的电离进行迁移应用,并了解电解质在日常生活中的应用。

核心素养评价目标:

(1) 通过对微观示意图的描述和分析以及对强弱电解质的判断,诊断并发展学生对电解质、强弱电解质以及电离的概念的认识水平和认识思路的结构化水平。

(2) 通过对电离方程式的书写和从电离角度定义酸、碱、盐,诊断并发展学生符号表征的水平。

(3) 通过对学生实验方案的可行性与创新性的分析与评价,诊断并发展学生实验探究的水平。

(4) 通过对电解质在真实问题情境中的迁移应用,诊断并发展学生的对知识的迁移水平。

4. 教学重点确定与难点分析

从一定意义上讲,教学过程就是强调重点和突破难点的过程。因此,确立教学重点、难点成为教学设计的一个关键,也是说课活动必须阐述的一个内容。要确定重点、难点,就必须搞清什么知识是重点、分析学习难点是如何形成的。(具体见第四章:教材重、难点的确定。)

案例研讨 电解质 教学重点确定与难点分析

电解质是继初中阶段后对水溶液中的粒子认识的进一步巩固加深,为了对一些生活经验带来的认知偏差加以纠正,为了让学生能够认识到电离是如何发生,从而对电解质形成准确完整的概念,本课教学的重点就是理解电解质以及电解质电离的概念,从微观的角度认识电解质电离的过程。但是,由于学生不能准确认识物质在水中的溶解性和电离并无确切的实际联系,对于溶解、熔融这些条件的认识不准确,对电解质的电离的认识是字面的、片面的,因此,电解质的电离的概念理解也是本节课的教学难点。

该案例不仅根据教材内容特点和价值准确定位了教学重点，而且根据学生经验水平分析了教学难点，因而成为"教学重点难点"说课中较为成功的范例。

一些有特色的说课，在分析教材重点、难点的同时，还分析了教学关键点。所谓关键点，指的是教材中对顺利地学习其他内容（包括重点、难点）起决定性作用的知识。分析这一内容很有意义，因为关键点往往是学习与研究其他知识点的枢纽，是众多学习矛盾中的主要矛盾。准确把握教学关键点往往在教学中能起到画龙点睛的作用。

5. 说教法和学法指导

就是说说你根据教材和学生的实际，要达成教学目标、抓住重点、突破难点，准备采用哪些教学方法。

① 教法和学法可以分别叙述。
② 教法和学法可以合在一起说明。
③ 教学方法可以穿插在教学过程中说。

一般来说，说教法，应说出"怎么教"的办法以及"为什么这样教"的根据，具体要做到以下几个方面。

① 要说出本节课所采用的最基本或最主要的教法及其所依据的教学原理或原则。
② 要说明教师的教法与学生应采用的学法之间的联系，说明教师与学生的互动。
③ 要重点说说如何突出重点、化解难点的方法。

学生不仅要学到知识，更主要的是学会怎样学习。教师不仅要"授之以鱼"更重要的是"授之以渔"，实施课程标准后，要求教师转换角色，不再是以前的一切以教师为主导地位。基于这一转变，说课者就必须说明如何根据教学内容、围绕教学目标指导学生学习，教给学生什么样的学习方法，培养学生哪些能力，如何调动学生积极思维，怎样激发学生学习兴趣等。说课活动中虽然没有学生，但教师的说课过程中要体现以学生为主体，充分发挥学生在学习活动中的作用，调动学生的学习积极性。

案例研讨　"电解质"教法和学法设计

教法设计：

从学生观念建构的维度出发，通过物质导电性的化学事实，让学生建立电解质、电离、强弱电解质的核心概念；通过从微观的角度分析具体的溶液为例，体现了核心概念的功能化阶段；最后建立起看溶液看到微粒的微粒观。通过板块化的教学设计将问题拆解成小任务，最后得出结论。

学法指导：

通过进行探究实验，观察宏观现象；通过分析微观过程，得出实际结论；通过解决实际问题情境，应用知识结论。

6. 说教学过程

阐述教学流程是说课的重点，因为教学内容的处理、教学方法的选择、教学目标的达成等，都是通过这个环节来实现的，而且教师的教学理念也必须通过它来体现。那么，如何在说课活动中阐述教学流程呢？重点说明教材展开的逻辑顺序、主要环节、过渡衔接、通常,教学过程要说清楚下面几个问题。

(1) 教学思路与教学环节安排 说课者要把自己对教材的理解和处理,针对学生实际,借助哪些教学手段来组织教学的基本教学思想说明白。

说教学程序要把教学过程所设计的基本环节说清楚。但具体内容只需概括介绍,只要听讲人能听清楚"教的是什么""怎样教的"就行了。不能按教案像给学生上课那样讲。

另外注意一点是,在介绍教学过程时不仅要讲教学内容的安排,还要讲清"为什么这样教"的理论依据(包括课程标准依据、教学法依据、教育学和心理学依据和化学学科核心素养等)。

(2) 说明教与学的双边活动安排 这里说明怎样运用现代教学思想指导教学,怎样体现教师的主导作用和学生的主体活动和谐统一,教法与学法和谐统一,知识传授与智能开发的和谐统一,德育与智育的和谐统一。

(3) 说明重点与难点的处理 要说明在教学过程中,怎样突出重点和解决难点,解决难点运用什么方法。

(4) 说明采用哪些教学手段辅助教学 什么时候、什么地方用,这样做的道理是什么?

(5) 说明板书设计 说教学程序,还要注意运用概括和转述的语言,不必直接照搬教案,要尽可能少用课堂内师生的原话,以便压缩实录篇幅。

案例研讨

"电解质"教学过程设计如表 10-3 所示。

表 10-3 "电解质"教学过程设计

教学板块	教师活动	预设学生活动	设计意图
板块1:建立电离的概念	【情境导入】食盐在我们生活中非常常见,它的主要成分是:NaCl。展示氯化钠固体,可以看到,它是非常漂亮的白色晶体,但是,当我们把它放进水里后,它却消失不见了。氯化钠进入水中发生了什么? 【提问】 (1)氯化钠固体中存在哪些微粒? (2)氯化钠溶液中存在哪些微粒? (3)氯化钠固体与氯化钠溶液中的氯离子和钠离子有何区别?如何证明? 【实验】:氯化钠固体、水、氯化钠溶液的导电性 总结学生实验现象及结论,继续提问:氯化钠在溶解过程中发生了什么变化? 展示固体氯化钠晶体的图片,动画播放氯化钠在水中溶解的微观视频,请一位同学来进行描述	思考并回答情境导入中的三个问题 设计实验方案,进行实验 观察实验现象。根据导电性得出氯化钠溶液中的离子确实是自由移动的	从学生非常熟悉的日常生活现象入手,提出问题。符合学生的已有经验基础,并为后面的实验探究做好铺垫 通过三个提问引发学生的思考,并通过让学生设计实验方案并进行实验从而发展学生的实验探究能力 通过从宏观的氯化钠溶液导电的实验现象到微观角度分析氯化钠固体溶解的过程,从而让学生认

续表

教学板块	教师活动	预设学生活动	设计意图
板块1：建立电离的概念	【分析】氯化钠溶液中存在哪些微粒？ 【总结】 任务1：物质进入水中会发生什么？ 1、氯化钠在水中的变化： 氯化钠固体 —加水溶解→ 氯化钠溶液 —通电→ 离子定向移动形成电流 不能自由移动 Na⁺、Cl⁻ —电离→ 能自由移动 Na⁺、Cl⁻ 因此，物质从不能自由的离子变成能自由移动的离子的过程就是电离。那我们能不能总结一下电离的概念呢？ 【板书】物质在加水溶解后能够产生自由移动的离子的过程 【提问】 问题1：氯化钠的电离只能在水中进行吗？ 问题2：如何证明氯化钠加热融化后也产生了自由移动的离子？ 【实验】播放熔融氯化钠导电的视频 【分析】 NaCl的导电性实验：

物质	水	NaCl固体	水和NaCl固体混合	NaCl加热熔化
实验现象	灯泡不亮	灯泡不亮	灯泡亮	灯泡亮
导电性	不导电	不导电	导电	导电

因此，我们观察氯化钠的导电性，会发现氯化钠在水溶液中或熔融状态下都能导电，这说明他们都产生了自由移动的离子。那我们还能不能进一步完善电离的概念？
【板书】电离：物质在加水溶解或加热熔化后能够产生自由移动的离子的过程
【应用迁移】播放湿手触摸开关易触电的小视频。提问：为什么湿手或者手上有汗会更容易触电呢？ | 观察动画，描述氯化钠溶解的过程

回答并总结氯化钠溶液中的微粒

得出电离的概念：物质在加水溶解后能够产生自由移动的离子的过程

回答问题，提出假设并设计实验方案

观察实验现象并得出实验结论

进一步思考并完善电离的概念：物质在加水溶解或加热熔化后能够产生自由移动的离子的过程

思考并回答湿手容易引发触电的原因 | 识电离的微观过程，明白物质电离的本质是产生了自由移动的离子，外在表现是导电。让学生学会由现象到本质的探索过程，初步形成由宏观到微观的化学思维，发展学生的宏观辨识与微观探析的核心素养。

探究电离能够发生的另一条件，让学生来完善电离的概念，从而真正建立起对电离概念的认识。

通过让学生解释生活中常见的湿手易触电的问题，能将化学与生活紧密相连，让学生体会化学学习的用处所在。更体现从概念的建立到概念的应用的思维建构的过程 |
| 板块2：形成电解质的概念 | 【提问】
问题1：那这个物质应该是什么类别的物质呢？你知道的哪些物质在水溶液中能产生离子？
问题2：单质能不能产生自由移动的离子？
【总结】酸碱盐都是化合物，也就是说，这个物质一定是化合物
【提问】那所有的化合物在水溶液中都发生电离吗？
蔗糖同样能溶于水中，那它进入水中会发生什么呢？能不能发生电离？怎样去验证？
【提问】请一位同学分析一下，蔗糖溶液中存在什么微粒？
【分析】蔗糖属于有机物，虽然能溶解在 | 思考并回答问题

思考并回答问题 | 通过分析能溶于水却不能导电的蔗糖以及难溶于水的硫酸钡沉淀却能够发生电离的探究，让学生理解溶解和电离的关系，纠正学生原有的认知障碍，并建立起电解质的概念，并从分析水中的微粒，帮助学生形成微粒观 |

续表

教学板块	教师活动	预设学生活动	设计意图
	水中，但是它却不能发生电离，以蔗糖分子的形式存在 【提问】我们同样也知道，有一些碱和盐他们在水溶液中会以沉淀的形式存在，比如硫酸钡。那当它进入水中，又会有什么变化里面存在什么微粒？请同学们分析下面的资料 【资料1】18℃时，硫酸钡溶解度2.38×10^{-4}g 【资料2】（18℃） | | 纯水 | 饱和硫酸钡溶液 | | --- | --- | --- | | 导电性强弱指数 | 3.906 | 6.703 | 【分析】硫酸钡在水中的存在形式：大量硫酸钡固体、极少量 Ba^{2+} 和 SO_4^{2-} 【总结】 任务1：物质进入水中会发生什么？ | 物质 | 物质在水中变化过程 | | 物质在水中存在形式 | | --- | --- | --- | --- | | | 宏观 | 微观 | | | NaCl | 溶解 | 完全电离 | 自由移动的 Na^+、Cl^- | | 蔗糖 | 溶解 | 不电离 | 蔗糖分子 | | $BaSO_4$ | 难溶 | 溶解的部分全部电离 | 大量 $BaSO_4$ 固体，极少量 Ba^{2+}、SO_4^{2-} |	进行蔗糖的导电性实验。观察实验现象：小灯泡不发光。说明蔗糖在水溶液中不会发生电离 分析并回答蔗糖溶液中存在的微粒 分析资料。得出：硫酸钡还是有极少的一部分能溶于水的。并且溶解的那一部分能够发生电离	
板块2：形成电解质的概念	【提问】通过以上分析，我们可以得出：有哪些化合物能够发生电离？哪类物质不能发生电离？ 【总结】既然这类化合物如此有特色，那不妨给它重新命个名：电解质 同学们能不能给电解质下个定义？ 【板书】电解质：在水溶液中或者熔融状态下能够导电的化合物。 那在水溶液中和熔融状态下都不能导电的化合物就叫非电解质。 【过渡】所以，像酸碱盐等电解质，在加水溶解或者加热熔化后都能够发生电离，那我们要如何来表示电解质的电离呢？——那就是电离方程式。例如： $HCl = H^+ + Cl^-$ $H_2SO_4 = 2H^+ + SO_4^{2-}$ $HNO_3 = H^+ + NO_3^-$ 请同学们完成碱：NaOH、KOH、$Ba(OH)_2$ 以及盐：NaCl、Na_2CO_3、$CuSO_4$ 的电离方程式的书写 【讲授】可以看出，这三种酸都有一个相同的特点，那就是都电离出了 H^+，因此，我们可以从电离的角度，把电离出来的阳离子都是氢离子的这一类化合物称为酸 【提问】那同学们能不能从电离的角度，给碱和盐下个定义呢？ 引导学生从阴阳离子的类别来对盐下定义	分析并回答能够发生电离和不发生电离的化合物类别 总结得出电解质的概念：在水溶液中或熔融状态下能够导电的化合物称为电解质 书写电离方程式 观察并得出碱的定义：电离出的阴离子都是 OH^- 的电解质称为碱 得出盐的定义：电离时生成金属阳离子和酸根阴离子的电解质称为盐	用化学符号对电解质的电离进行表征，并重新定义酸碱盐，帮助学生将电解质电离的过程外显化，让学生从微粒的角度来认识酸碱盐，进一步促进学生的认知发展

续表

教学板块	教师活动	预设学生活动	设计意图
板块3：认识强、弱电解质的概念	【过渡】电解质都能发生电离，但是他们电离的程度一样吗？ 【提问】如果现在有相同浓度的 HCl、CH_3COOH、NaOH、$NH_3 \cdot H_2O$、NaCl 溶液，他们的导电性会一样吗？怎么去探究？ 播放实验的视频 【分析】小灯泡发亮的程度只会和溶液中的离子的浓度有关，如果以上物质都完全电离的话，那么小灯泡的亮度应该是一样的 【提问】所以，为什么氨水和醋酸导电性会差一些？这说明了什么？ 【分析】对，因此电解质的电离也是有强、弱之分的 【提问】强电解质指的应该就是什么？弱电解质指的是什么？能不能举出一些具体实例？ 【板书】强电解质：能够完全电离的电解质 弱电解质：只能部分电离的电解质	回答问题，进行假设 设计实验方案，并观察实验视频中的实验现象，得出结论：醋酸、氨水的导电性更差一些 思考并回答氨水和醋酸导电性差的原因：它们没有完全电离 思考并回答问题，得出强弱电解质的概念：能够全部电离的电解质，比如强酸、强碱、盐；不能完全电离的电解质，比如弱酸、弱碱	通过导电性实验，了解弱电解质的概念，进一步加深对电解质的概念认识
板块4：电解质在生活中的应用	【过渡】另外，当溶液中存在离子时，它还可能会表现出颜色或酸碱性、或电导率，同学们还可以设计别的方案进行检验。那么，电解质的这些特性能给我们生活带来什么应用或者影响呢？ 【应用迁移】请同学们解决下面的这个任务：种植水培植物需要配制营养液。某种营养液中需要含有 K^+、NH_4^+、NO_3^-、PO_4^{3-} 上。 (1)你会选择哪些物质配制营养液？ (2)配制某营养液时，要按以下浓度加入离子：K^+：$0.01 mol \cdot L^{-1}$，NH_4^+：$0.01 mol \cdot L^{-1}$，NO_3^-：$0.01 mol \cdot L^{-1}$，PO_4^{3-}：$0.005 mol \cdot L^{-1}$（不考虑其他离子对植物的影响）。某同学从实验室中找到了下列物质：KCl、NH_4Cl、NH_4NO_3、KNO_3、Na_3PO_4。这位同学的营养液配方可能是怎样的？ 【展示资料】课本上身边的化学。请同学们阅读资料卡片并回答：为什么运动后宜喝电解质饮料？	思考并解答 阅读资料卡片并回答问题	通过让学生解决真实的问题情境，检测学生对本节课核心概念的掌握情况，培养学生从定性到定量的思维方式

7. 说教学效果（或教学反思）

如果是课前说课，主要是说根据以上设计，预计可达成的教学效果；如果是课后说课，主要是说上课的实际效果及其与预计效果的差距和原因。说教学效果应以教学目标为基本依据，从教与学两方面加以说明。

案例研讨 "电解质"预期教学效果

第一，学生通过探究实验，观察具体的实验现象，能够总结并修正电离的概念。

第二，学生能够对提出的问题情境进行思考，并作出相应的分析和说明。

第三，学生能够在定性的基础上解决有关定量的一些简单计算，和前面物质的量结合起来，从定性到定量。

8. 说教学特点

应该说，要做到在教学中有特色这是一件比较难的工作，在一些评比型说课中，要想脱颖而出，一般来说，除了展示扎实的教师基本功外，都是有一定特色的教学设计，所以，不妨花点时间亮出自己的个性，亮出自己的特色。

案例研讨　"电解质"教学特点

（1）采用板块化模式设计课堂

将课堂划分为4个板块，从电离的概念到电解质的概念，再到强弱电解质的概念，最后到概念的应用，板块之间层层深入，步步推进。设置问题情境，发布具体任务，进行学生活动，教师加以评价。整个课堂逻辑严密，思维发散。

（2）立足观念建构的进行教学

从学生观念建构的维度出发，通过物质导电性的化学事实，让学生建立电离、电解质、强弱电解质的核心概念；通过从微观的角度分析具体的溶液为例，体现了核心概念的功能化阶段；最后建立起看溶液看到微粒的微粒观。

（3）把握实验教学的功能特性

在具体的教学中，包括探究氯化钠的导电性，比较不同浓度电解质溶液导电性等实验，从设计实验方案到进行实验，从实验现象到微观分析，将实验结论作为证据，充分发挥实验的认知功能。

二、听课

听课是日常教育教学研究的一部分，但目前人们对听课的指导、研究和要求却并不是十分注重。实际上会不会听课、能不能听好课、怎样去听课都是值得好好研究的。因为它不仅关系到听课的质量和能否抓好常规教学，更关系到课程改革的持续有效的深入开展。

听课又是学生学习的主要方式。本节主要是从教学设计的角度探讨听课的有关问题。

（一）什么是听课

听课一般是指教师或研究者凭借眼、耳、手等自身的感官及有关的辅助工作（记录本、调查表、录音录像设备等），直接地（也有间接地）从课堂情境中获取相关的信息资料，从感性到理性的一种学习、评价及研究的教育教学方法。❶听课是提高教师素质，提升教学质量的重要方式。

---

❶ 杨九俊. 说课、听课与评课［M］. 北京：教育科学出版社. 2007：64.

(二) 听课的类型和特点❶

根据课的性质、特点和功能不同，中小学听课大致可以分为五类十九种课型。

1. 研究类课型

这一类课型包括系统分析课、切磋课、研究课和实验课。它是属于一种主动性的课堂教学研究。这类课具有探索、切磋的特点。

（1）系统分析课　这种课前后连续，是有系统、能进行比较对照的听课研究。它具有五种方式：①为了解不同教师授课、不同学科在学生中的影响，了解学生负担状况与学习情绪等问题，在一个班内连续听课。②为研究与分析某一学科的教学，帮助总结经验或确定教学研究的方向与专题，在同一学科中连续听课。③为了解集体备课的情况，鉴别教师之间教学情况的差别，在同一年级同一学科间连续听课。④为系统研究教师的经验、问题及教学特点。连续听一个老师的课。⑤围绕一定的研究内容或检查目的而进行连续听课。

系统分析课要抓住某个教学问题，展开系统听课，事后进行分析研究。这种课研究的时间较长，但有利于对某个教学问题的系统分析。

（2）切磋课　这种课是教学进度相同的学科教师之间开展的互相听课。它要求教师事先不作商量，只错开时间随堂去听，听后针对某个教学环节或内容、方法进行切磋。通过教师个体之间的相互切磋，有利于对某个教学问题的深化研究。

（3）研究课　针对某个有待研究的教学专题所进行的听课。如探讨重点、难点知识的教学方法，探索课堂教学改革的内容，研究提高学生能力、开发智力的新尝试等。这种课要求听前先讨论教学方案，推选一人主讲备课、试讲，听后集体讨论，分析成败原因，以利于进一步提高，同时也促使教学研究气氛更加浓厚，教学改革进一步深化。这是提高教学质量的有效途径，应定期举行。要注意的是研究课在教师中的认识和做法上会不一致，领导或教研组长要组织更多的教师参加听课、评课活动，评课时允许各抒己见，展开充分讨论。

（4）实验课　这是为了探讨某一教育教学规律，或证实、推广某一教学优秀成果，而进行教学实验改革的尝试。实验课可分为三个层次：一是探讨课，重在研究教学理论，探索教育规律。二是实证课，把别人研究的教学成果再验证一遍，重在实证该成果的可行性和有效性。三是推广课，引进已被别人实践检验而行之有效的教学优秀成果，并进行全面推广，目的在于大面积提高教学质量。这种课要特别引起一线教师的重视。

2. 经验类课型

这类课型包括学习课、总结经验课、经验课和实习课。它是属于一种经验总结性的课堂教学研究。在实践活动中，教师要掌握一定的教学理论，善于对经验进行提炼，并上升到理论。这类课主要在于总结和传授教学经验，起到借鉴作用。

（1）学习课　这是一种学习优秀教师先进教学经验的听课活动。它可以就地取材，意在总结推广其先进的教学经验。学科教研组长邀请同学科的教师一起参加听课，共同学习与分析课堂教学中的成功经验，作为开展课堂教学改革、提高教学水平的借鉴。

（2）总结经验课　这是一种为帮助教学水平高的教师或正在尝试新的教改实验的教师总

---

❶　丁可民. 听课的类型与特点［J］. 教育革新，2001（4）：21-22.

结经验所进行的听课活动。这种课既可以让本学科教师参加，也可以邀请其他学科教师参加，还可以是学校全体教师参加。听课后，要组织深入的评课活动。先由执教者谈教学设计和教学心得，听课者帮助其总结和提升，增强经验的理性化，学校要结合各学科教学的实际情况加以推广。

（3）经验课　这是一种交流苦练教育基本功的听课活动。执教者必须具有一技之长。其活动内容包括教学"比武"、普通话朗诵、板书设计、制作投影、多媒体的运用、发明新教具等。听课后要进行认真的评审，肯定成绩，找出差距，奖励先进。这样的经验交流课要组织教师适时听课。

（4）实习课　这是一种帮助新教师积累教学经验的听课活动。指导教师着重于传授教学实践经验，帮助新教师有效地进行课堂教学。而新教师重在接受和总结实践经验，使已学的理论知识得到应用和检验，从实践中锻炼实际教学工作的能力。

3. 指导类课型

这类课型包括示范课、观摩课和试验课。它是属于一种示范性的课堂按学研究。这一类课带有示范作用和普遍的指导意义，应引起各校的重视。

（1）示范课　这种课是请有教学特色或独特教学风格的教师来执教，通过示范教学，推广先进的教学方法和经验，有助于教师进一步研究课堂教学特点，探讨教学规律，改进教学方法，开拓教学思路。示范课的类型结构可根据教学具体任务而定，课后应组织教师与示范教师共同进行评课。由于这种课具有典型性，能体现教改的发展趋势，因而它有利于教师扩大视野、转变观念、增长见识、提高水平，应让全体教师参加听课。

（2）观摩课　这种课是围绕一个主题，教研组全体教师集体备课，推选一位有经验的教师担任主讲而进行的公开教学活动。这是集体智慧的结晶，意在探讨未来教学改革的发展趋势。观摩课具有示范作用和普遍的指导意义，学校领导和全体教师都应参加听课，并认真组织好评课活动。

（3）试验课　它是一种为研究某些新课题而进行课堂改革试验的教学活动。这种课应由感兴趣并有一定研究的教师担任主讲，因它是一种探索性的公开教学活动，具有一定的风险性，领导应多加鼓励，这对推动教学改革有着十分重要的意义。

4. 提高类课型

这类课型包括解决问题课、会诊课、提高课和相关课。它属于一种寻找问题和提高能力的课堂教学研究。这类课的重点在于帮助教学水平相对较差的教师提高驾驭课堂教学的能力。

（1）解决问题课　针对某些教师教学中存在的个别问题和困难，学校领导亲自去听课，帮助其找到问题症结所在，并进行点拨指导，使其克服教学上的困难，改进教学方法，提高教学水平。

（2）会诊课（诊断课）　为了帮助教学中存在较多问题的教师寻找问题的根源，由校长、教务主任和同一教研组经验丰富、业务水平较高的教师共同组成会诊组，针对该教师在课堂上体现的教育思想、教学观念、教学目标、教学过程、教学实效进行坦诚的讨论，有什么问题谈什么问题。这种课针对有教学问题者提供帮助，具有诊断性、针对性和实效性，容易为对方个体所接受。会诊课应在内部进行，不宜在全校教师中公开。

（3）提高课　这是一种有意识有计划有目的地培养提高师资素质的教学听课活动。这种课可邀请教研组长或个别有教学经验的教师参加。听课前，要仔细分析被听课教师的教学业务和课堂教学艺术等情况，抓住主要问题，订出计划，给予帮助。学校领导最好能参加教师备课，共同批改作业，做好课外辅导等教学全过程，并进行具体的指导和帮助。

（4）相关课　为了满足学科综合化趋势需要，促进中小学教学内容和教学方法的顺杨含按，加强教师一专多能素质的培养，可提倡相关学科和不同学段之间的交叉听课。如理科教师在数、理、化、生四科中换位听课；文科教师在语、史、地、政四科中换位听课；小学教师到初中听课，初中教师到小学和高中听课，高中教师到初中听课。跨学科听课和中小学各段贯通听课，有利于教师对教学形势发展的适应，有利于教师的成长，对于中小学教学内容、教学方法的改进，会有意想不到的好处。

5. 考评类课型

这类课型包括了解课、检查课、考核课和评优课。它是一种被动性的课堂教学研究。这类课着重在于督促教师开展课堂教学研究活动，检查教师的教学情况和实际水平。

（1）了解课　它也叫一般性听课，主要目的是了解某个阶段或某位教师的基本教学状况。这种课不需要周密的计划和长期的安排，可邀请教研组长和部分有教学经验的教师参加，通过听课能了解教学的真实现状。课后不必进行评课，双方交换意见即可。

（2）检查课　这是为了考察教师的工作态度，检查教师的备课和上课情况而进行的督促性听课。听课前不通知教者，带有突击性、选择性和反复性。课后不进行评课，领导与其个别交谈即可。这样的课不宜过多。

（3）考核课　为了鉴别教师的教学水平和研究活动，学校要对教师进行定期听课考核。这种课要预先布置，分年级安排，集中精力集中时间进行。考核组由学校领导、教研组长共同组成。考核时既要注意横向比较，更要注重纵向提高。每次考核都要进行认真小结，评出等次，促进课堂教学研究氛围的形成。

（4）评优课　这种课规模多有不同，但归根结底是要评出高低优劣来。评优课可分为绝对评优和相对评优。绝对评优，是不定等级名额，按评价标准或评价方案评出优秀课或分出等级。它要求每位评价者细致考虑教学活动全过程，做出有理有据的价值判断，然后在集体讨论的基础上确定评价结果。所评的课必须是出类拔萃堪为楷模的。相对评优，是依据参评者情况，按一定比例评出相应等级。各个等级视参评者教学水平相比较而定的。相对评优要注意的问题是，不能以偏概全，只看突出优点而忽略全课的综合考察，或置标准于不顾，草率分类，感情用事。

（三）听课方法

怎样听课，是一个很值得研究的课题。课的类型多种多样，不是所有的课都是一个听法，必须因课而异，有所侧重。听课的时候教师应该关注哪些方面呢？在苏霍姆林斯基看来，听评课应着重关注下列七个方面问题：①教师的课有没有明确的目的，目的是否到达？②为了什么以及如何检查学生的知识？③是否在教给学生学习？④在学习新教材过程中学生的脑力劳动如何？⑤知识是否得到发展和深化？⑥是否让全体学生都掌握了牢固的知识？⑦

教师如何布置家庭作业？听课是提高教师业务水平及课堂效益的有效手段❶，除学校及教育主管部门改进管理方式外，教师应该学会如何去听课，主要做到以下几点。

（1）教师在去听课前应该有所准备　首先教师要明确听课的类型，不同类型的课，教师在听课时侧重点是不一样的。其次，教师要了解所听的那节课的教材、课程标准，做到心中有数，这样在听课的时候也比较有针对性，不会懵懵懂懂，不知所云。此外，听课之前要了解授课老师的基本情况，比如教龄、教学风格等基本问题，了解其所授班级的学生的层次以及一些基本情况，这些问题的把握，对于教师的评课有积极的作用。

（2）听课者应当带着欣赏学习的心态去听课，保持良好的情绪　首先应该明确听课者跟授课者是平等的关系，不是自上而下的关系，听课者不是去视察，而应该抱着一种学习合作的态度。现代教学理论认为：教学过程既是学生在教师指导下的认知过程，又是学生能力的发展过程。课堂教学中教师要多花精力为学生创设学习情境，引导学生参与探究性学习，积极思考，提高学生课堂的参与程度。因此在听课的时候记录师生活动的主要环节，重点是教师如何和学生互动，来激发学生的兴趣❶。特别注意记录严重的错误跟闪光点，对于授课教师出现的错误，不能在课堂中指出来，而应当在下课时跟授课教师交流，听课时要专注，全神贯注，及时做笔记，记录板书设计，以及授课教师对重难点的把握与处理。

（3）听课者不能对授课教师求全责备　经常听完课后教师议论纷纷，对于授课教师的一些失误在评价时有些教师总是抓着不放，重复讲好几次，殊不知这会让授课教师感到失败，特别是年轻刚上岗的教师，这样会打击他们的积极性。因此对于授课教师的优点要及时指出，给予肯定和鼓励，对于失误，很诚恳地提出自己的建议，这样也比较容易让人接受，起到共同切磋的效果。

（4）听课者要做到听、看、记、思有机地结合❶　听课不仅是复杂的脑力劳动，而且是一种方法和技能。

听什么？怎样听？主要听：①教师是否体现新课程标的理念、方法和要求？②是否重点突出，详略得当？③语言是否流畅、表达是否清楚？④是否有知识性错误？⑤是否有创新的地方？⑥教师的思维是否宽泛，学生的发言是否准确？

看什么？怎样看？主要看：①看教师主导作用的发挥。如教态是否亲切自然，板书是否规范合理，教具（包括多媒体等）运用是否熟练，指导学生学习是否得法，处理课堂偶发问题是否灵活巧妙？②看学生主体作用的发挥。如课堂气氛是否活跃，学生是否参与教学过程，全体学生的积极性是否得到调动，学生正确的学习习惯是否养成，学生分析问题和解决问题的能力是否得到培养？

记什么？怎样记？原则上听课记录应包括两个方面，一是教学实录，二是教学评点。❷

课堂实录是课堂情况的真实写照，所包含的内容有：①与听课有关的基本信息，包括时间、学校、班级、学科、执教者、课题、课型等；②教学过程，包括教学环节和教学内容。如新课的导入、问题情境的创设及问题的提出、新课内容的呈现及传授方式、教学活动的设

---

❶ 杨九俊. 说课、听课与评课 [M]. 北京：科学教育出版社，2007：69-70.
❷ 肖红梅. 听课技能：提高教师听课效率的关键 [J]. 中学化学教学参考，2008（10）：10-11.

计和组织以及教学总结与反馈训练等；③教学方法。如实验教学的内容及实施、教学媒体的选择与使用；④教学效果。如学生参与教学的情况、学生在活动中的表现等。

需要注意的是，课堂实录记到什么程度，可根据听课的目的、类型、内容等来确定。如听优秀教师的示范课或公开课，以及听针对某一专题或教学热点的研究课或观摩课，课堂实录应详细点，同行之间的一般性听课，课堂实录则可以简略一些；课堂教学中的创新和特色之作以及问题和不足之处应详细记录，而一般的教学过程只要简明扼要地进行记录即可。

教学评析是听课者对课堂教学的初步分析与评估，包括点评和总评两部分。点评是指在听课的同时，针对课堂教学情况地及时评析，在记录时应与课堂实录一一对应。点评既可以是对授课教师精妙之处或不足之处的评议，也可以是对学生在活动过程中的闪光点或存在的问题的分析。既可以是针对教学中某些具体问题的看法与思考，也可以是受特殊场景或偶发事件启发所产生的灵感和顿悟。点评不必拘泥于内容和形式，也无需面面俱到，但一定要有感而发，绝不能因此而影响听课的连续性，评价时应对整节课作全面的分析和思考，要对课堂教学中一些共性的做法进行归纳和总结，既要肯定成功之处，又要针对所存在的问题和不足提出改进意见和要求。

思考什么？怎样思考？主要思考是：①教师为什么要这样处理教材，换个角度行不行，好不好？②对教师成功的地方和不足或出现错误的地方，要思考原因，并预测对学生所产生的相关性影响。③如果是自己来上这节课，应该怎样上，进行换位思考。④如果我是学生，我是否掌握和理解了教学内容？⑤新课程的理念、方法、要求等到底如何体现在日常课堂教学中，并内化为教师自觉的教学行为。⑥这节课是否是反映教师正常的教学实际水平，如果没有听课者，教师是否也会这样上等。

总之，应该根据听课的目的和要求，有所侧重地将听、看、记、思的内容有机、灵活地结合起来。如教师讲和学生发言时，就要以听为主，兼顾观察；教师在板书和学生在演练时，就应以看为主，兼顾其他；学生在练习时，就应以思考为主等。

 **知识超链接**

如何听课❶

怎样听课，是一个很值得研究的课题。课的类型多种多样，不是所有的课都是一个听法，一个评法，必须因课而异，有所侧重。听课大致有以下几种情况：一是指导性的听课；二是试验性的听课；三是示范观摩性听课；四是业务学习性的听课；五是竞赛评比性的听课。

（1）指导性听课，应该突出一个"导"字。通过听课要指导被听课者尽快成长。

（2）试验性听课，应该突出一个"研"字。针对试验专题，要边听边想边对照边分析边综合归纳。

（3）示范观摩性听课，应该突出一个"学"字。要对照自己的教学实践，写一写听后体会，使自己真正听有所得。

---

❶ 陈萍．听课评课是促进教学水平提高的有效手段［J］．现代企业教育，2008（06下）：200-201．

（4）业务学习性听课，应突出一个"帮"字。同行间相互听课，目的是互帮互学，共同提高。

（5）竞赛评比性听课，应该突出一个"比"字。要在确定统一评比标准的基础上，全面比较教学各个方面。

知识超链接

几种常见课型的化学教学评价量表（表10-4～表10-7）的编制。❶

表10-4　化学常规课教学评价量表

一级指标		二级指标及细则	等级
基本观察点	教师的教（促进学生的学）	（1）激励学生积极、主动、愉快学习,促进学生参与问题解决 （2）教学设计思路清晰,关注学生的经验和课前准备情况,体现后续学习的连续性 （3）教学方法适用于教学内容和学生 （4）根据化学学科特点,指导学生运用化学学习方法、规律进行学习 （5）提升学生自我指导和反思评价的能力,评价自己的学习行为	
	学生的学（愿学、自主、会学、学会）	（1）学生主动参与学习(包括听讲、思考、自主练习、实验、交流讨论等)的广度 （2）学生能够较好地运用化学学习的方法和规律学习新知识 （3）学习活动中学生质疑、求异,化学的知识技能得以构建,具有积极的情感体验	
教学特色			
问题与建议			
评价等级			

说明：1. 一堂课的特色往往是仁者见仁,智者见智,留给听课教师进行开放性评价,能更好地发挥常规课的听课作用,有利于教师教学行为的改善和教学水平的提高。

2. 评价等级按优、良、中、差进行评判(下同)。

表10-5　化学公开课（示范课）教学评价量表

一级指标		二级指标及细则	等级
基本观察点	示范性和导向性	（1）前瞻性　弥补了该内容或常规课的局限和不足,探索着常规课中存在的问题及出路 （2）推广性　解决了教师心中的困惑,听课教师对课堂教学有了新的认识 （3）可效仿性　激发了教师深层次发现新问题的意识和对课堂教学理想境界的追求与探索	
	教师的教（促进学生的学）	同表10-4	
	学生的学（愿学、自主、会学、学会）	同表10-4	
教学特色			
问题与建议			
评价等级			

---

❶　相佃国．几种常见课型的化学教学评价量表的编制［J］．化学教育，2011（4）：18-21.

表 10-6　化学主题研究课教学评价量表（化学问题设计与处理）

一级指标	二级指标	课堂随记	等级
问题设计的科学性	(1)针对性　问题应有明确的目的，与教学内容联系密切，不能信手拈来，随意发挥 (2)可及性　问题的难易度适合学生的认知水平，按学生的思维最近发展区设问，不高估学生的能力，也不降低力所能及的要求，尽量避免不启即发和启而不发的提问 (3)适量性　问题不是越多越好，不能在启发的道路上走得过远 (4)层次性　问题层次分明，梯度合理，避免经常出现被遗忘的角落，发挥提问的激励功能 (5)明确性　问题不似是而非 (6)时代性　提问的方式、内容富有时代特征，学生乐于接受提问的时机与时间		
提问的时机与时间	(1)适切性　把握提问的时机，在节骨眼上提出问题。如提问能复习旧知识，引出新问题；提问能把握时机，促进学生深入思考等 (2)时差性　提问后要有停顿，给学生适当的思考时间		
学生回答情况	(1)准确性　答为所问，语言清晰，表达精确 (2)交互性　不仅有教师的提问，还有学生的反问和学生之间的对白，提问和应答是立体的、多维的		
教师处理问题的技巧	(1)引导性　对学生的回答善于应变及引导，适当启发提示，点拨思维 (2)启发性　不要停留在热热闹闹的浅层次的交流上，用有一定深度的问题启迪学生的思维，引发学生的创造力，防止冲动型思维的学生控制课堂，冷落了反省型思维的学生 (3)评价性　对学生的回答及时进行适当评价，促进思考和讨论的深入 (4)生成性　及时捕捉课堂中的问题，运用反馈信息，促进师生、生生交流		

表 10-7　化学主题研究课教学评价量表（师生双边活动）

一级指标	二级指标	课堂随记	等级
教师组织教学的能力	(1)语言恰当，要求明确，控制教学效果好 (2)组织引导方法得当 (3)课堂管理中尊重学生 (4)控制教学进度，时间掌握好 (5)组织教学的方式灵活多样 (6)面对突发事件，教师应对自如 (7)教师运用反馈调整教学		
师生对话	(1)组织课程资源，促进学生对教学内容的了解 (2)运用各种材料、资源和技术使教学内容易于学生掌握 (3)运用适合于教学内容的教学策略，促进学生的理解 (4)设计合理的问题，引发学生的思考与讨论 (5)倾听学生对教师、同学的反问、提问，参与学生讨论 (6)对学生的提问和回答及时做出回应，并进行适当的引导和评价		
教师对学生的评价	(1)根据课堂表现，及时对学生学习做出评价 (2)根据学生的性格、兴趣以及发展性学习需求，帮助学生建立或表达学习目标，鼓励学生学习		
学生活动的参与度和有效性	(1)学生始终处于积极状态。动脑思考、动口表达、动手操作 (2)学生自主学习时间较多。思考、讨论、练习等 (3)检测评估显示，大部分学生掌握了本节课的知识和方法		

素养为本的高中化学课堂教学评价标准[1]

"一核四维"化学课堂教学评价指标体系如表 10-8 所示。

---

[1] 孙旭，李佳，徐东方. 素养为本的高中化学课堂教学评价标准研究［J］. 化学教育，2019，40（21）：9-14.

表 10-8 "一核四维"化学课堂教学评价指标体系

评价维度	评价指标	水平层级		
		水平3(5~4分)	水平2(3~2分)	水平1(1~0分)
教学设计	教学目标预设	教学目标预设明确,核心知识、关键能力、必备品格和价值观念等目标描述科学、准确、严谨	目标预设明确,体现新课程理念,但个别表述不规范	目标预设不明确或不科学,或表述有问题
	教学内容整合	教学内容科学,容量适当;知识深广度把握适当,取材贴近生活、社会和学科发展实际;知识呈现体现层次性、系统性、整体性	内容整合科学,容量适当,但知识呈现缺少系统性	内容整合不科学,容量不适当,知识呈现缺少系统性
	课堂结构规划	课堂结构合理,严谨有序;教学环节清晰,衔接自然,时间分配恰当	课堂结构规划合理,教学环节较为清晰。但时间分配欠佳	课堂结构规划不合理,教学环节较为混乱
	教学方法选择	教法选择适合教学内容,符合学生认知特点,能合理运用教学资源与技术,体现新课程理念	教法选择适合教学内容,符合学生实际。但教学资源运用欠妥	教学方法单一保守,或没有对教学方法的分析、预设
	教学评价设计	教学评价设计体现"素养为本"的评价观;注重评价的及时性、激励性、诊断性和发展性,体现"教、学、评"一体化	评价设计基本体现"素养为本"的评价观,但没有体现与教学的自然融合	教学评价设计不科学或没有关注教学评价
教学活动	讲授与倾听	教师讲授时机适当,语言规范,描述准确,条理清晰,生动直观,教态亲切自然;学生认真倾听,积极思考	教师讲授语言规范,条理较为清楚,教态自然。学生倾听比较认真。但讲授语言不够精练	教师讲授语言不规范,条理不清楚;学生精力不集中,开小差
	提问与对答	教师提问时机适当,把控适度,注重启发,有思维深度;学生积极参与,认真对答,回答问题具有生成性或创新性	教师提问把控适度,学生的对答较积极。但个别生成性问题应对欠妥	教师提问形式化、随意化或很少提问;学生对答少思考,无新意或不回答
	示范与模仿	教师示范时机适当,实验操作规范,教学资源运用合理,板书规范精要,布局合理;学生认真观摩,主动模仿,注意标记重难点	教师示范时机适当,操作正确,教学资源运用适当;学生能观察并模仿。但示范操作欠严谨	教师示范不规范或时机不当,或过度依赖教育技术;学生模仿练习错误较多而且没有纠正
	探究与指导	学生探究目的明确、方法科学、过程真实、效果良好;教师随堂巡视观察、及时纠错、耐心解答、调控进度	学生探究目的明确、方法运用正确,教师指导较为恰当。但进度调控欠佳	学生探究流于形式,效果差;教师没有给学生及时有效指导
	交流与提炼	学生积极参与成果交流,气氛活跃、思路清晰、勇于质疑;教师及时引导、调控,并提炼形成有价值的成果	学生参与交流,课堂气氛较为活跃;教师的引导和提炼有一定效果。但课堂把控欠佳	学生交流不积极,教师未对学生交流信息进行必要引导和提炼,效果欠佳
	生成与应对	学生勤于思考、积极参与、敢于质疑;教师的教育机智水平高,能正确灵活处理教学活动中的生成性问题,以此促进学生知识与能力的发展	学生敢于质疑,教师思维敏锐,注重生成与引导,表现出一定的教育机智。但思维有效性有待加强	教学平铺直叙,学生无提问、无生成。或教师对学生提问处置(解释或评价)失当
	评价与调控	教学评价时机把握得当,评价形式多样、客观科学,能根据判断调控教学进度、改进教学方法,落实教学任务	教学活动评价客观,结论正确,教学进度把握适当。但个别行为评价欠妥	教学活动评价不客观或不恰当,或无评价
思维过程	思维启发	创设真实且富有价值的问题情境引入教学,如 STSE 问题、化学史实等。激发学习兴趣,启发学生思维	教学引入的情境设置与教学内容有一定关联度。但思维启发效果欠佳	情境设置与教学内容关联度不高,不能启发学生有效思维
	思维引导	利用设问或任务驱动引导学生思维;问题解决思路清晰明了,教学环节衔接自然;板书或图文呈现体现了系统性或结构化。学生配合积极,思维活跃	教学思路清晰,教学环节衔接自然、板书或图文呈现有一定的系统性。但学生配合欠佳	教学思路不清晰,教学环节转换生硬、不自然;板书无条理。学生无配合
	思维深化	结合教学内容与学生实际,开展分析与综合、抽象与概括、比较与分类等高级思维活动,突破难点、突出重点,落实核心素养	教学方法的应用对学生思维一定提升,高级的思维活动有呈现。但未能有效突破难点	教学方法简单,照本宣科,思维没有深度,不能形成有效的知识建构

续表

评价维度	评价指标	水平层级		
		水平3(5~4分)	水平2(3~2分)	水平1(1~0分)
思维过程	思维整合	以思维逻辑为线索,科学整合知识,体现知识的系统性和结构化,包括知识关联的结构化、认识思路的结构化、核心观念的结构化	知识的整合基本遵循思维逻辑,具有一定的系统性。但知识整合不全面	知识零碎不系统,思维零散少逻辑,没有完成知识体系建构
	思维拓展	学生思维活跃,能运用所学知识解决实际问题,通过问题解决强化认知、发展创新能力	学生思维较活跃,能运用所学知识解决实际问题。但创新思维能力不足	学生思维不活跃,不能运用所学解决实际问题,无创新意识
素养达成	必备知识掌握	通过本课时学习,完成学习任务,掌握必备知识,达到预设目标	通过学习,完成学习任务,基本掌握必备知识,初步达到预设知识目标	学生缺少对知识的理解、巩固,知识掌握未达到预设目标
	关键能力培养	通过本课时学习,完成学习任务,有效解决相关问题。学生思维、学习、探究、创新等关键能力得到较大提高	通过学习,完成学习任务,解决相关问题。学生思维、学习、探究、创新等关键能力有一定提高	照本宣科,缺乏对学生思维、学习、探究、创新等关键能力的培养
	核心价值体现	通过本课时学习,完成学习任务,增进学科理解,培养科学精神与社会责任,助力形成正确价值观念	通过学习,完成学习任务,增进学科理解,初步形成正确价值观念	没有完全预设学习任务,或没有体现学科的价值取向

三、评课

新一轮课改的实施离不开课堂阵地,因为最后落脚点是转变学生的学习方式,促进每个学生都能得到相应的发展。《基础教育课程改革纲要(试行)》指出:要"改变课程评价过分强调甄别与选拔的功能,发挥评价促进学生发展、教师提高和改进教学实践的功能。""建立促进教师不断提高的评价体系。强调教师对自己教学行为的分析与反思,建立以教师自评为主,校长、教师、学生、家长共同参与的评价制度,使教师从多渠道获取信息,不断提高教学水平。"因此,要狠抓课堂教学以及课堂教学评价,切实减轻学生的学习负担;优化教学形式,完善教育功能,提高教学效率。

评课是听课活动的后续工作,听评课本身就是一个有机整体,是一项十分有研究价值的课改研究课题,也是一种具有艺术化的说服能力。本节主要从教学设计的角度探讨评课的有关问题。

(一)评课的概念

所谓评课,顾名思义,即评价课堂教学。是听课活动的教学延伸,是对执教教师的课堂教学的相关情况进行评议的一种活动。特级教师徐世贵老师认为:"评课,是指对课堂教学的成败得失及其原因做切实中肯的分析和评价,并且能够从教育理论的高度对一些现象做出正确的解释。科学正确的评课能较好地发挥应有的功能。"

现实评课中主要弊端[1]

一是听后不评;二是不痛不痒;三是抓不住关键;四是事无巨细;五是老好人;六是语无

---

[1] 杨九俊. 说课、听课与评课[M]. 教育科学出版社. 2004:83-84.

伦次；七是孔中观人；八是追赶时髦。

（二）评课的具体内容

1. 评教学目标

教学目标不仅是教学活动的出发点和归宿，还是课堂教学评价的重要参照。它的达成程度客观上反映了教师的实际操作能力，也反映了教师在课前进行的教学背景分析是否科学全面。所以分析课首先要分析教学目标。

首先，从教学目标的制定来看，要从关注三维目标转变到关注核心素养，要考查目标是否全面、具体和适度。全面是指目标的确立应尽可能立足必备知识、关键能力、学科素养、核心价值的培养；具体则要求目标的内容不能笼统，对于像"必备知识"，要易于量化，便于检测，而对于其他隐性目标，教师则要创设真实且富有价值的问题情境以及改变学生学习方式，来让学生去体验和领悟；适度是指确定的教学目标要以课程标准为指导，与学情相一致，与教学内容相适应，难易适度。

2. 评教材的处理

对教材的组织和处理主要是分析教师是否依据课程标准吃透教材，科学合理组织教学内容。选择什么样的内容来达成目标，要实现从关注学科概念到关注核心概念和跨学科概念的转变。也就是如何做到"用教材而不是教教材"。

教材处理和教法选择上能否突出重点，突破难点，抓住关键，教师对教材系统的理解程度和驾驭能力。

3. 评教学活动

教学目标要在教学程序中完成，教学目标能不能实现要看教师教学程序的设计和运作。主要是看教师在教学组织活动中，教学环节安排是否合理，通过什么样的教学活动来完成教学内容？听评课时应该从关注探究转变为关注探究与实践。探究主要是要解决"是什么"和"为什么"的问题，满足人们的好奇心，是科学层面的，实践是要解决生产、生活中需要解决的实际问题。解决问题，可能是生产新的产品，可能是发明新的技术。实践也是提升核心素养的一个重要途径。

4. 评教学方式

从教师对教学方法处理的角度，评议教师在课堂教学中所用教法是否符合学生心理特点，是否调动了学生的兴趣，是否有利于培养学生的能力，是否做到了因材施教。化学课堂的重要特征是直观性，因此在评课的时候要注意观察教师是否能够充分地利用实验教具，是否能够很好地利用教学媒体。立足核心素养的教学方式，尤其要关注以下几个方面。

第一，在情境创设方面，要实现从关注作为导入环节的情境设计到作为问题解决型学习任务的真实情境的转变。过去我们评价一堂课的情境创设得怎么样，往往看导入环节是不是能够引起学生的兴趣。而按照核心素养的要求，作为情境创设要尽量真实。所谓真实，就不应是虚构出来的，而是在现实生活、科学研究中真实存在的。

第二，从关注释疑解惑到关注激疑生惑的转变。原来评课关注教师的释疑解惑，而按照核心素养的要求，我们要培养学生的创新精神、批判性思维等，仅释疑解惑是不够的，必须要让学生产生疑问、提出问题，然后去分析和解决问题。

5. 评教学评价

按照核心素养的要求，应该更加关注评价的育人功能，通过评价去育人，教师在评价的时候不能仅仅关注学生对知识掌握得怎么样，更要关注他在情感、观念和思维等方面的表现。

新课堂要落实"三观"与处理"三个关系"❶

新课程"三观"要在情境教学中落实。

（1）创设生活情境，落实新课程观理念。

（2）创设史实情境，落实新知识观理念。

（3）创设乐学情境，落实新学生观理念。

"三个关系"处理能力要在课堂教学中体现。

（1）新课程要正确处理教与学的关系　实现教与学方式的转变是新课程改革的核心，新课程倡导开展自主学习、合作学习和探究学习。学生在学习过程中"被探究撞了一下腰"，更加主动掌握学习方法，为终身发展奠基。要进行这些新的学习方式必然要体现学生的主体地位，同时这些新的学习方式要取得好的效果也必然要发挥好教师的主导作用。

（2）新课程要体现预设与生成的统一　一堂符合新课程标准要求的课，应该以课程预先设计和动态生成的辩证统一为最高境界。一方面，通过课程的预先设计来突出教学是有目的、有计划育人活动的教育学特性。另一方面，通过课程的动态生成，促使教师在预设方案的实施中关注变化着的人的整个生命，使教学充满学生成长的生命气息。正确处理预设与生成的关系也是一个教师教学机制的具体体现。

（3）新课程要处理好全面要求与因材施教的关系　在课堂教学中制定差异性教学目标、设计教学内容、控制教学进度、变换教学方式、确定多样化评估体系，从而使每个学生在最适合自己的学习环境中求得最佳发展。

（三）评课的形式❷

评课的形式有很多，我们要根据实际情况确定评课的形式。

（1）个别面谈式　听课者与执教者面对面地单独交流，更容易进行双向沟通。

（2）小组评议式　人数较多时往往采取小组评议方式进行，特别是学校举行的一些展示课、研究课等。其主要程序为：一是执教者说课；二是听者评议；三是领导、专家总评。

（3）书面材料式　评课要受时间、空间、人员、场所等多种因素的影响，有些不便在公

---

❶ 姜建文. 在实践中提炼在反思中推进[J]. 化学教学，2010（11）：22-25.

❷ 杨九俊. 说课、听课与评课[M]. 教育科学出版社. 2007：85-86.

共场合交谈的问题可以通过书面传达自己的见解，还可以填写举办者设计的评课表。

（4）调查问卷式　主要有三种形式，其一是学生学习效果调查表，二是听课者对课堂教学情况的评价表，三是教师自评表。这要根据评课者或组织的需要来决定。

（5）陈述答辩式　先由执教者陈述自己的上课设想、教学思路、教学方法、教学理念、教学特色、教学成败等问题，可有侧重地谈谈。接着就像辩论比赛一样，评课者提问，双方再各自阐述自己的观点，然后进行总结。最后，专家点评。

（6）点名评议式　这种评议方式有点像考试，由评课组织者或负责人采取点名的方式请参加评课者进行现场点评。

（7）师生评议式　这是体现教学民主的一种评议方式。执教者评议学生学习态度、学习效果、学习方式、合作情况和技能掌握情况等，多肯定积极因素，少批评。学生则主要评议教师上课的精神面貌、自己学的情况，有没有没搞懂的知识等方面。

（8）专家会诊式　邀请专家对执教者的课进行会诊，更容易帮助青年教师扬长避短，尽快迈上课堂教学的轨道，尽快成长起来。由于专家看问题比较准确，比较深入，能够有理有据，所以专家会诊更有说服力。

（9）自我剖析式　这是重要的一环。在听取了别人的评价后，执教者要及时进行反省性的修改、优化，进行二度教学设计。特别是在反思时要根据自己的不足，探究失误的原因并及时记录，以防止类似问题的出现。

新课程课堂教学评价的重点不在于评价教师的讲授水平，也不在于鉴定某一节课的教学结果，而是要诊断教师在课堂教学中存在的问题和不足，促进教师不断提高教学水平，促进学生综合素质的提升。

（四）评课的策略

叶澜教授认为，一堂好课没有绝对的标准，但有一些基本的要求。就她倡导的"新基础教育"而言，大致表现在五个方面。即有意义、有效率、生成性、常态性和真实性。评课时应该把握以下三点：

（1）明确评课的目的，加强评课的针对性　一般情况下，所进行的教研活动，听课者所进行的听课活动，都围绕一定的目的进行。那么，评课时一定要围绕已确定的目的进行。评课过程中，要根据上课教师提供的课堂教学实例，交流教学思想，总结教学经验，探讨教学方法，帮助、指导上课教师和参与听课活动的教师提高教学能力。

（2）把握评课内容，体现评课的全面性　听课教师应该围绕前面讨论的评课内容作好记录，对照思考，通常可以通过使用学校发放的课堂教学评价表来完成随堂记录和有关思考。

（3）讲究评课技巧，突出评课的实效性　评课效果如何，方法很重要，否则就会失去评课的意义，起不到应有的作用。在评课的方法技巧上应该注意❶以下几点。

① 抓住主要矛盾进行评课　一堂好课，也不可能是尽善尽美的。评课中，更不可能面面俱到。评课时应该根据课的类型和评课的主要目的，分析主要矛盾，抓住主要问题进行分析，不能眉毛胡子一把抓，冲淡中心。

---

❶ 陈萍．听课评课是促进教学水平提高的有效手段［J］．现代企业教育，2008（06下）：200-201．

② 采用多种形式进行评课 评课要根据其范围、规模、任务等不同情况，采用不同形式的评课。对于检查评估性听课、指导帮助性听课、经验总结性听课应采用单独形式评课，即听课者与执教者单独交换意见的形式进行。对于观摩示范性、经验推广性、研究探讨的群体性听课活动，应采用集体公开形式评课，通过集体讨论、评议，对所示课例进行分析评论，形成对课堂教学的共同评价，以达到推广经验的目的。

③ 摆正听课者身份，坚持激励原则，形成民主的评课氛围 听课者跟授课者应该是平等的关系，评课时对于授课者的闪光点要及时鼓励给予肯定，对于授课教师的教学研究能起到积极作用，评课时要注意语言的技巧、发言的分寸、评价的方向和火候，在一个民主的氛围内评课。

总之，课堂评价直接影响新课程改革的进程，只有全面、客观、公正的评价，才能保护教师的课改积极性，正确引导课改走向深入。特别是在新课改实施以后，无论是课堂评价的依据还是实际的执行都发生了重大的改革，教育者要紧跟时代的步伐，学习教育理论知识，参与到教育改革实践中，通过自身的努力提高教学质量。

思考与交流

（1）说课适用于教师教研活动、师资培训、师范生技能训练等，试说明以师范生为说课主体的说课有何特点？

（2）请自选一课时教学内容，撰写说课稿，分别使用板书形式和借助PPT等辅助手段在小组内进行说课，并相互进行点评。

（3）观察教学录像或者到中学见习，分别运用LICC课堂观察模式和CPCP化学课堂结构分析模型对此加以分析。

（4）根据你对听课评课的理解，参考本章提供的"课堂教学评价表"，设计一份"指向核心素养的课堂教学评价表"，观察教学录像或者到中学见习，进行评课实践训练。

阅读指南

[1] 杨九俊. 说课、听课与评课 [M]. 北京：教育科学出版社. 2007.

[2] 王后雄. 新理念化学教学技能训练 [M]. 北京：北京大学出版社. 2009.

[3] 郑长龙. 化学课堂教学板块及其设计与分析 [J]. 化学教育，2010（5）：15-19.

[4] 娄延果，郑长龙，盖历春，等. 化学课堂结构的教学行为解读 [J]. 化学教育，2010（6）：44-46.

[5] 历晶，郑长龙，娄延果. 气体摩尔体积教学逻辑评析 [J]. 化学教育，2011（10）：37-40.

[6] 崔允漷. 论课堂观察LICC范式：一种专业的听评课 [J]. 教育研究，2012，33（05）：79-83.

[7] 闫蒙钢，刘敏. LICC课堂观察模式在化学课堂教学评价中的应用 [J]. 化学教育，2013（3）：33-36，41.

[8] 赵永胜，朱莉. 对化学评优课的冷思考 [J]. 化学教学，2013（03）：31-33.

[9] 丁朝蓬，刘亚萍，李洁. 新课程改革优质课的教学现场样态：教与学的行为分析视角 [J]. 课程·教材·教法，2013，33（05）：52-62.

[10] 赵占良. 基于核心素养的听评课 [J]. 中学生物教学，2017（7）：4-7.